MIT KINDERN DRAUSSEN IN BERLIN

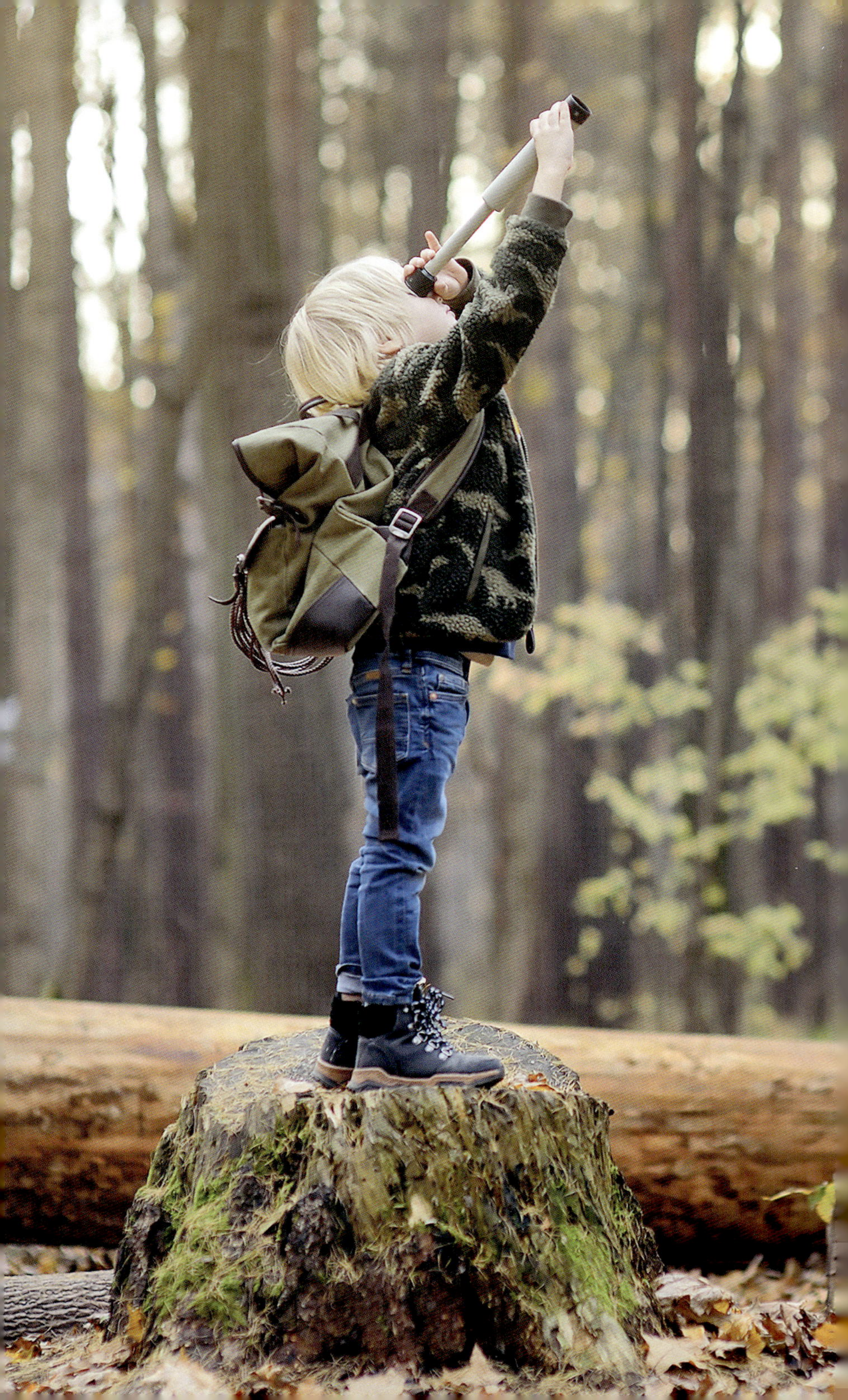

Gary Schunack

Mit Kindern draußen in BERLIN

111 Aktivitäten in der Natur

BeBra Verlag

1 = Nummerierung der Standorte auf der Berlin-Karte S. 234

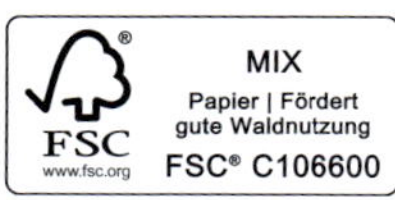

Bibliografische Information der Deutschen Nationalbibliothek
Die Deutsche Nationalbibliothek verzeichnet diese Publikation in der Deutschen Nationalbibliografie; detaillierte bibliografische Daten sind im Internet über http://dnb.d-nb.de abrufbar.

Asternplatz 3, 12203 Berlin
post@bebraverlag.de
Lektorat: Marijke Leege-Topp, Berlin
Umschlag: Fernkopie, Berlin (Foto: Gary Schunack)
Satz: typegerecht berlin
Schriften: Proforma, Tasse
Druck und Bindung: DZS, Ljubljana
ISBN 978-3-8148-0297-8

www.bebraverlag.de

INHALT

Vor den Toren der Stadt

Schnell mal weg

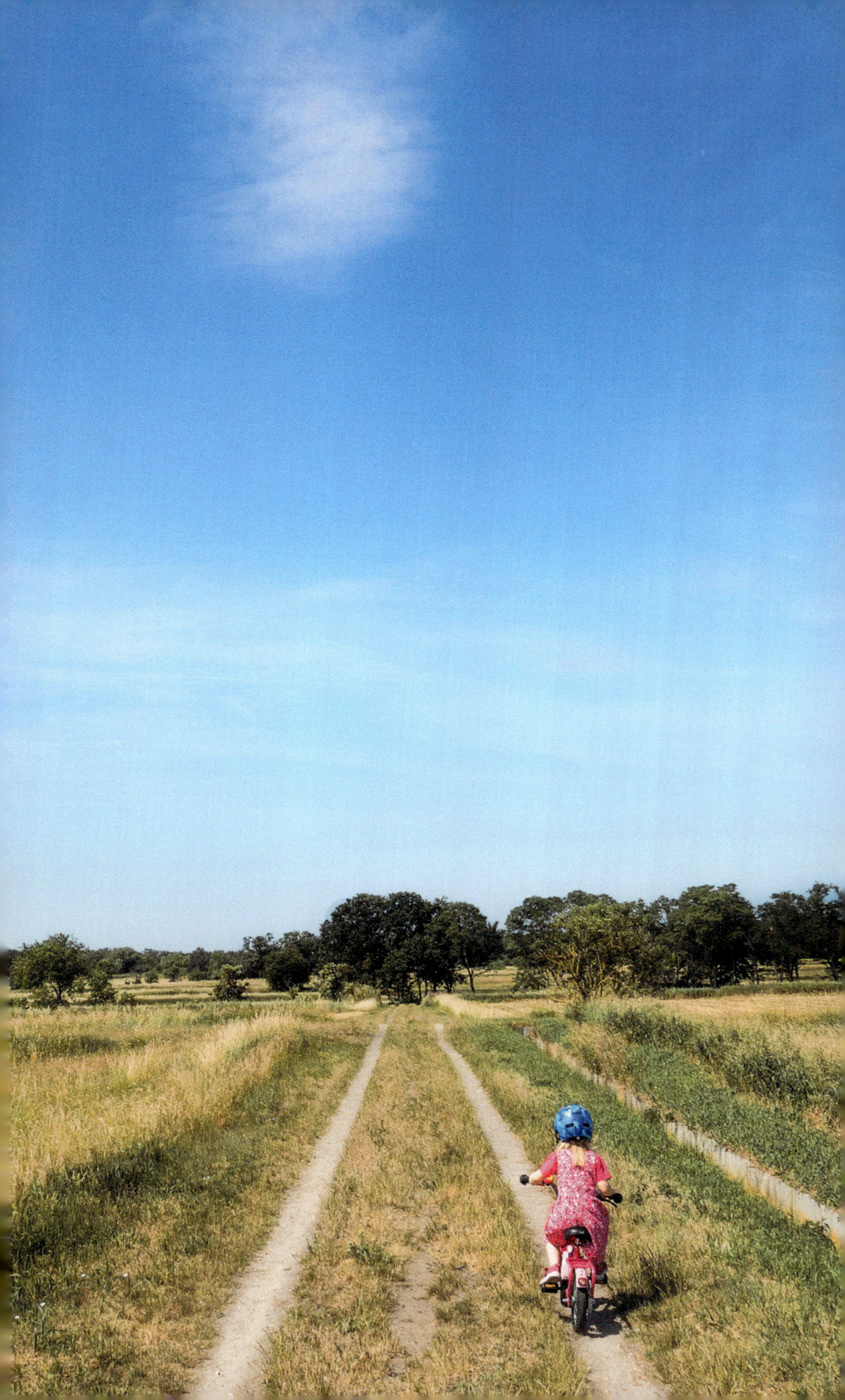

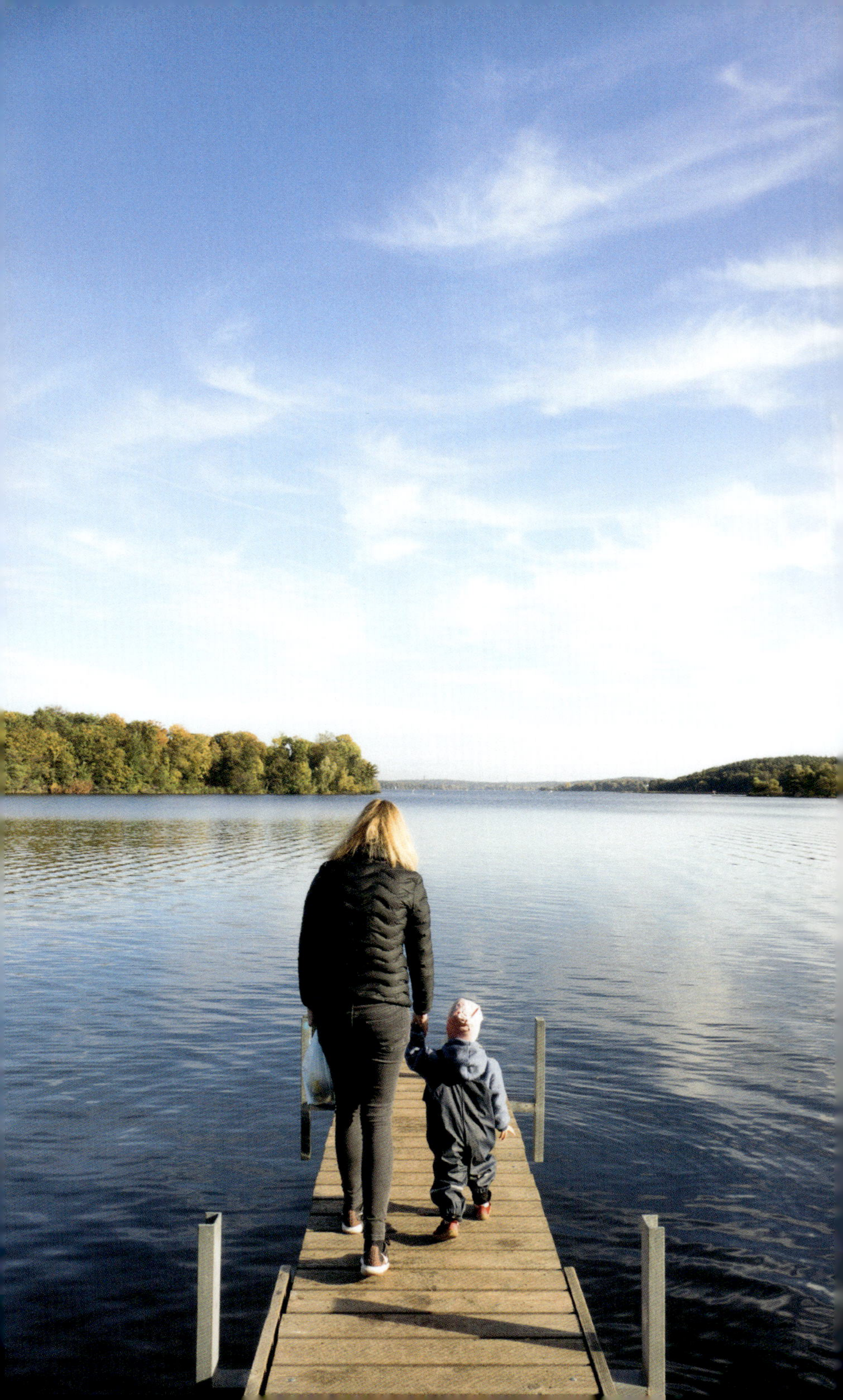

VORWORT

Lange Sommernächte am Lagerfeuer, Versteckenspielen im Kuhstall oder Kaulquappen aus dem Bach fischen: Mittlerweile klingt die Art, wie unsere Großeltern aufgewachsen sind, nur noch nach einer Traumvorstellung à la Bullerbü. Die Wissenschaft bezeichnet dieses Problem als »Naturentfremdung«. Betroffen sind, wen wundert's, vor allem wir: die Großstadt-Eltern. In unserem durchgetakteten Alltag bleibt einfach keine Zeit für einen Ausflug ins Grüne, so verlockend er auch sein mag. Denn wer in Berlin Natur erleben möchte, muss zum Stadtrand oder noch besser nach Brandenburg. Oder etwa nicht?
Mitten in Berlin gibt es viele, schnell erreichbare Naturabenteuer abseits der bekannten Spiel- und Sportplätze, bei denen Kinder auch in der Großstadt wirklich Zeit im Grünen verbringen können.

SO WILD IST DIE HAUPTSTADT: ZAHLEN ZUR BERLINER STADTNATUR

- 450.000 **Straßenbäume** sorgen für ein grünes Stadtbild und saubere Luft
- 40.000 Fußballfelder! So groß sind **Berlins Wälder** zusammengerechnet
- 30.000 **Tier- und Pflanzenarten** haben in Berlin ihren Lebensraum
- 10.000 **Fledermäuse** überwintern in der Zitadelle Spandau
- 7200 **Bienenvölker** liefern Honig für die Stadtimker
- 5000 **Wildschweine** bevorzugen das Stadtleben
- 2500 **Park- und Gartenanlagen** gibt es auf Berliner Boden
- 900 Jahre alt ist die »**Dicke Marie**«, Berlins ältester Baum

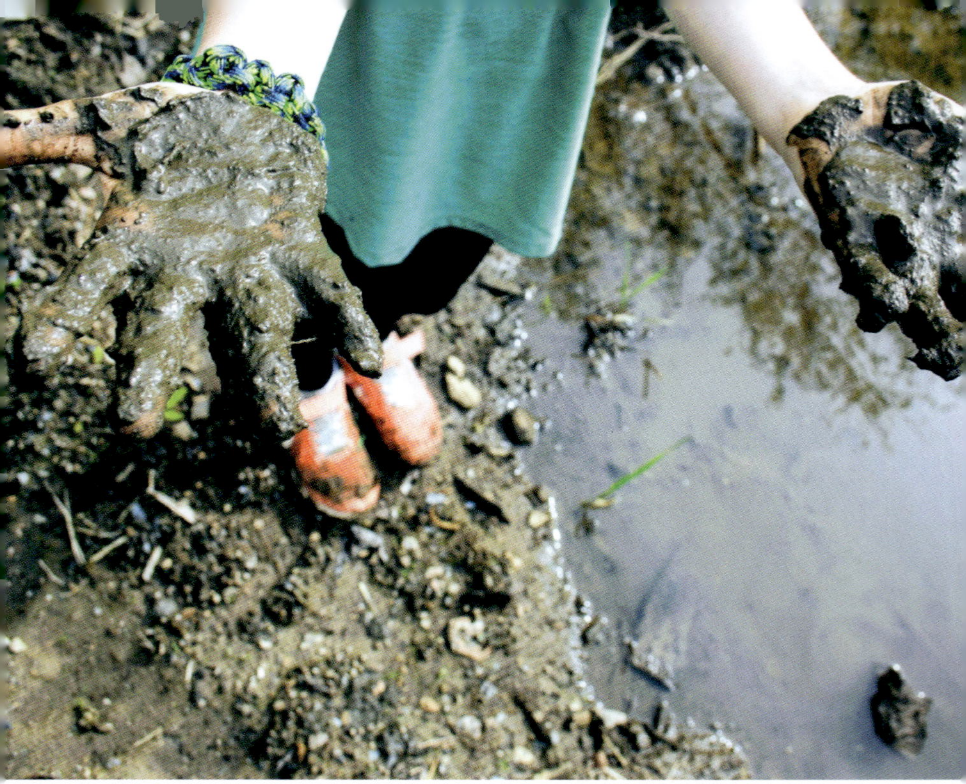

- 740 Hektar misst der **Große Müggelsee**, Berlins größter See
- 1994 wurde der erste Berliner **Biber** gesichtet, heute sind es 120
- 122 Meter hoch sind die **Arkenberge**, Berlins höchste Erhebung
- 70 **Inseln** befinden sich in Berlins Gewässern
- 34,3 Meter geht der **Flughafensee** in Reinickendorf in die Tiefe
- 24 Meter ist der **Wasserfall** im Viktoriapark lang
- Platz 8 belegt der **Schlachtensee** in der Liste der weltweit schönsten Seen des CNN
- 2,10 Meter lang ist »Das Monster aus dem Heiligensee«, ein **Riesenwels**

AUFWACHSEN OHNE NATURERFAHRUNG?

Wie trostlos ist eine Kindheit ohne matschige Gummistiefel, aufgeschürfte Knie, das unangenehme Gefühl von Brennnesseln auf der Haut und pechschwarzem Wasser beim Händewaschen? Niemand erinnert sich an seinen besten Tag zuhause. Kinder müssen durch die Wälder strolchen und in Seen baden, die Natur mit allen Sinnen erleben und die Angst vor ungefährlichen Krabbeltierchen verlieren. Die vielen Landschaftsparks, Moorwiesen und Rieselfelder in Berlin bieten Stadtkindern den Freiraum, den sie dringend benötigen. Hier dürfen sie laut sein, wilde Tiere in ihrem natürlichen Lebensraum beobachten, auf Bäume klettern und durch knietiefe Bäche waten.

Dieses Buch ist ein Ausflugsführer für aktive Familien aus Berlin, mit über 100 kleinen und großen Naturabenteuern, schnell erreichbaren Ausflugszielen vor den Toren der Stadt sowie den besten Adressen für einen Urlaub in unter zwei Stunden Fahrzeit.

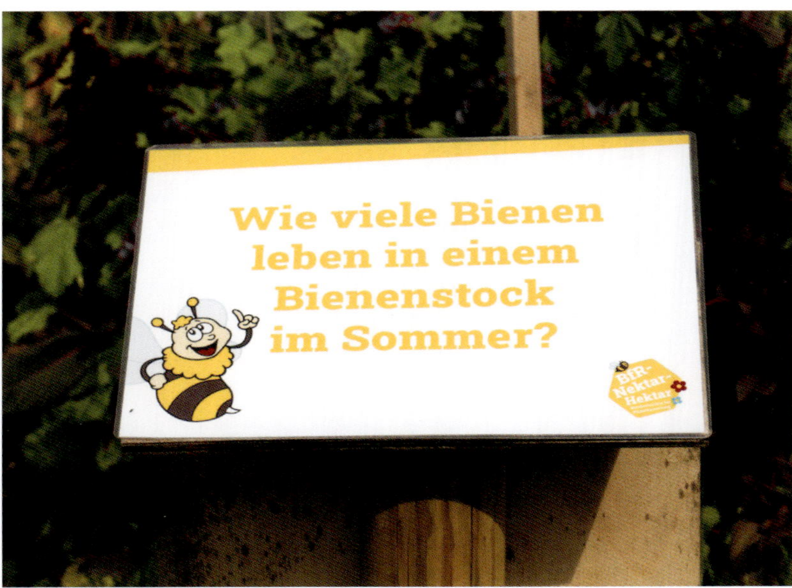

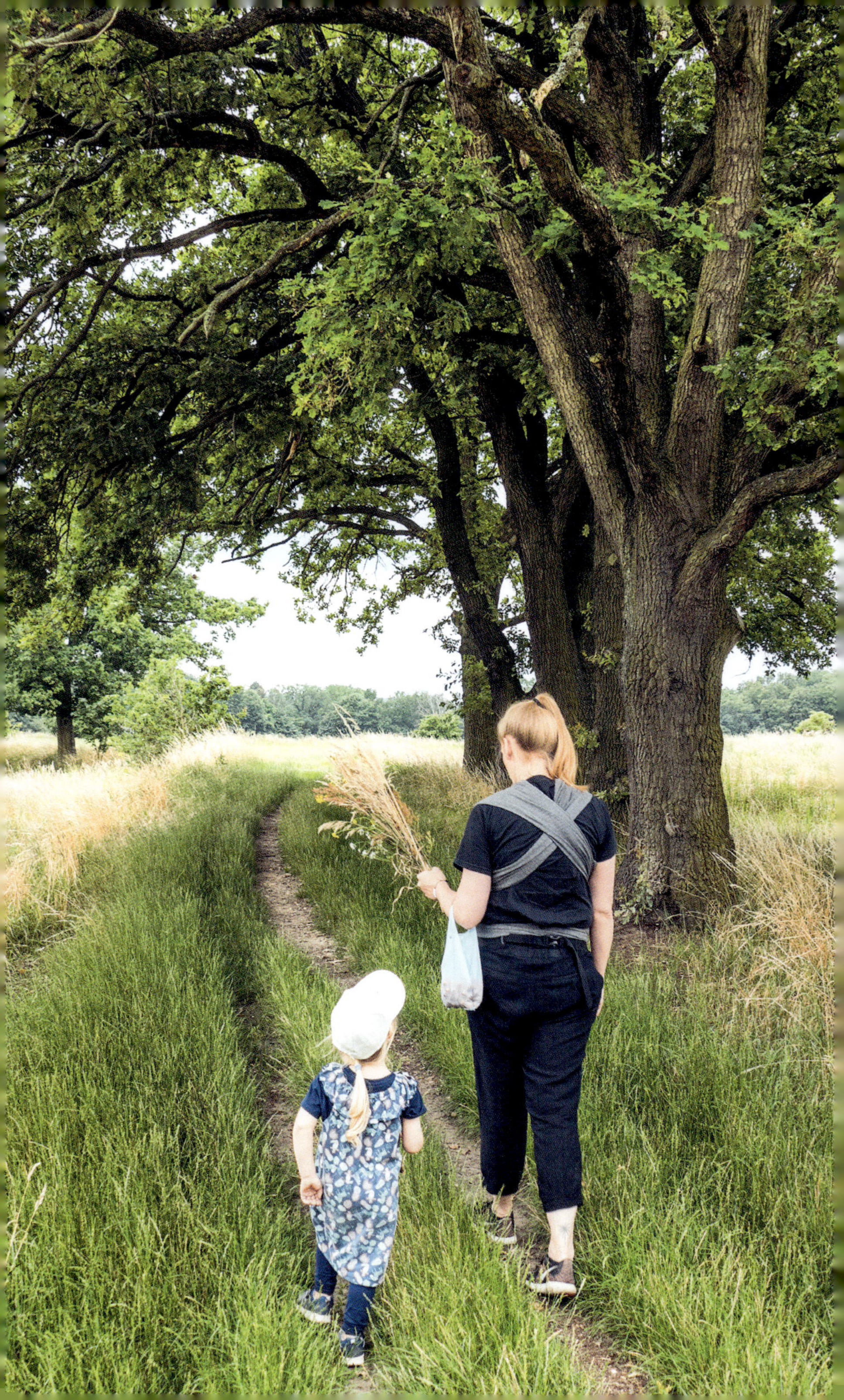

EINLEITUNG

Das Klischee, dass Hauptstadtkinder auf Idylle und Natur verzichten müssen, hält sich hartnäckig. Kaum jemand weiß, dass Berlin den Titel der grünsten Metropole Europas trägt. Zahlreiche Renaturierungsmaßnahmen in den letzten Jahrzehnten haben dafür gesorgt, dass 49 Prozent der Gesamtfläche Berlins aus Natur besteht. Wer hier lebt und Sommertage an glasklaren Waldseen, Spaziergänge am Weinberg oder Nachmittage auf dem Bauernhof vermisst, der hat die Stadt noch nicht erkundet, denn all das gibt es.

BERLIN NEU ENTDECKEN

Berlins Berge sind sicherlich nicht die Allgäuer Alpenzüge und in unseren Seen schwimmen auch keine Regenbogenforellen (mehr). Doch im Ortsteil Westend etwa könnt ihr durch eine 30 Meter tiefe Schlucht wandern und wilde Waschbären beobachten. Am anderen Ende der Stadt esst ihr nach einer Kanutour durch ein lagunenartiges Wasserdörfchen frischen Räucheraal, der am Abend zuvor noch im Müggelsee geschwommen ist. In dieser Region wurde im Jahr 2020 auch zum ersten Mal ein Wolf auf Berliner Boden geortet. Die vorsichtige »Juli« war mit einem Peilsender versehen und schaffte es, vier Tage unbeobachtet durch den Stadtwald zu spazieren.

ERKUNDEN, TOBEN, BADEN UND PADDELN

Mit den vorgestellten Ausflugszielen werdet ihr zu Floßbaumeistern oder urbanen Fährtenlesern. Geht auf die Suche nach dem versunkenen Schloss in Köpenick, erklimmt die höchsten Berggipfel und besucht menschenleere Inseln.

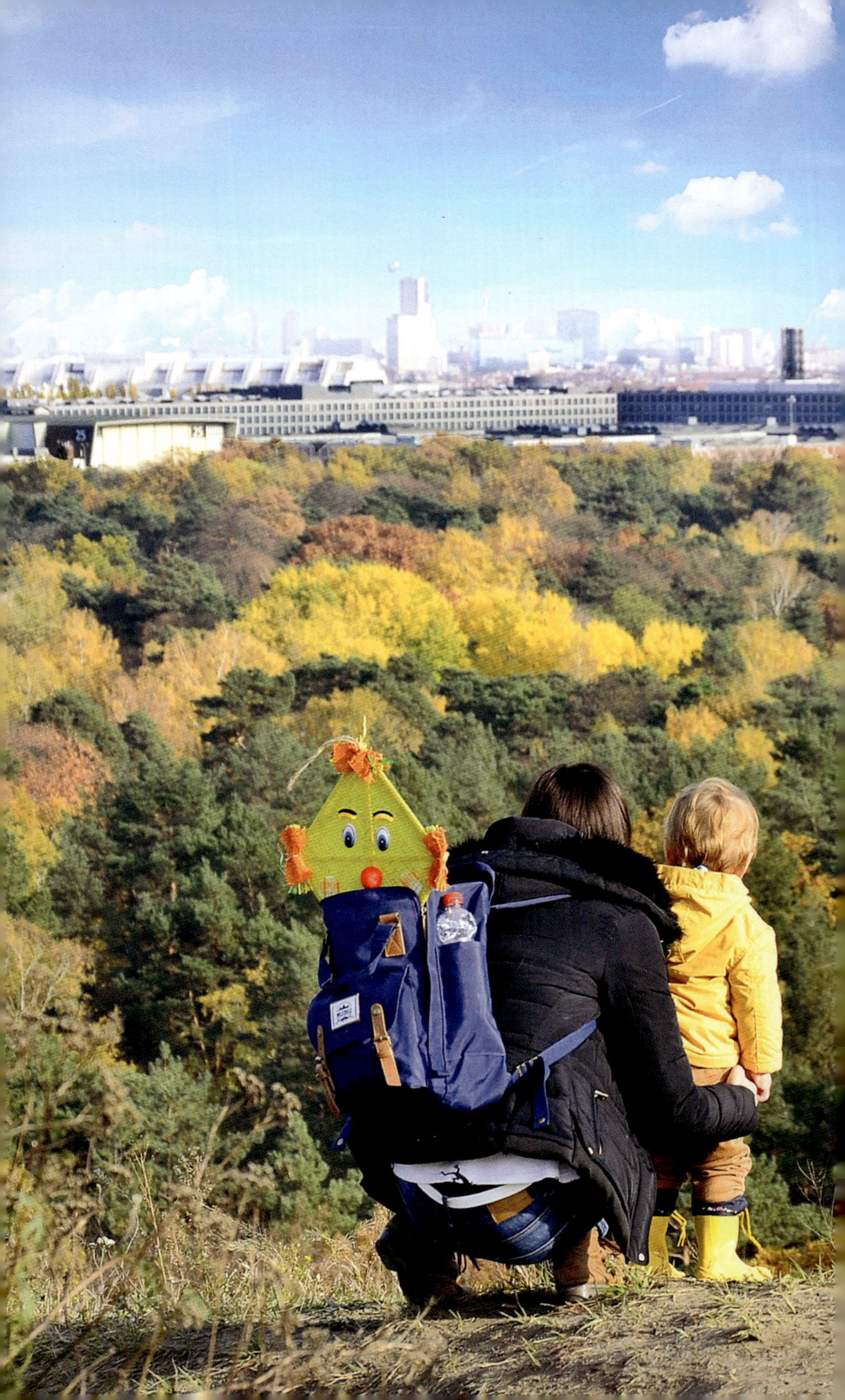

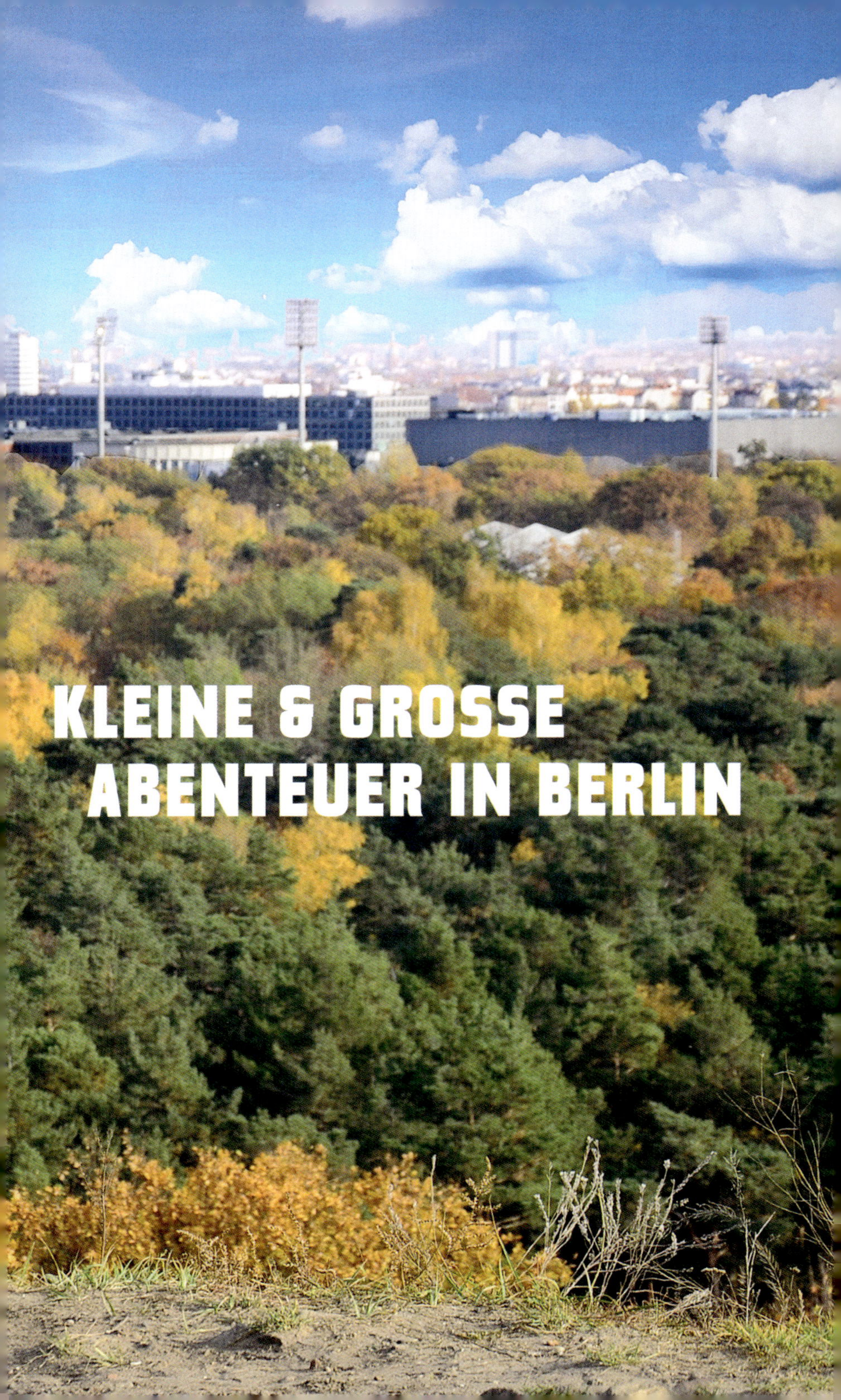

KLEINE & GROSSE ABENTEUER IN BERLIN

1

7-SEEN-TOUR

ÜBER DIE HAVELSEEN

Kleiner Wannsee • Pohlesee • Stölpchensee • Griebnitzsee • Glienicker Lake • Jungfernsee • Großer Wannsee

Die 7-Seen-Tour ist der Publikumsliebling der Reederei »Stern und Kreis« und präsentiert Berlin im ständigen Wechsel zwischen natürlicher Idylle und sehenswerten Hinguckern. Die zweistündige Dampferfahrt startet an der Anlegestelle Wannsee und führt zu Beginn über Gewässer, die nur von den Hausbesitzern am Wasser einsehbar sind oder versteckt am Rande eines Waldes liegen. Hier schaut man auf Luxusvillen aus der Gründerzeit, aber auch auf Biberburgen. Im weiteren Verlauf verengt sich die Fahrrinne und führt unter Brücken hindurch, bei denen das Bordpersonal die Köpfe einziehen muss. Ein Highlight ist der Blick auf den Park Babelsberg mit all seinen kleinen und großen Schlössern. Gleich danach geht es unter der legendären Glienicker Brücke – auch »Brücke der Spione« genannt – durch, um die sich spannende Geschichten ranken. An dieser Stelle befindet ihr euch in Potsdam. Hier entdeckt man das italienisch anmutende Casino Glienicke und die Heilandskirche – bekannt aus dem Film *Keinohrhasen*. Der Dampfer lenkt nun wieder Richtung Berlin, wo er die Pfaueninsel umfährt und Einblicke auf die unzugänglichen Inseln Kälberwerder und Imchen gewährt. Die letzte Etappe ist der Wannsee und dort gibt es nochmal viel zu sehen: Strandbad, Haus der Wannsee-Konferenz, Millionärsinsel Schwanenwerder, Flensburger Löwe, Grunewaldturm und Teufelsberg.

Start: Anlegestelle am Großen Wannsee/Kronprinzessinnenweg 5, 14109 Berlin
Tickets und weitere Schiffstouren: www.sternundkreis.de

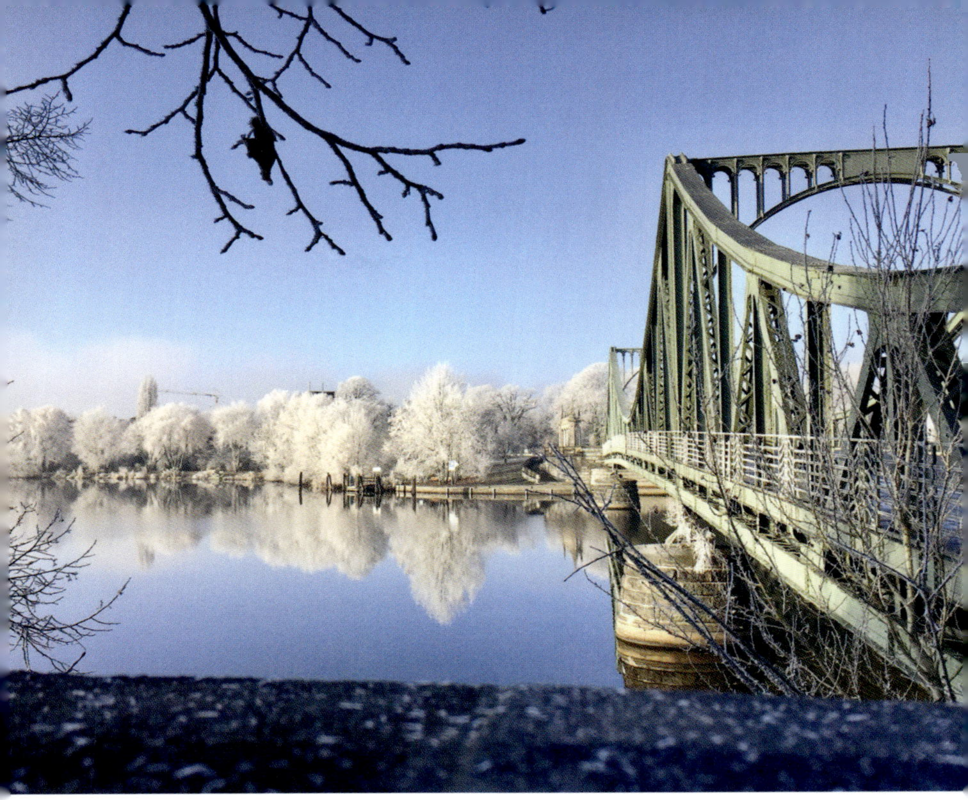

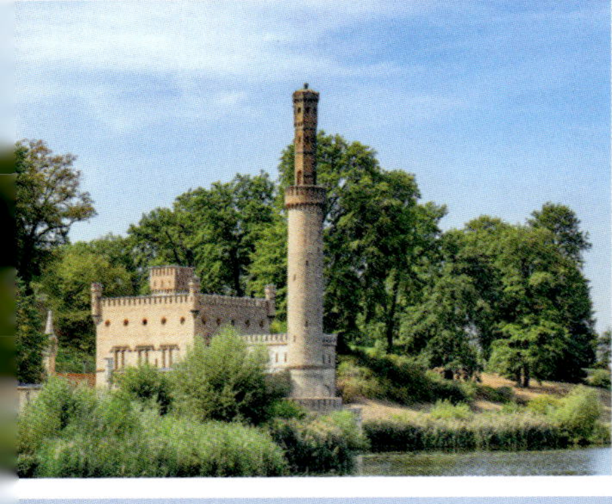

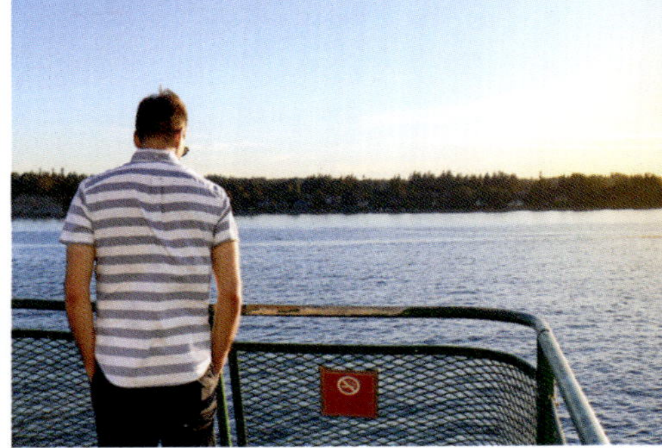

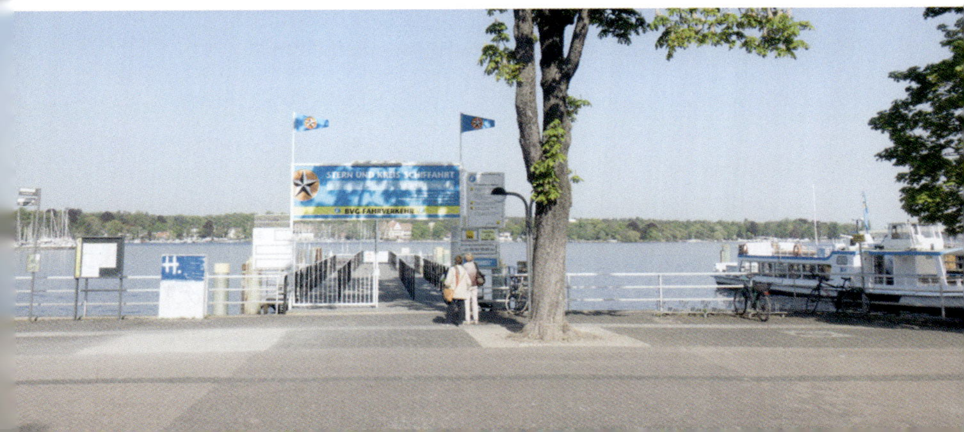

2

EINE LIEBESERKLÄRUNG

365 TAGE IM WALD

Betreten wir einen Wald, verlangsamt sich unser Tempo, wir senken die Stimme und stehen in engem Kontakt mit der Natur. In einigen Ländern verschreiben Ärzte den Wald sogar auf Rezept, denn es ist bewiesen, dass Waldbesuche Stress reduzieren und das Immunsystem kräftigen. Für Familien ist der Wald ein kostenloses Ausflugsziel mit schier unendlichen Möglichkeiten, bei dem Kinder ihren Bewegungsdrang ausleben können, ohne dabei Reize von außen verarbeiten zu müssen. Die Liste an Spielmöglichkeiten ist lang und der Kreativität sind Dank der riesigen Freiräume keine Grenzen gesetzt.

Was man mit Kindern im Wald erleben kann: Eine Laubschlacht veranstalten, mit Ästen Mikado spielen, Waldhütten bauen, Tannenzapfen-Weitwurf, barfuß über den Waldboden gehen, Pilze sammeln, Suchspiele wie »Finde etwas Weiches, Rotes, Pieksiges« oder ihr verlegt die Ostereiersuche mal in den Wald.

Der Wald ist ein ganzjähriges Ausflugsziel und verändert sein Gewand mit den Jahreszeiten. Wer als Hauptstädter nur an den Grunewald denkt, der hat bisher einiges verpasst. Hier ist eine Liste mit allen Wäldern auf Berliner Boden:

- Plänterwald
- Bucher Forst
- Köpenicker Forst
- Müggelberge
- Grunewald
- Wuhlheide
- Königsheide
- Jungfernheide
- Tegeler Forst
- Spandauer Forst
- Düppeler Forst
- Blankenfelder Forst

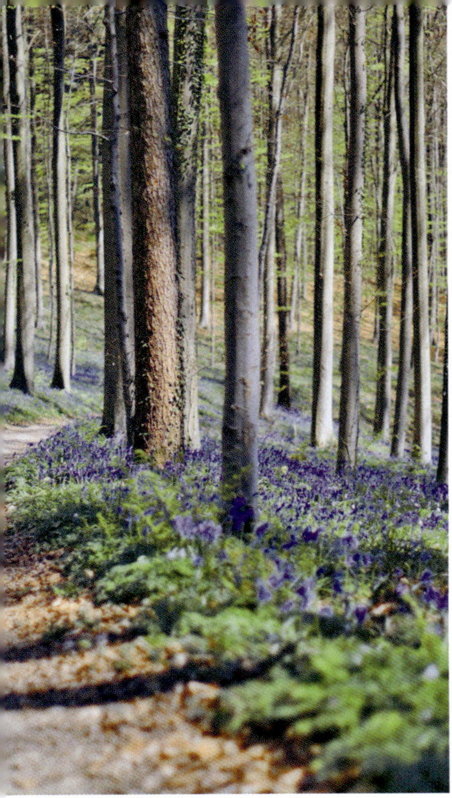

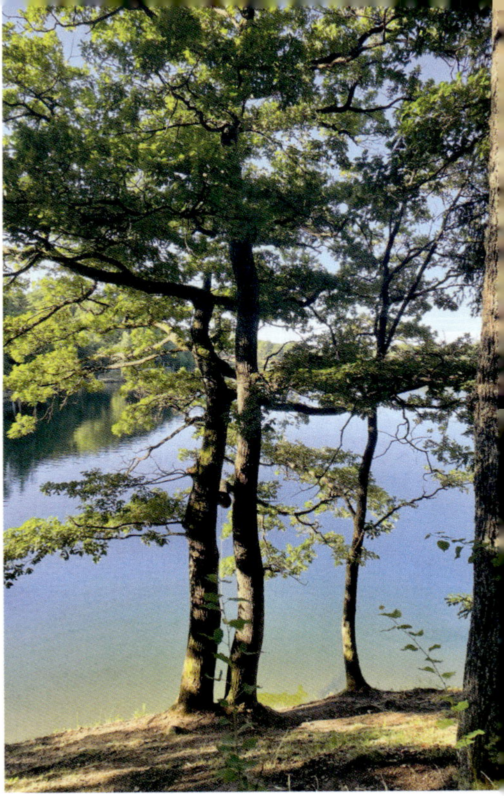

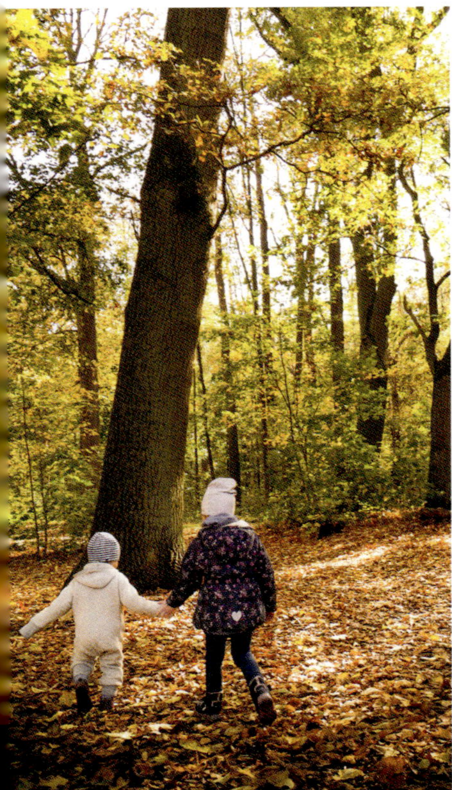
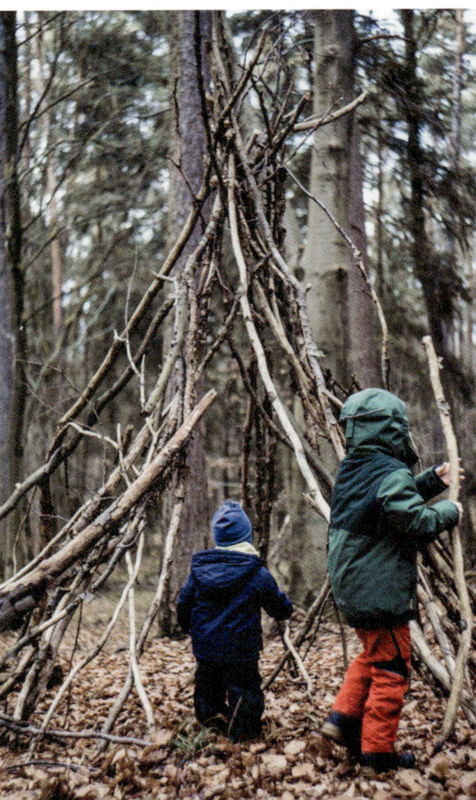

3

UNSERE KLEINE FARM

ALTE FASANERIE

Die Alte Fasanerie ist eingebettet in Wiesen und Wassergräben, aber auch von dem Plattenbau-Meer des benachbarten Märkischen Viertels umgeben. Sie ist ein wichtiger Anlaufpunkt für Kinder aus den Hochbauten, die hier einen unaufgeregten Ausgleich zum fordernden Alltag finden. Der ehemalige Gutshof von König Friedrich II. ist eine Mischung aus grünem Klassenzimmer mit pädagogischem Fachpersonal und Landwirtschaftsbetrieb. Es finden regelmäßig Mitmach-Kurse statt, für die keine Anmeldung notwendig ist. Ihr könnt zum Beispiel am kreativen Töpfern teilnehmen, bei der Ernte im 3000 Quadratmeter großen Garten helfen oder in der Hofwerkstatt werkeln. Neben dem Programm ist das Gelände ein idealer Ort, um einfach mal auf der faulen Haut im Grünen zu liegen. Im Schaugarten neben dem alten Backhaus kann man sprichwörtlich den Pflanzen beim Wachsen zuschauen, in der Hängematte dösen oder im Hofkino mit anderen Kindern im Heu liegen und Filme schauen. Tiere gibt es natürlich auch: Hühner, Kaninchen, Meerschweinchen und eine Mini-Stadt für Mäuse.

▸ Grillfeste ohne eigenen Garten: Die Fasanerie stellt euch einen Elektrogrill in einem abgegrenzten Bereich zur Verfügung und hat genügend Holz im Garten rumliegen, um den Tag mit einem knisternden Lagerfeuer zu beenden.

Website: www.alte-fasanerie-luebars.de
Nächstgelegene Haltestelle: Quickborner Straße (Bus 222 und X21)
Parkplätze: Am Haupteingang – 52.607507, 13.362445

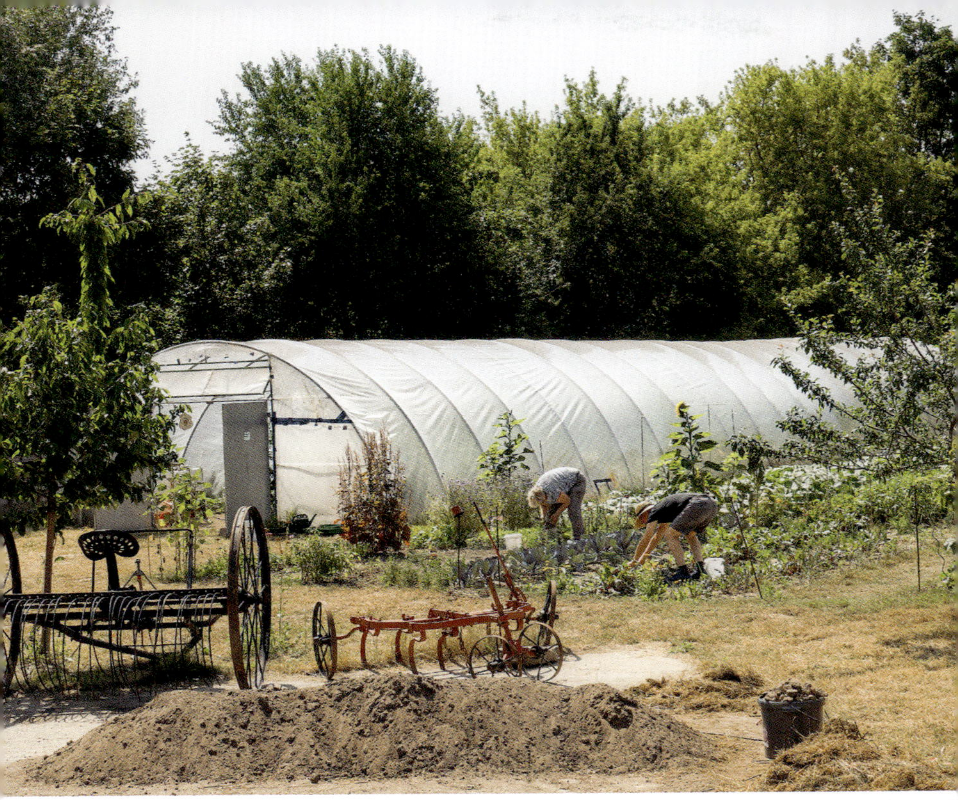

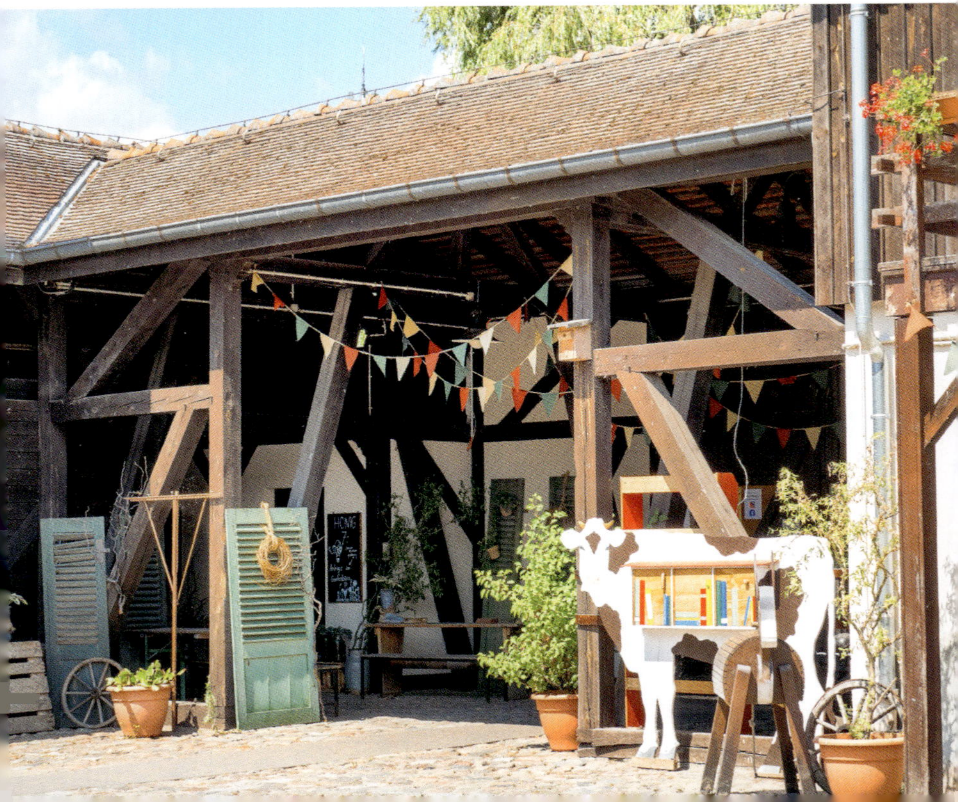

4

BOTANISCHE WELTREISE

ARBORETUM SPÄTHSFELDE

Das Arboretum in Späthsfelde schickt euch auf eine botanische Weltreise und präsentiert rund 1200 Gehölz- und über 4000 Pflanzenarten aus allen fünf Kontinenten. Hier erfahrt ihr, wie Rosen aus dem Himalaya-Gebirge riechen oder wie hoch ein abendländischer Lebensbaum aus Ostkanada wächst. Ihr spaziert unter chinesischen Kork-Eichen und Colorado-Tannen, könnt einen Blick in das tropische Gewächshaus werfen und jede Menge im Arzneigarten dazulernen. Das Gelände ist in 32 Sektionen aufgeteilt, die den Bedürfnissen der Pflanzen angepasst sind: mal moorig und mit kleinen Wasserläufen durchzogen, mal dunkel und verschlungen und bei den sonnenhungrigen Kakteen sandig und terrassenartig. Aber Vorsicht: Dort, wo es Pflanzen regnerisch mögen, müsst ihr flink sein, denn die vielen Wassersprenger wechseln blitzschnell die Richtung.

► Quiz: Der ganze Stolz des Arboretums ist ein Baum mit roten Beeren, der dort bereits seit dem Jahr 1880 steht. Findet ihr heraus, um welchen Baum es sich handelt?

Öffnungszeiten: April bis Ende Oktober: Mi., Do., Sa., So. und an Feiertagen: 10–18 Uhr
Eintrittspreise: Regulär 1 €, ermäßigt 0,50 Cent
Nächstgelegene Haltestelle: Baumschulenstr./Königsheideweg (Bus 170)
Parkplätze: Auf dem Gelände der Baumschule – 52.454160, 13.473355

Antwort: Mehlbeere

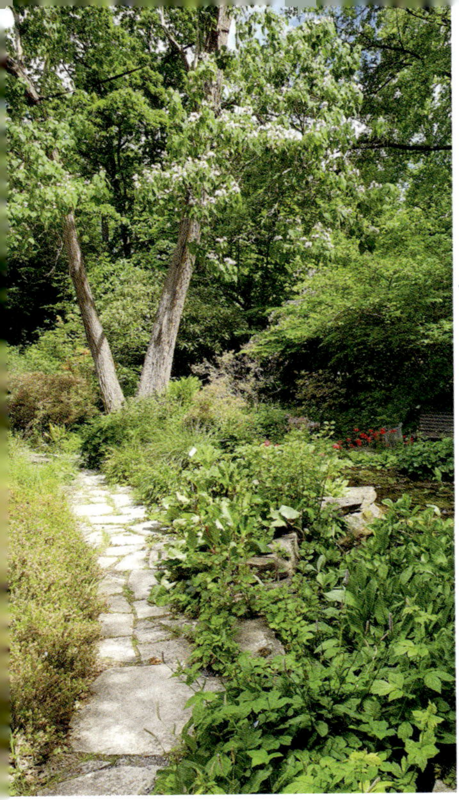

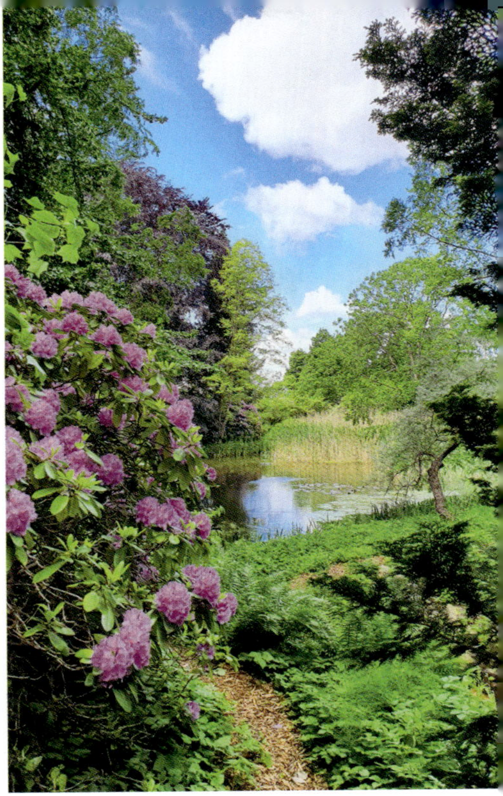

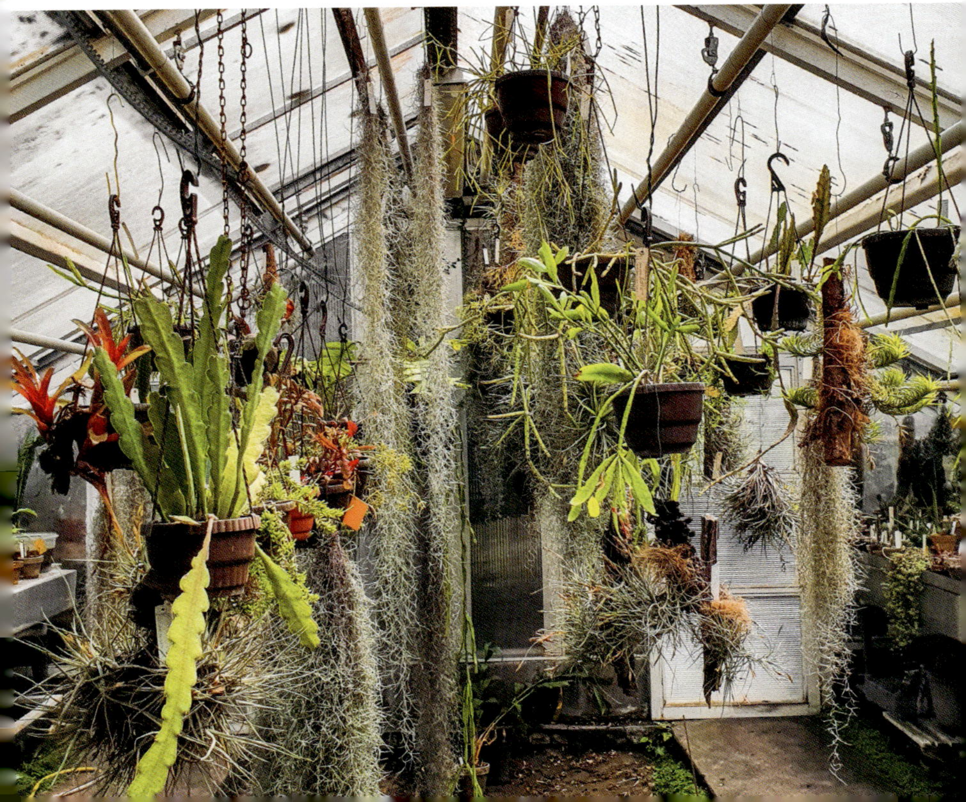

5

ES MUSS NICHT IMMER DER FERNSEHTURM SEIN

BERLIN VON OBEN

Fernsehturm, Siegessäule und Funkturm? Nein, keine Sorge, um diese längst bekannten Sehenswürdigkeiten geht es hier nicht. Auch wenn sie imposante Aussichten bieten, so konzentriert sich der Blick doch eher aufs Stadtzentrum. Wer lieber auf Wälder und Seen als auf Straßenzüge schaut, dem bieten sich sechs, teils kostenlose Alternativen:

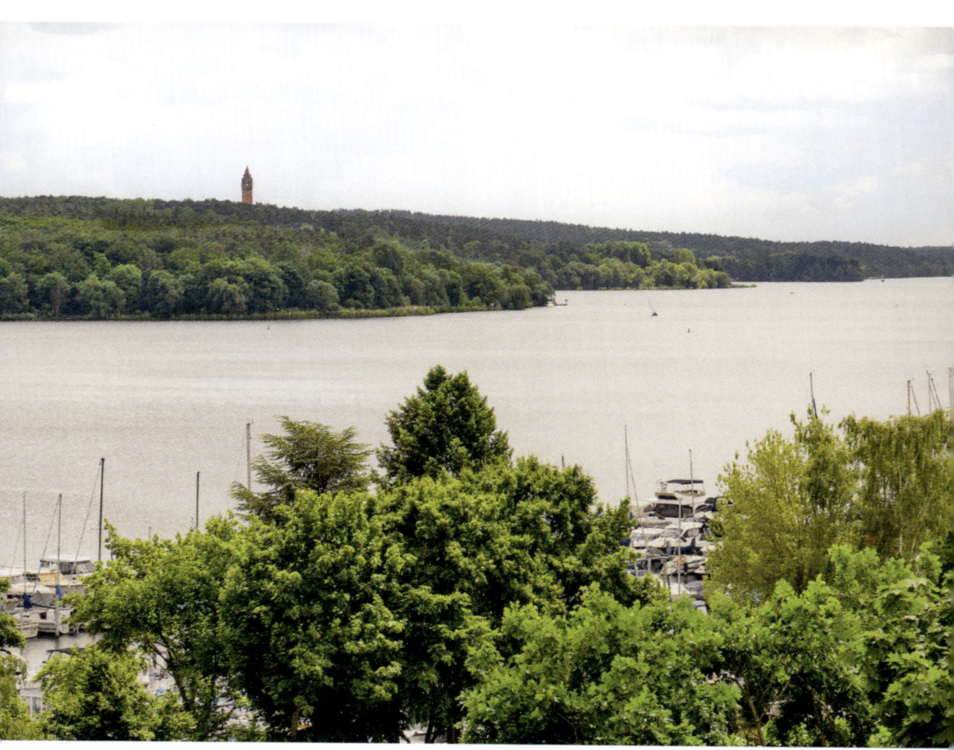

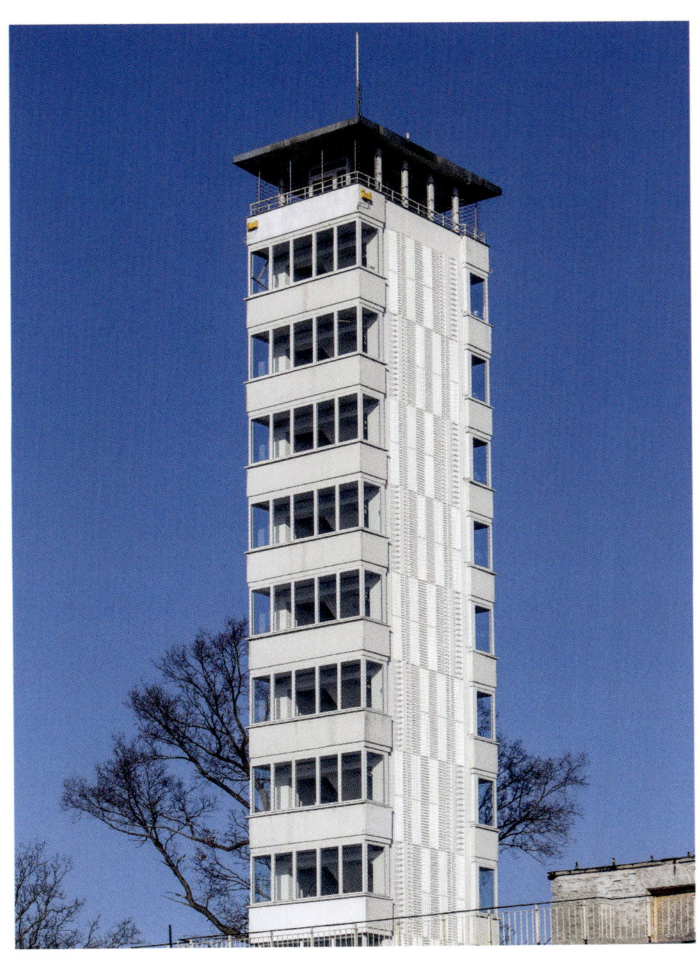

1 / HAVELDÜNE

Nichts als Wasser und Wald! Die Haveldüne bietet einen weitreichenden Blick auf die Havel, den Teufelsberg, Schildhorn und den Grunewald

Wo? Am Ende der Straße ›Zur Haveldüne‹ in Spandau-Wilhelmstadt

2 / MÜGGELTURM (€)

Neun Stockwerke müssen bewältigt werden, um zu erfahren wie herrlich Dahme, Müggelberge und Müggelsee von oben aussehen

Wo? Gut ausgeschildert auf dem Kleinen Müggelberg

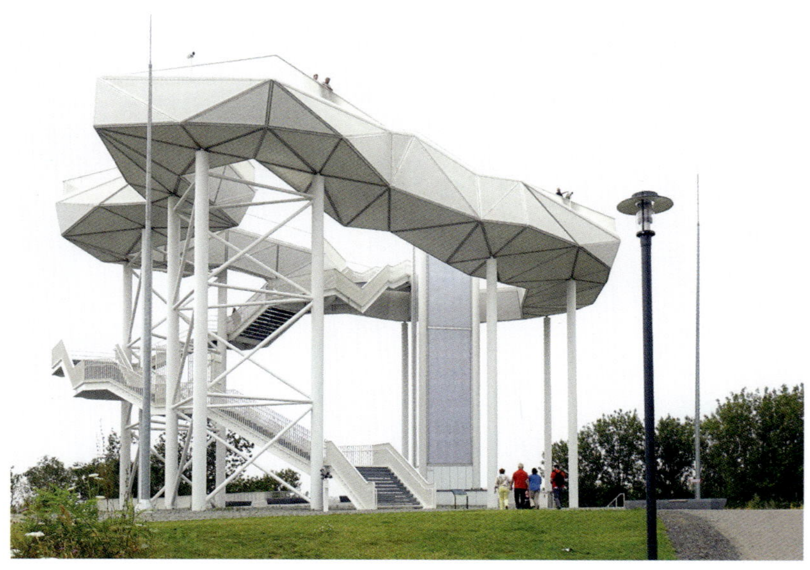

3 / WOLKENHAIN

Zu Fuß, mit der Seilbahn oder im Bob? Die Aussichtsplattform in Gestalt einer schwebenden Wolke kann auf verschiedene Arten erreicht werden

Wo? Auf der Spitze des Kienbergs in Berlin-Marzahn

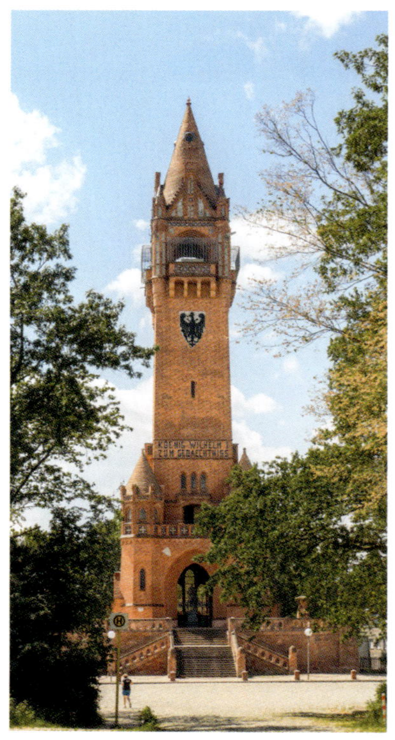

4 / GRUNEWALDTURM (€)

204 Stufen müsst ihr hinter euch lassen, um den vielleicht besten Ausblick auf Berlins Natur und das Havelland zu erleben

Wo? Havelchaussee 61, 14193 Berlin-Grunewald

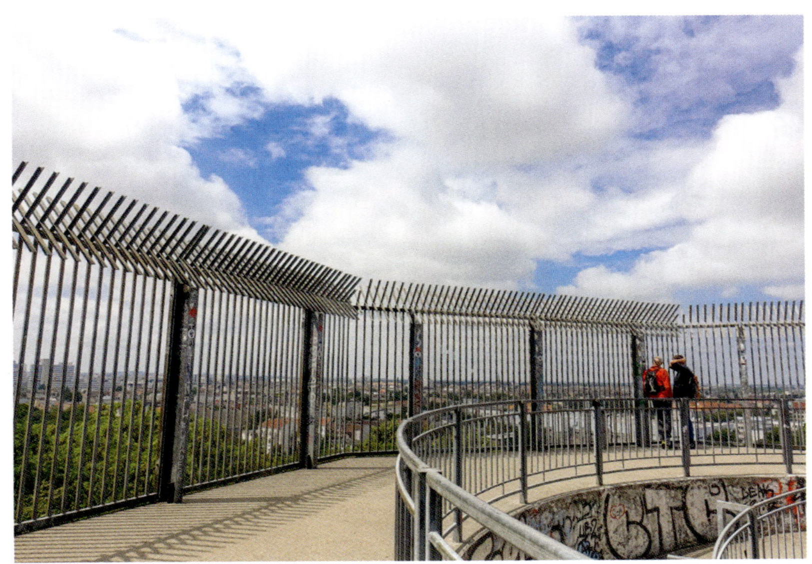

5 / FLAKTURM III

Auf dem einzigen noch existierenden Luftabwehrturm des Zweiten Weltkriegs befinden sich eine Kletteranlage und eine Aussichtsplattform

Wo? Hochstraße 5,
13357 Berlin-Gesundbrunnen

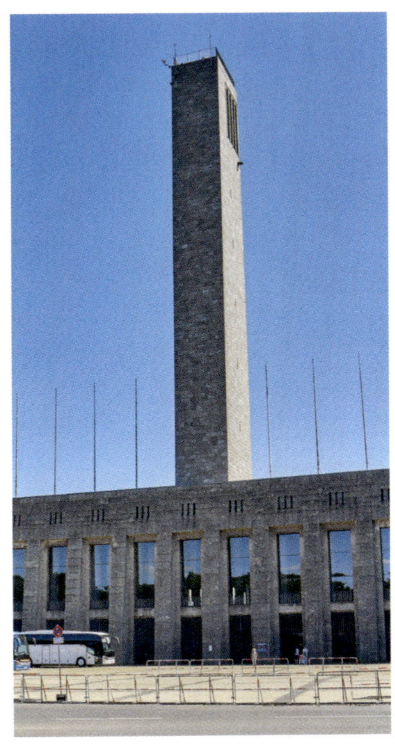

6 / OLYMPIA-GLOCKENTURM (€)

Im gläsernen Fahrstuhl geht es auf die Spitze des Glockenturms, von wo man die Murellenschlucht und den Schanzenwald im Blick hat

Wo? Am Glockenturm 1,
14053 Berlin-Westend

6

VOM KORN ZUM KEKS

BOCKWINDMÜHLE MARZAHN

Das Wahrzeichen von Marzahn ist nicht etwa das 25-stöckige Hochhaus in der Allee der Kosmonauten. Es ist die alte Bockwindmühle im historischen Dorfkern Alt-Marzahn, die dort schon stand, als Bauern noch mit Holzkarren voller Stroh durch den Bezirk klapperten. Sie ist nicht nur ein hübsches Relikt aus früheren Zeiten, sondern wird noch immer von einem Müller betrieben und ist voll funktionsfähig.
Bei der Veranstaltung »Vom Korn zum Keks« erfahren die Teilnehmer alles über den Mahlbetrieb in der Mühle, über die Säuberung des Getreides, über Mehlherstellung am Kollergang und halten am Ende ihren eigenen, knusprig gebackenen Haferkeks in der Hand. Bei der knapp einstündigen Führung ist Anpacken und Teamarbeit gefragt, sodass für Kinder keine Langeweile aufkommt.

► Direkt nebenan: Bei eurem Besuch in der Mühle werden euch schon die Alpakas auf dem benachbarten Tierhof aufgefallen sein. Der bäuerliche Betrieb wird wie zu Beginn des 20. Jahrhunderts geführt und bietet neben Ponyreiten und Märchenstunden auch einen kleinen Hofladen.

Nächstgelegene Haltestelle: Hinter der Mühle (Bus 192, 195)
Parkplätze: Hinter der Mühle – 52.543561, 13.562703
Website: www.marzahner-muehle.de

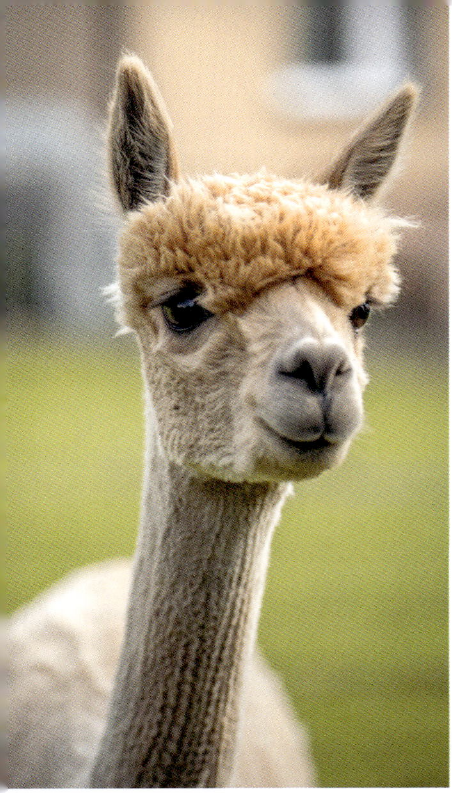

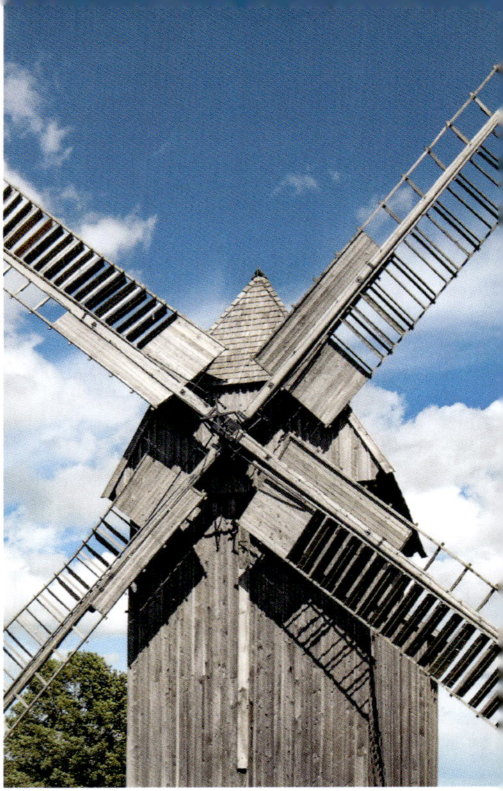

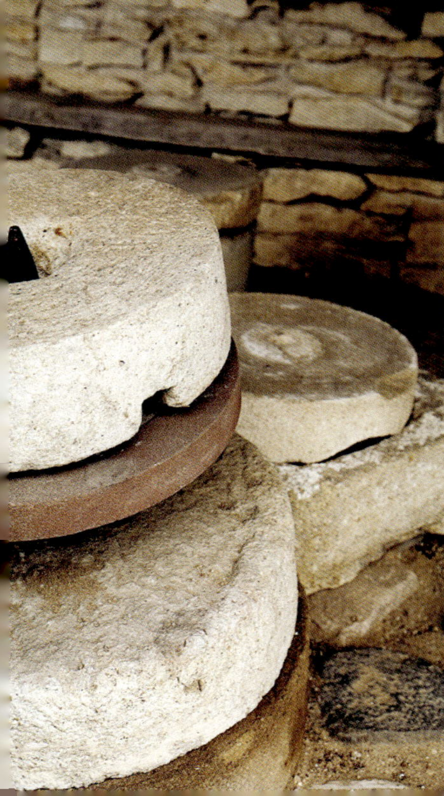

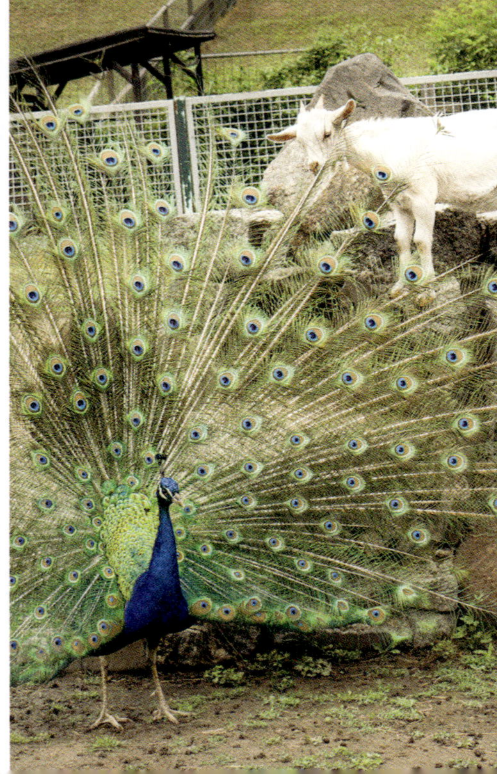

7

ERKUNDE DIE WASSERLANDSCHAFTEN

BOOTSVERLEIHSTATIONEN

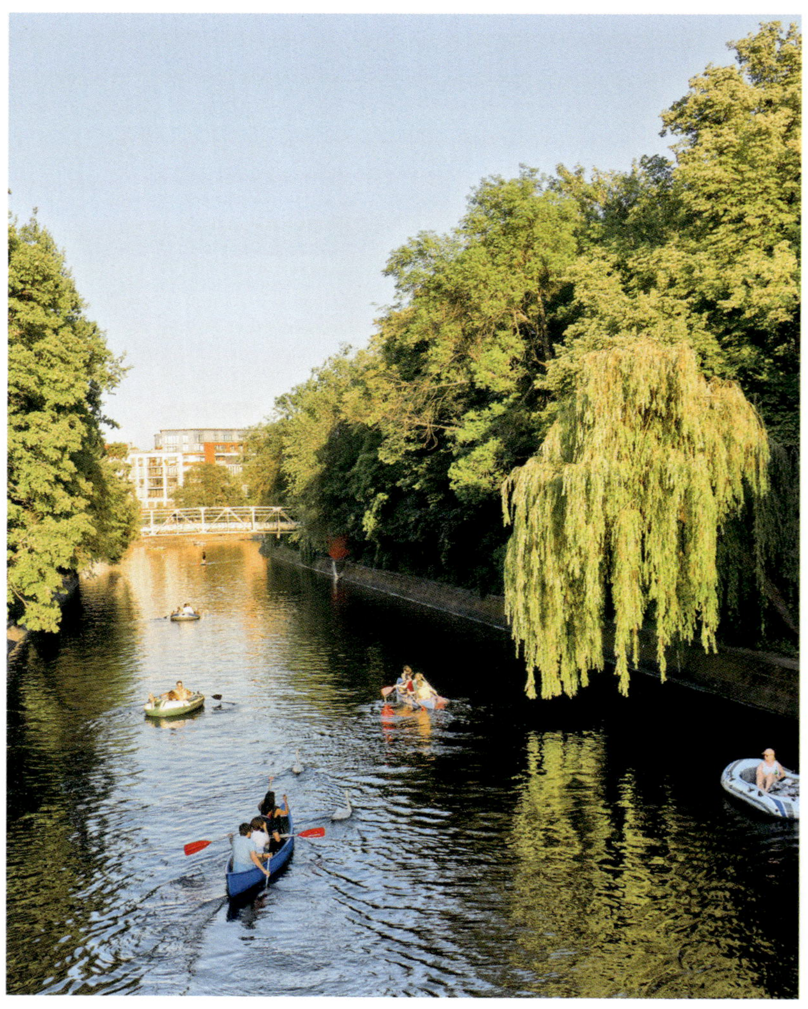

KENNST DU SCHON CONTIKI?

Der kleine Katamaran für zwei Erwachsene und ein Kind wird mit Paddeln fortbewegt und ist mit einem Verdeck ausgestattet

Havel-Logen: Heerstraße 200c, 13595 Berlin
www.havel-logen.de/contiki-mieten

STAND-UP-PADDLING FOR KIDS

Ein geschultes Trainerteam begleitet Kinder bei ihren ersten Stehpaddel-Versuchen auf dem Schlachtensee

Stehpaddler: Fischerhüttenstraße 136, 14163 Berlin | www.steh-paddler.com

BERLINS KLEINER SPREEWALD

Mit sanfter Strömung im 2er- oder 4er-Kanadier über die naturbelassene und artenreiche Müggelspree paddeln

MüggelBay: Neuhelgoländer Weg 7, 12559 Berlin | www.müggelbay.de

KEIN KIPPEN, KEIN NASS WERDEN

Auf dem Wasserfahrrad kannst du ab einer Körpergröße von 1,40 Meter über das Wasser gleiten

Kajakguru: Hafenstraße 24, 16761 Hennigsdorf
www.kajakguru-verleih.de/hennigsdorf

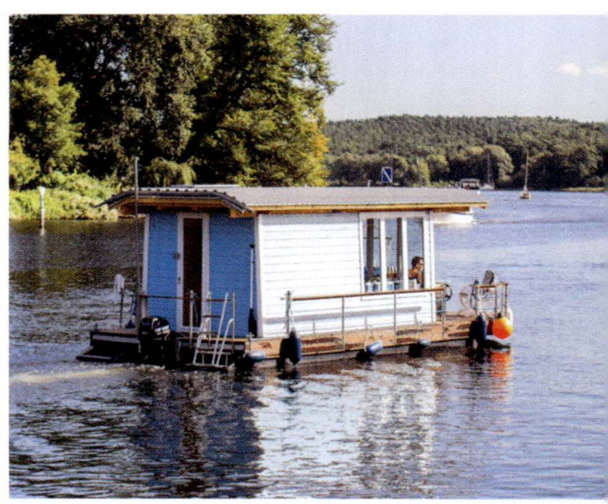

PARTY AUF DEM WASSER

Die führerscheinfreien Partyflöße für bis zu 18 Personen verfügen über eine Rutsche und einen Grill

ALS Bootsverleih: Lindenstraße 27, 12555 Berlin
www.als-bootsverleih.de

DER KLASSIKER IM HERZEN BERLINS

Umrunde im Tretboot die Insel der Jugend und mach eine Sightseeing-Tour zur Oberbaumbrücke

Kanuliebe: Alt-Treptow 6, 12435 Berlin
www.kanuliebe.de

FÜHL DICH WIE HUCKLEBERRY FINN

Mit dem Entdecker-Floß eroberst du den Müggelsee und steigst von der Badeleiter ins kühle Nass

Floß & los: Müggelseedamm 216, 12587 Berlin
www.flossundlos.de

8

DIE HOLZSTEGE IN HERMSDORF

TROCKEN DURCHS MOOR

Über das Moor werden viele Gruselgeschichten erzählt, die Kinder auf der ganzen Welt erschaudern lassen. Kein Wunder. Überall schluchzt und blubbert, krächzt und raschelt es, doch sobald man sich umdreht, ist niemand zu sehen. Es ist matschig, kühl und selbst bei Sonnenschein dunkel. Moore sind seit jeher unheimliche Orte. Wahrscheinlich liegt das daran, dass wir Menschen sie nicht betreten und nur raten können, was hinter dem stacheligen Dickicht vor sich geht.
Die gute Nachricht: In Hermsdorf gibt es vier Holzstege, die über das sumpfige Tegeler Fließtal führen und Einblicke in ein für gewöhnlich verschlossenes Biotop gewähren: Ringelnattern, scharfzahnige Nutrias, giftige Farne und fleischfressende Pflanzen. Aber keine Sorge: alles aus sicherer Entfernung und vor allem mit trockenen Füßen.

Startet am besten bei Steg Nummer 1, gebt nach und nach die weiteren Geodaten in einen Online-Kartendienst (z. B. Google Maps oder OpenStreetMap) ein und erlebt eine vier Kilometer lange Tour durch den Norden Berlins, vorbei an versteckten Seen und mitten durch alte Dorfkerne.

1 / BEI DEN WASSERBÜFFELN

Zielgenaue Geodaten: 52.606416, 13.300070

2 / ÜBER DAS TEGELER FLIESS

Zielgenaue Geodaten: 52.610161, 13.312259

3 / DER EICHWERDER STEG

Zielgenaue Geodaten: 52.622459, 13.335925

4 / AM EHEMALIGEN GRENZSTREIFEN

Zielgenaue Geodaten: 52.625132, 13.335211

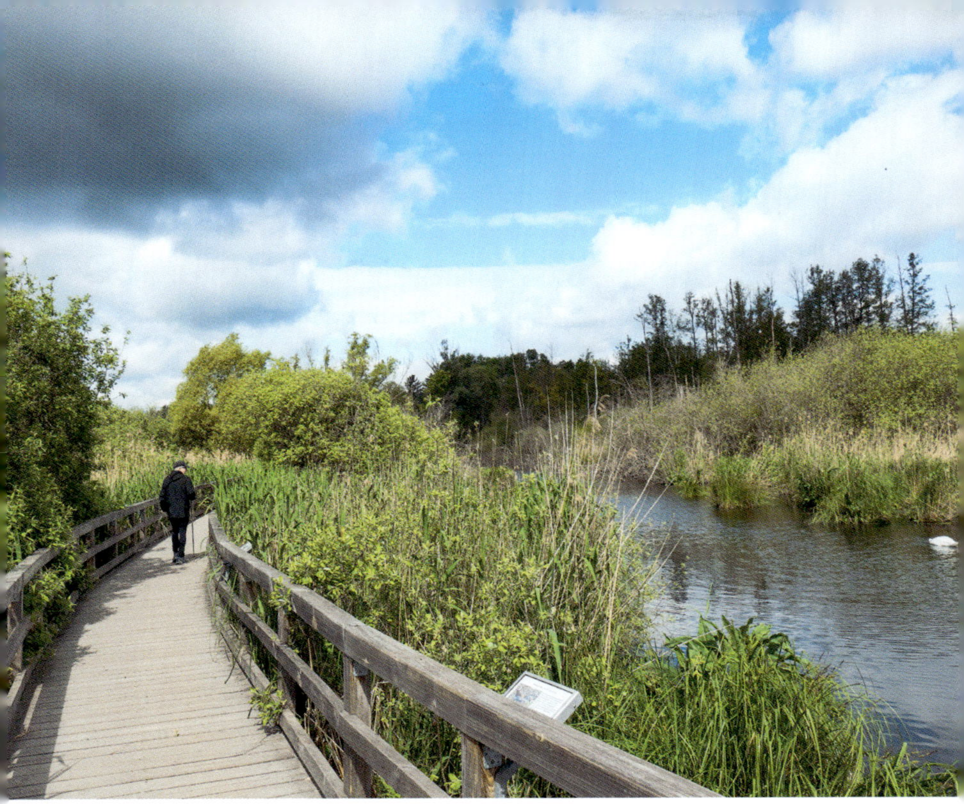

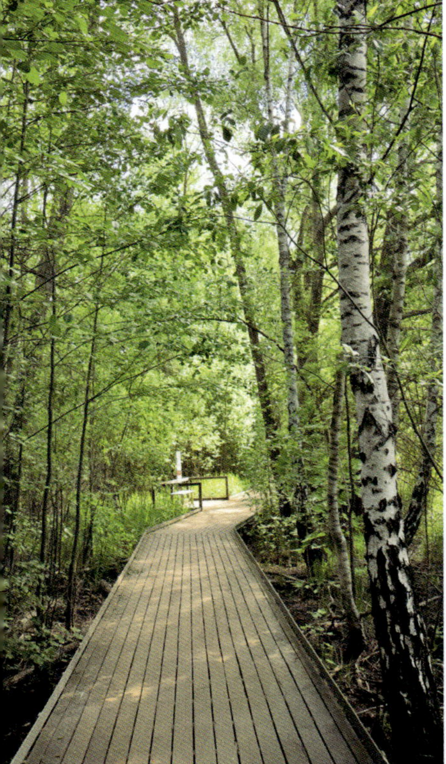

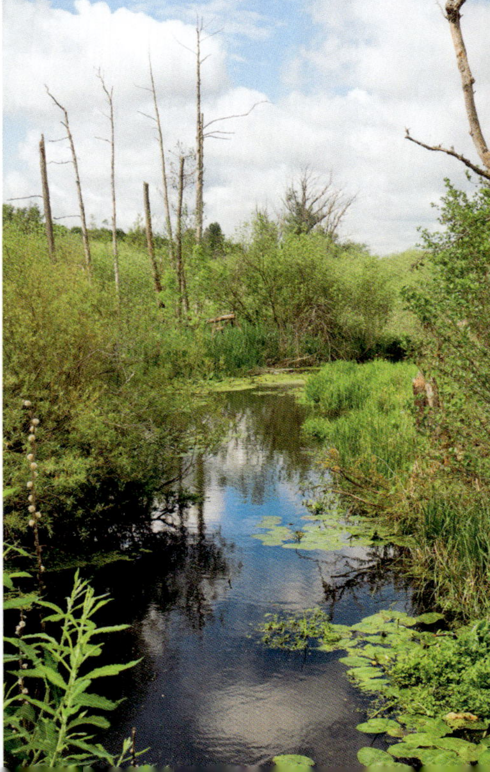

9

DIE NATUR VON MÜLL BEFREIEN

VERANTWORTUNG ÜBERNEHMEN

Viel zu oft wird ein Naturspaziergang durch den Anblick des Abfalls rücksichtsloser Menschen gestört. Im Sommer führen weggeschnipste Zigaretten – und durch den Brennglaseffekt auch schon kleinste Plastikteile – oft zu verheerenden Bränden. Aber ist es nicht auch fragwürdig, dass wir uns nur darüber ärgern, am Müll vorbeilaufen und ihn liegen lassen? Ist doch nicht meine Aufgabe!, wird sich der oder die eine oder andere denken. Und ja, es ist vielleicht nicht unser Job, aber wir könnten denjenigen, die diesem Job nachgehen und nicht an jedem abgelegenen Ort sein können, eine große Hilfe sein – und vor allem helfen wir der Natur.

Müll sammeln als Freizeitaktivität klingt nicht unbedingt nach Spaß, doch wenn es in einen familiären »Wettkampf« verpackt wird, bekommt die Säuberungsaktion einen ganz neuen Reiz. Wer bekommt seinen Müllsack als Erstes voll, wer findet den größten Müllschatz und wer watet durch den See, um die Wasserrosen vom Flaschendeckel zu befreien? Es ist ein erfüllendes Gefühl, wenn man auf dem Rückweg seiner Sammeltour an Orten vorbeikommt, die eben noch voller Müll lagen und nun wieder sauber sind.

► Paddeln für lau: Die Organisation GreenKayak leiht euch gratis ein Kajak, wenn ihr während der Fahrt Müll aus dem Wasser fischt. Mehr Informationen gibt es auf: www.greenkayak.org/berlin

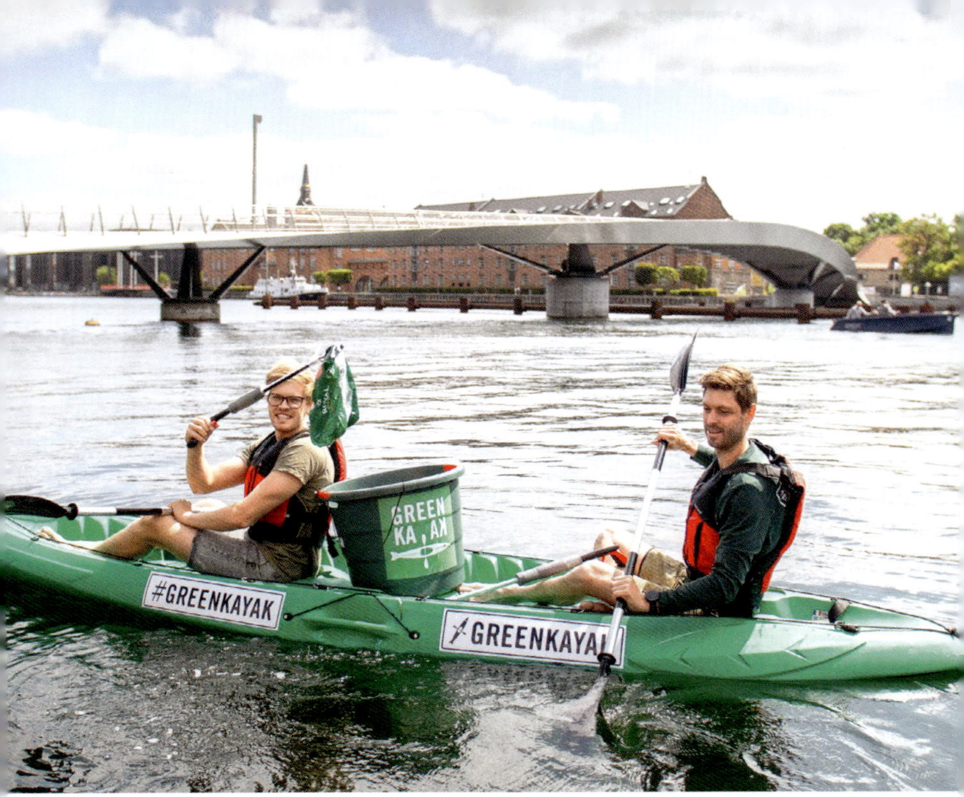

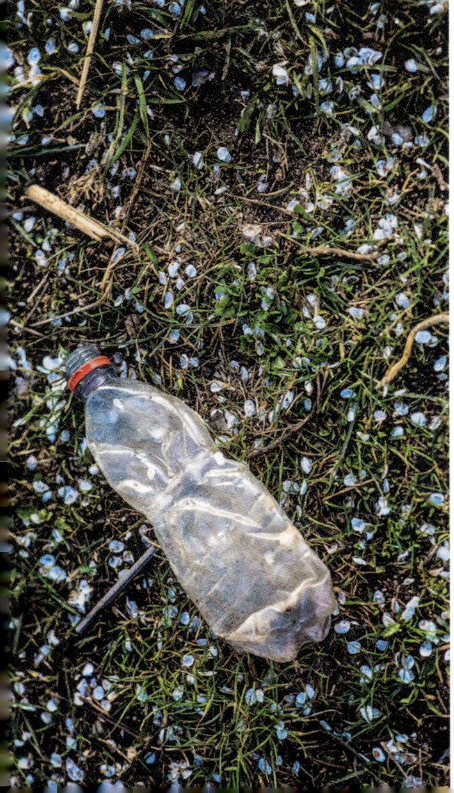

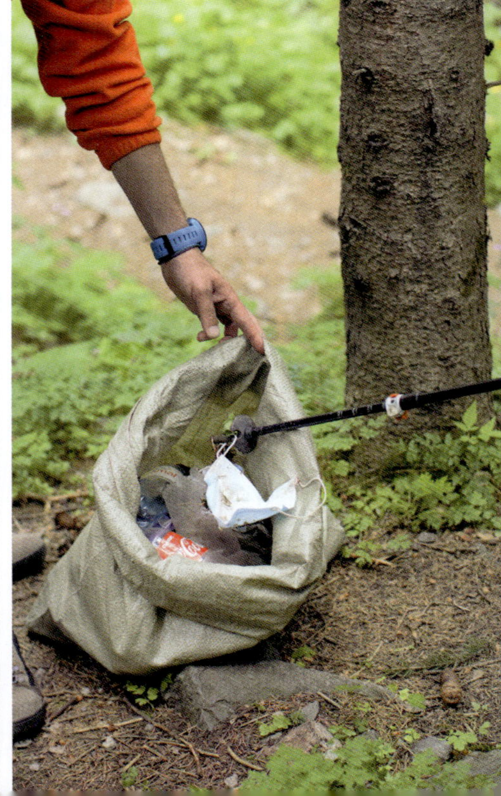

10

WILDSCHWIMMEN TUT GUT

DIE SCHÖNSTEN BADESEEN

Keine Lust auf Chlor und Schlange stehen am Sprungturm? Ein Bad in freier Natur ist immer ein kleines Abenteuer und weckt den Entdeckertrieb in uns. Hier schwimmt man zwischen Seerosen und kann die Unterwasserwelt mit Taucherbrille beobachten. Die vorgestellten Badeseen sind nicht die bekanntesten, aber die schönsten der Stadt und wie gemacht für einen Sommertag am Wasser.

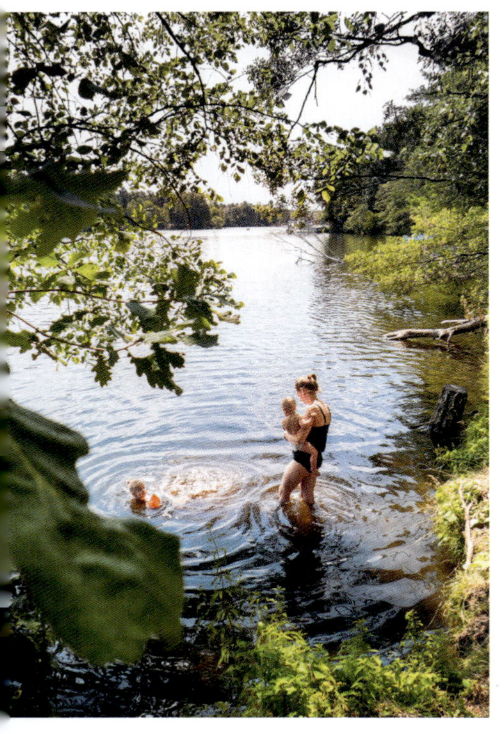

ALTER HOF

Steglitz-Zehlendorf | 52.432840, 13.142417

- Großer Rasenstrand
- Blick auf die Pfaueninsel
- Sehr abgelegen, an einer Bucht am Waldrand

BAMMELECKE

Treptow-Köpenick | 52.407317, 13.622418

- Versteckte Landzunge am Waldrand
- Bootsverleih Richtershorn in der Nähe
- Blick auf die Müggelberge

GROSSE STEINLANKE

Steglitz-Zehlendorf | 52.450066, 13.189771

- Flacher Einstieg ins Wasser
- 180 Meter langer Sandstrand

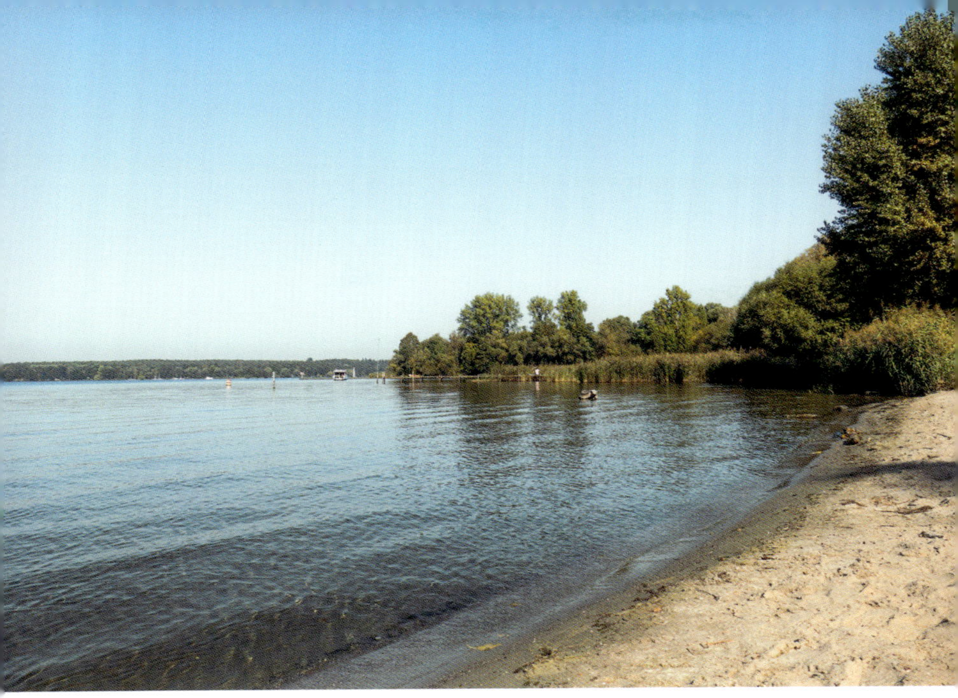

- Naturbelassene Bucht am Grunewald mit Sanddüne

LINDWERDER

Reinickendorf | 52.580402, 13.247428

- Wildtiergehege in der Nähe
- Mitten im Wald, abgeschirmt von der Stadt
- Picknicken auf der Streuobstwiese am Schwarzen Weg

KLEINER MÜGGELSEE

Treptow-Köpenick | 52.428164, 13.677545

- Boots- und Floßverleih
- Café und Restaurant am See
- Großer Sandstrand mit Beachvolleyballfeld

AUF SCHILDHORN

Charlottenburg-Wilmersdorf | 52.496703, 13.196402

- Großer Waldspielplatz in der Nähe
- Gut versteckt, auf der Spitze einer Halbinsel
- Kleiner Berg am Wasser mit weitreichender Aussicht

BADEWIESE EICHWALDE

Kurz hinter Köpenick | 52.370471, 13.643126

- Strandsport: Basketball, Volleyball, Tischtennis
- Großer Sandspielplatz und Liegewiesen
- Flacher Einstieg ins Wasser

11
SCHLACHTE → LANKE → FENN

EISIGE SEENTOUR

Schnee und Eis bringen die Natur dazu, Winterschlaf zu halten. Die Bäume sind kahl, die Gewässer erstarren und die Spazierwege an den sonst immervollen Orten sind wie leergefegt. Ein solcher Ort ist die Grunewaldseenkette mit Schlachtensee, Krummer Lanke und dem sumpfigen Riemeisterfenn. Zur Winterzeit gewähren die Gewässer freien Blick auf die unangetasteten Uferzonen, die im Sommer so stark bewachsen sind, dass sie nicht einzusehen sind. Von den leeren Stränden schaut man ins tiefdunkle Wasser und erlebt die Badeseen ausnahmsweise mal ohne Schlauchboote und Menschenscharen.
Wer auch im Winter aktiv ist, sollte sich den zehn Kilometer langen Rundweg mit Beginn am Schlachtensee nicht entgehen lassen. Von dort aus lauft oder radelt ihr immer am Wasser entlang und kommt unterwegs an schönen Waldspielplätzen, Rodelhängen und Einkehrmöglichkeiten vorbei. Exakt nach der Hälfte der Tour findet ihr die »Rodelhütte«. Der kultige Biergarten legt selbst bei Minusgraden Steaks auf den Grill und wärmt euch mit Feuerkörben und heißer Schokolade. Nach der Stärkung wählt ihr den Rundweg an der gegenüberliegenden Uferseite und bekommt noch einmal fünf Kilometer pure Entspannung. Der Schlachtensee und die Krumme Lanke sind wahrlich keine Geheimtipps, doch bei eisigen Temperaturen habt ihr sie sicherlich noch nicht besucht, oder?

Nächstgelegene Haltestelle: S Nikolassee (S1, S3 und Bus 112)
Parkplätze: Am Schlachtensee – 52.435319, 13.198298

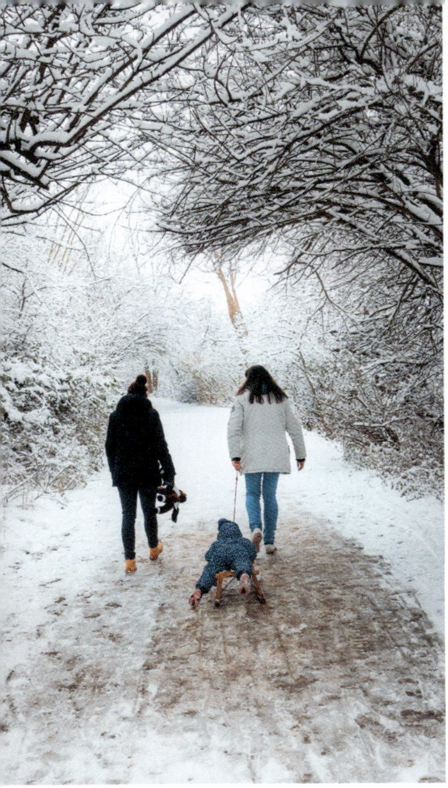

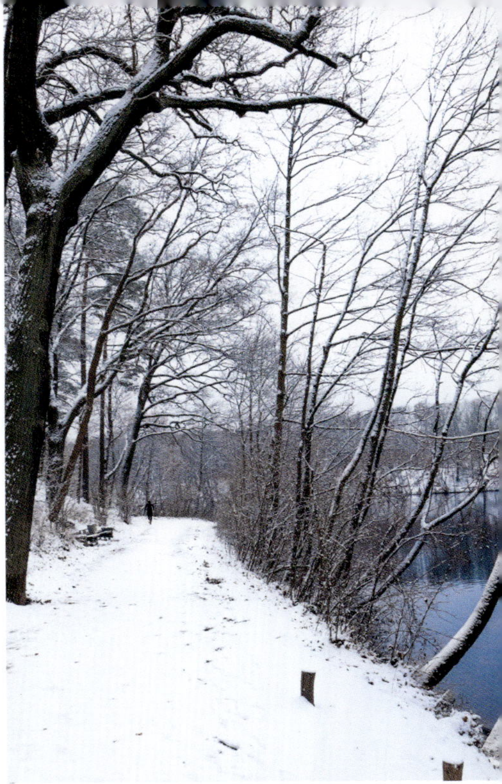

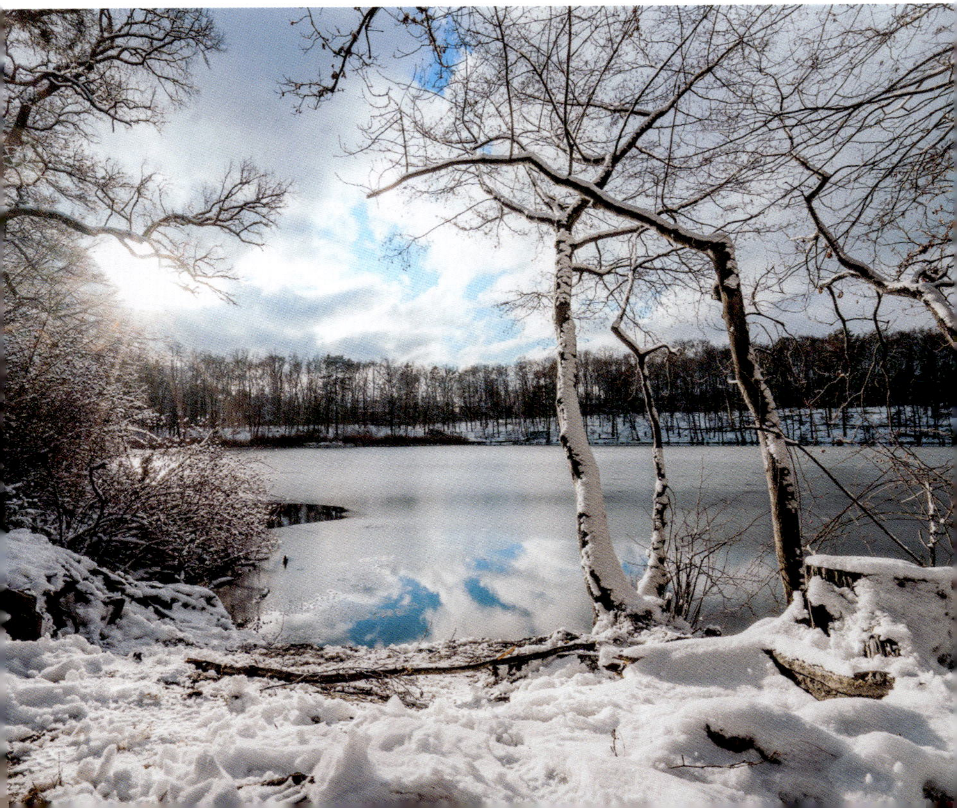

12

URBAN WILDLIFE SAFARI

FOTO- UND NATURTOUREN

Über 7500 Füchse, knapp 800 Waschbären, mehr als 120 Biber sowie 100 Dachse befinden sich in diesem Moment auf Berliner Boden. Eine ganze Menge, oder? Da wundert man sich doch, dass kaum einer diesen Tieren schon mal begegnet ist. Wildtierfotograf Marco Papajewski kennt die urbane Wildnis der Hauptstadt wie nur wenige. Auf seinen Foto- und Naturtouren führt er die Teilnehmer durch artenreiche Biotope in Berlin und seinem Speckgürtel und beweist, dass so manch wildes Tier sogar im Stadtzentrum zu finden ist. Die Touren bieten weit mehr als eine bloße Sichtung der Tiere. Marco ist nicht nur ein Meister im Aufspüren menschenscheuer Lebewesen, sondern hat auch spannende Fakten über sie zu erzählen. Wer hätte schon gedacht, dass der Turmfalke rein biologisch näher mit Papageien als mit Greifvögeln verwandt ist?

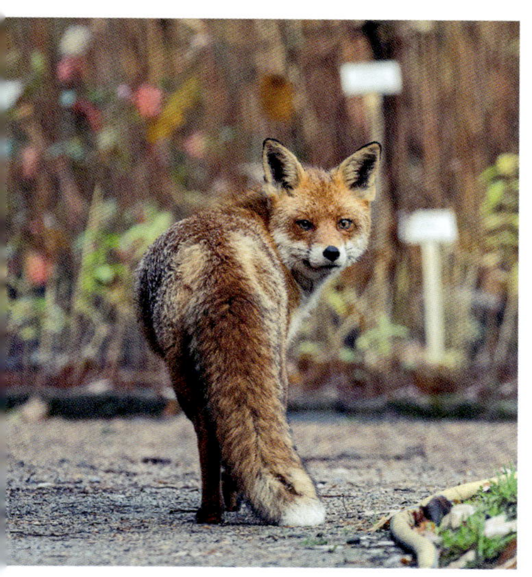

Die Foto- und Naturtouren im Überblick:

HIRSCHE & REHE

Die morgendliche Wanderung durch einen der größten zusammenhängenden Waldabschnitte Berlins ist gespickt mit Geschichten rund um die Familie der Hirsche

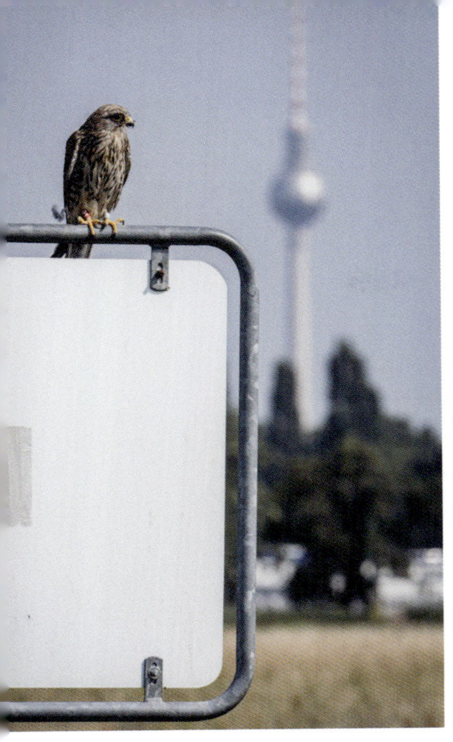

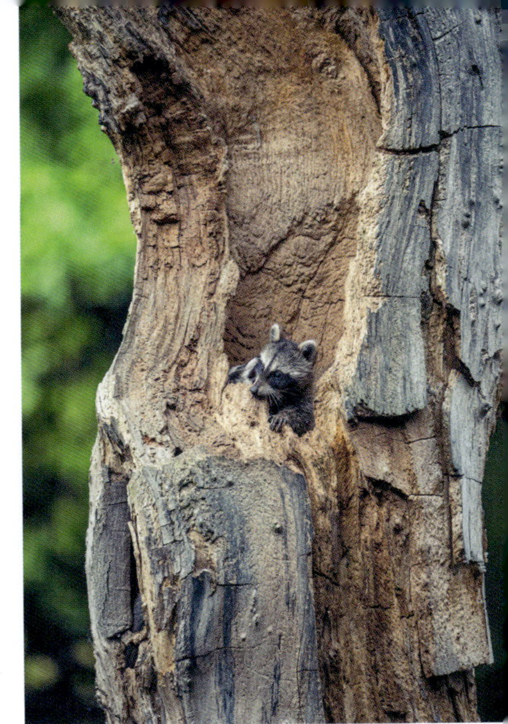

BIBER

Auf der Suche nach Meister Bockert entdeckt ihr verräterische Spuren und mit etwas Glück könnt ihr einen Biber beim Frühstück beobachten

TURMFALKEN

Der gefiederte Jäger im Rüttelflug ist sogar tagsüber mitten in Berlin zu beobachten. Der Naturexperte zeigt euch wo

BERLINER PARKS

Bei dieser Tour lernt ihr – je nach gewählter Tages- und Jahreszeit – die erstaunliche Vielfalt der Berliner Parkanlagen kennen

INDIVIDUELLE TOUR

Ihr entscheidet: Wandern oder im professionellen Fotoansitz lauern. Bei dieser Tour geht es auf die Suche nach eurem Lieblingstier

Auf der Website www.marco-papajewski.de findet ihr Infos zum Ablauf der Touren, was ihr mitbringen solltet und wie ihr sie buchen könnt.

13

GÄRTNERN OHNE EIGENEN GARTEN

GEMÜSEGARTEN MIETEN

In einer Stadt, in der nicht mal ein Drittel aller Bewohner einen Balkon besitzen, ist die Nachfrage nach einem eigenen Stück Grün riesig. Gemüse pflanzen, Unkraut jäten und sich über die ersten Pflanzentriebe freuen – erdende Gartenarbeit bei Wind und Wetter, als Ausgleich zum städtischen Alltag. Die schlechte Nachricht: Die Wartezeit für einen Kleingarten beträgt zwischen zwei und zehn Jahren. Die gute Nachricht: Ihr könnt euch euren Gemüsegarten auch einfach mieten und der besonders anstrengende Teil wird euch sogar abgenommen. »Meine Ernte« bietet an drei Standorten in Berlin unterschiedlich große Beete auf ihren Feldern, die sie zu Beginn der Saison für euch pflügen, düngen und mit über 20 Gemüsesorten bepflanzen. Zusätzlich bekommt ihr ein Wunschbeet, auf dem ihr Platz für eigene Ideen habt. Neben allerhand Gartengeräten und Tipps von Profis steht euch das Gießwasser kostenlos zur Verfügung. Wichtig ist nur, dass ihr, je nach gemieteter Gartengröße, Lust auf zwei bis acht Stunden Gartenarbeit in der Woche habt.

An diesen Standorten findet ihr »Meine-Ernte«-Gärten in Berlin:

1 / BERLIN-BAUMSCHULENWEG

Neue Späthstraße, 12437 Berlin

2 / BERLIN-WARTENBERG

Siedlung Wartenberg/Straße 6

3 / BERLIN-RUDOW

Klein-Ziethener-Weg 17, 12355 Berlin

Alle Infos zu eurem Mietgarten findet ihr hier:
www.meine-ernte.de

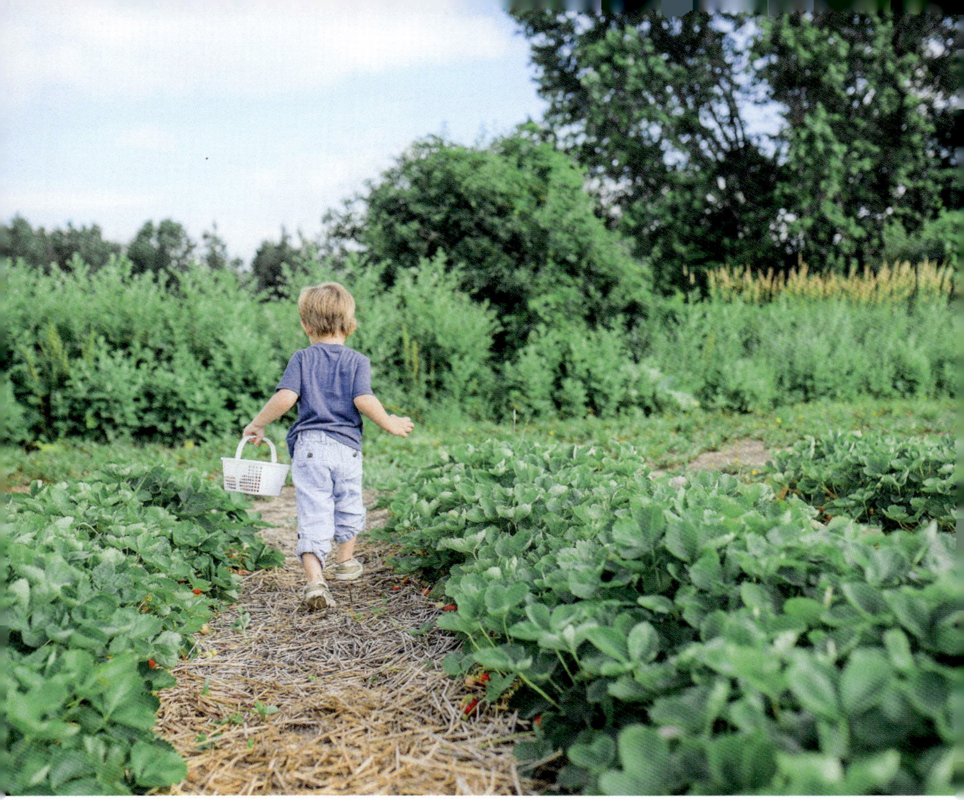

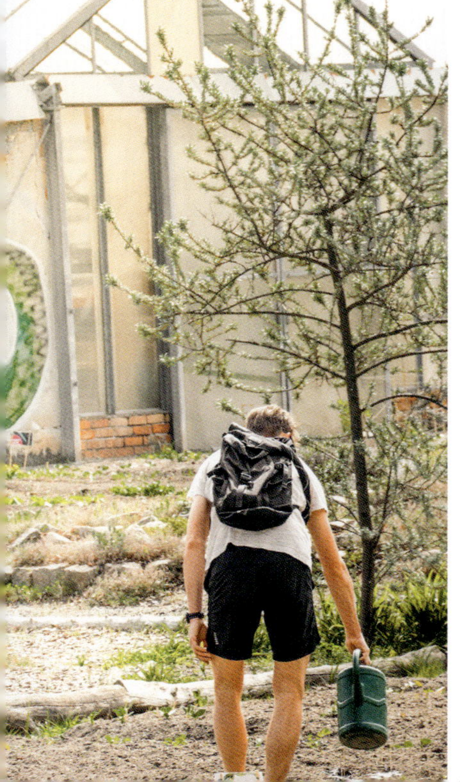

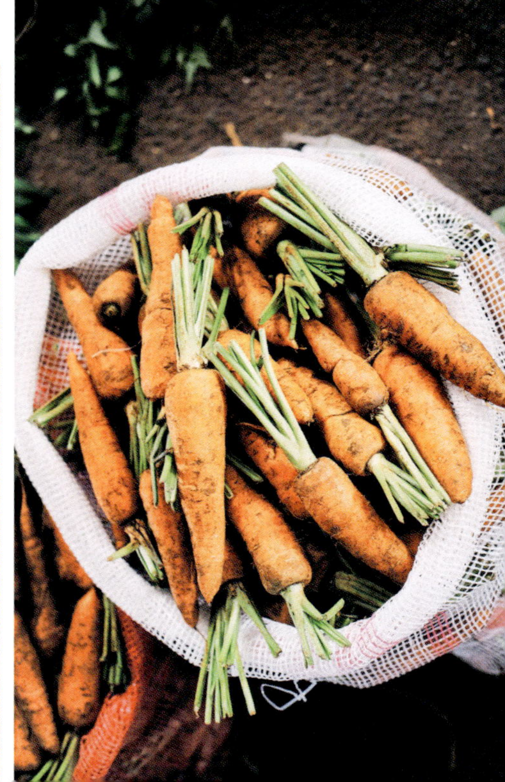

14 SO FEIERN ABENTEURER

GEBURTSTAG IN DER WILDNIS

Ihr wollt an eurem Geburtstag mal etwas ganz besonderes erleben? Bei einem Wildnisgeburtstag werden Freunde und Familienmitglieder zu einem echten Rudel und gehen zusammen auf spannende Entdeckungsreisen in der Berliner Natur. Unter der professionellen Begleitung eines Wildnisguides lernt ihr, wie man Feuer macht, baut euch ein fahrendes Floß, backt leckeres Brot im Erdofen oder übt euch im Bogenschießen. Bei einigen Anbietern könnt ihr sogar mit eurem Clan unter freiem Himmel übernachten und müsst euch die Nachtwache für das wärmende Feuer vor euren Zelten teilen.
Die meisten Wildniscamps haben einen festen Standort, andere kommen aber sogar auf Wunsch in euren Lieblingspark oder zu euch nach Hause und bringen jede Menge Spielgeräte und kreative Ideen mit, um euch einen unvergesslichen Abenteuer-Geburtstag auch in eurem eigenen Garten zu ermöglichen.

Keine Lust auf die übliche Feierei in diesem Jahr? Bei diesen Anbietern könnt ihr eure Geburtstage in der Wildnis verbringen:

1 / »WILDNISSCHULE BERLIN«

www.wildnisschule-berlin.de

2 / »WALK ON THE WILDSIDE«

www.walk-on-the-wildside.de

3 / »WILDNISENTDECKEN«

www.wildnisentdecken.de

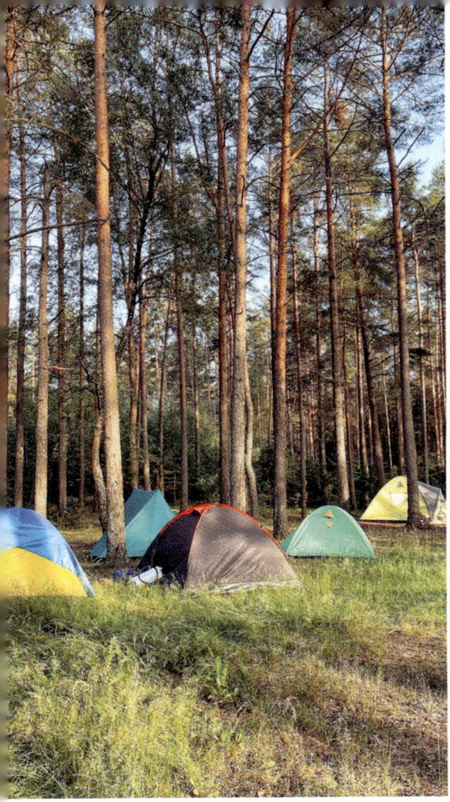

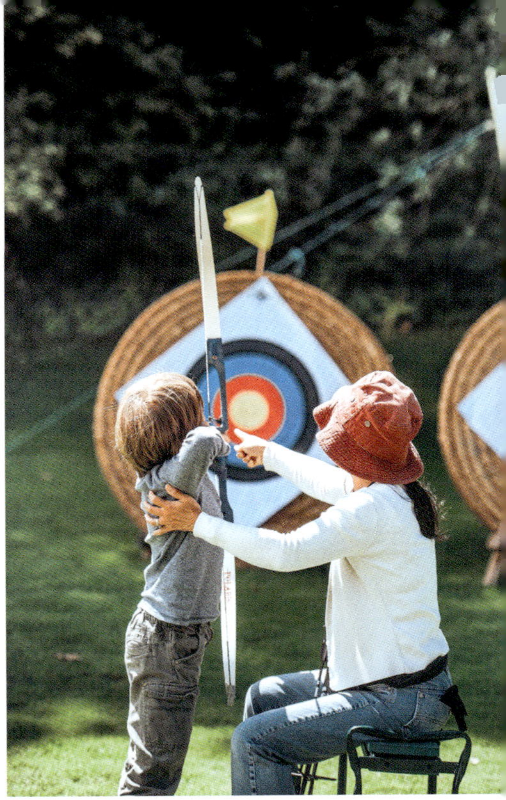

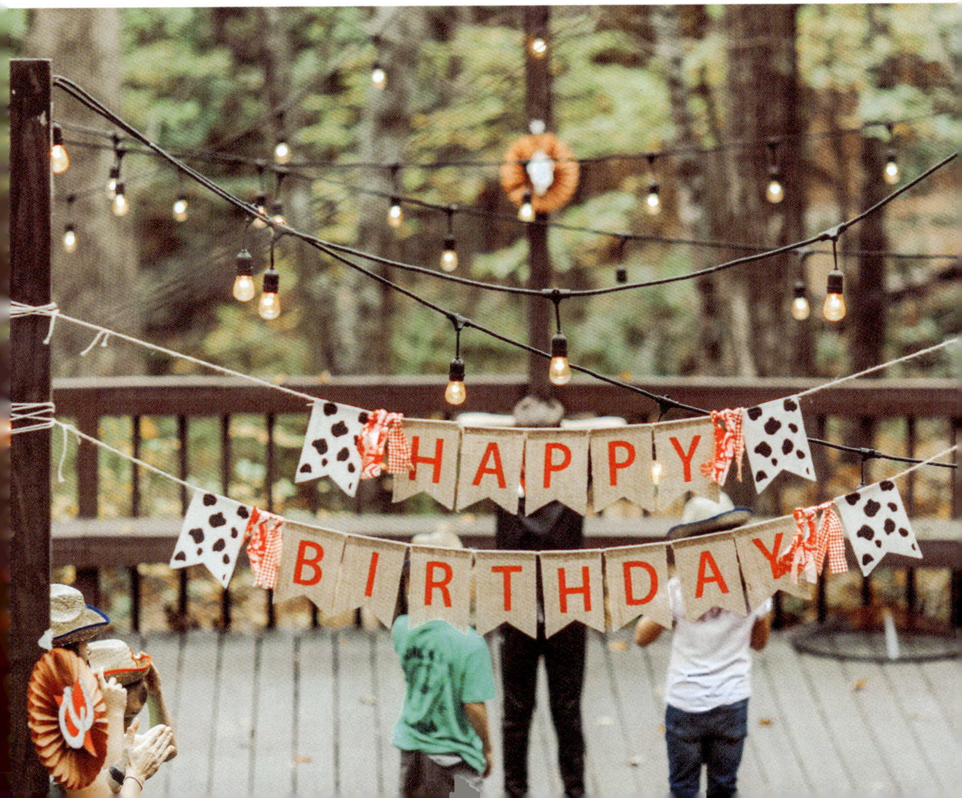

HAPPY
BIRTHDAY

15
WIEDER VOLL IM TREND

GIBT ES NOCH PFADFINDER?

Uniform, Tradition und jeden Tag eine gute Tat? Pfadfinder sind für viele eine veraltete Alternativkultur, die eindeutig aus der Mode geraten ist. In Wahrheit zählt sie aber mit über 40 Millionen Mitgliedern zur weltweit größten Jugendbewegung und erlebt einen starken Zuwachs. Während die Digitalisierung voranschreitet und der Blick aufs Smartphone zum täglichen Zeitfresser wird, zieht es viele Kinder weg von der Technik und wieder zurück in die Natur, wo das Können zählt und nicht die Klamotte, die man trägt. Denn bei den Pfadfindern bedeutet Markenkleidung nichts. Die einheitliche Kluft samt Halstuch macht soziale Unterschiede unsichtbar. In der Gemeinschaft tüfteln die *Pfadis*, wie sie sich selbst nennen, an ökologischen Projekten, fahren ins Zeltlager oder streifen durchs Grün und orientieren sich mit dem Kompass. Ein Grundsatz ist nämlich das Erlernen längst vergessener Fähigkeiten. Dazu zählt das Einmaleins der Knotenkunde, Feuer zu machen, Zelte aufzubauen oder eigenhändig für Nahrung zu sorgen.

Viele ehemalige Pfadfinder berichten von Freundschaften fürs Leben und einem Gemeinschaftsgefühl, das sie nie wieder erlebt haben. Vielleicht bist du ja bald einer von ihnen. Das sind die beliebtesten Pfadfinder-Vereine in Berlin:

- Verband Christlicher Pfadfinder: www.vcp-bbb.de
- »Stamm Burgund« aus Lichterfelde: www.stammburgund.de
- Landesverband Berlin-Brandenburg: www.bdp-bbb.de
- Deutscher Pfadfinderbund: www.dpb-berlin.de
- »Die Kelten« aus Zehlendorf: www.kelten-berlin.de

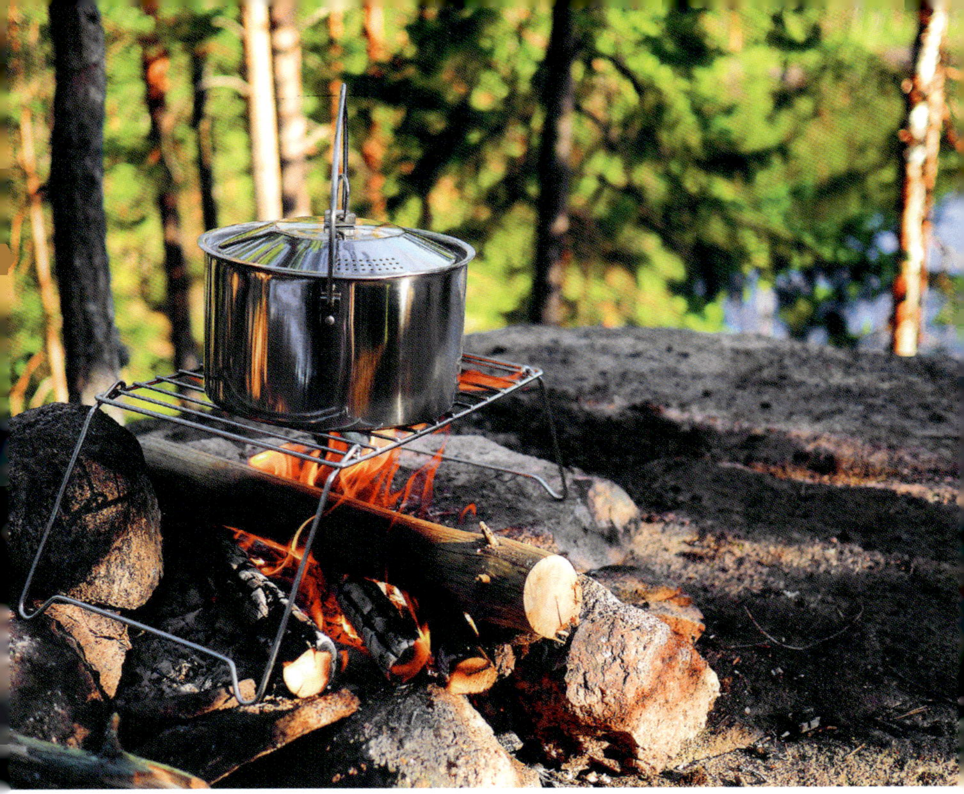

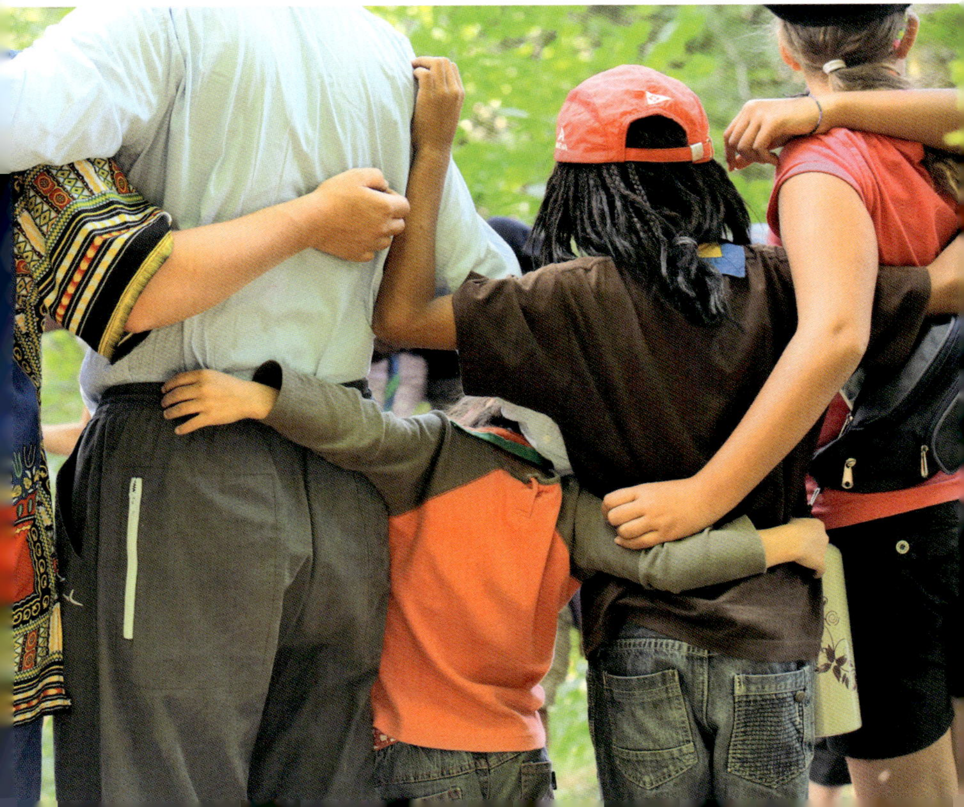

16

DURSTIGE STRASSENBÄUME

GIESSDENKIEZ.DE

Bäume brauchen Wasser, um zu leben. Das weiß jeder. Doch wie sollen sie das schaffen, wenn es kaum regnet? Berlin verliert pro Jahr mehr als 1100 Straßenbäume! Lange und heiße Trockenphasen sind die Folgen des Klimawandels und belasten die Stadtnatur. Während in küstennahen und regnerischen Teilen Deutschlands die Bäume im Spätsommer noch kräftig grün sind, sieht es bei uns schon aus wie im Herbst. Dabei sind Bäume gerade in urbanen Räumen so wichtig. Sie bieten vielen Tieren einen Lebensraum, filtern den Feinstaub aus der Atmosphäre und verbessern so die Atemluft.

Die Plattform »Gieß den Kiez« hat eine simple und sogar spaßige Lösung für dieses ernste Problem entworfen. Auf der Website www.giessdenkiez.de zeigt eine interaktive Karte die Stadt von oben und nahezu jeden Baum, der sich auf Berliner Boden befindet. Zu jedem der über 800.000 Bäume gibt es Informationen zur Baumart, dem Alter und dem Wasserbedarf, der sich je nach Art unterscheidet. Ein Balkendiagramm zeigt die Niederschlagsmenge der letzten 30 Tage in der Region an. Ist der Baum gelb gefärbt, fehlt ihm Wasser und nun sind wir gefragt. Mit einem Klick zeigt die Karte, wo sich die nächstgelegene Wasserpumpe befindet, mit deren Wasser wir die Bäume gießen können. Danach trägt man die gegossene Wassermenge ein und teilt anderen Nutzern mit, welche Bäume nun keinen Durst mehr haben. Wer regelmäßig denselben Baum gießt, kann ihn sogar adoptieren und dafür sorgen, dass er immer gut versorgt ist.

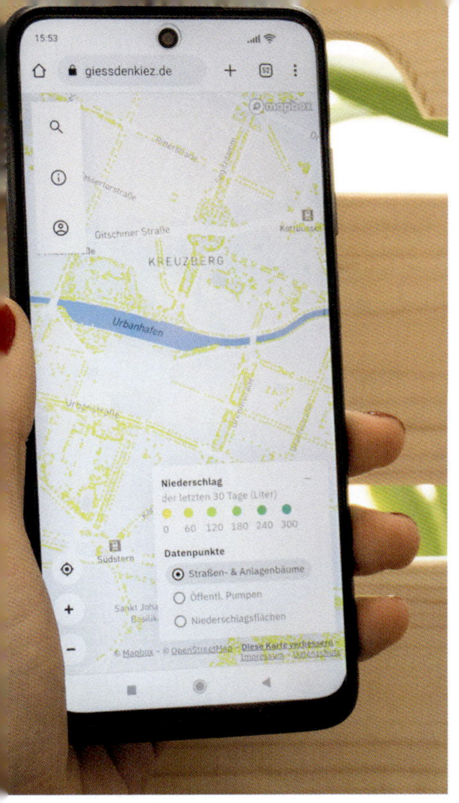

15:53
giessdenkiez.de
Gitschiner Straße
KREUZBERG
Urbanhafen
Südstern
Niederschlag
der letzten 30 Tage (Liter)
0 60 120 180 240 300
Datenpunkte
Straßen- & Anlagenbäume
Öffentl. Pumpen
Niederschlagsflächen

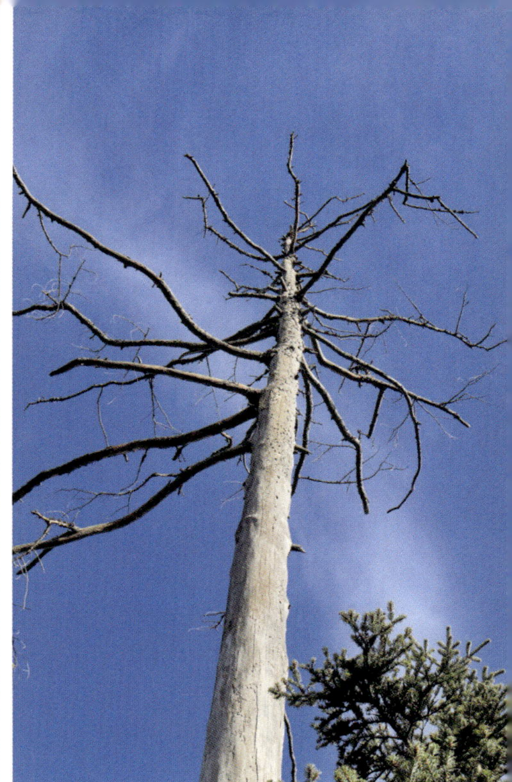

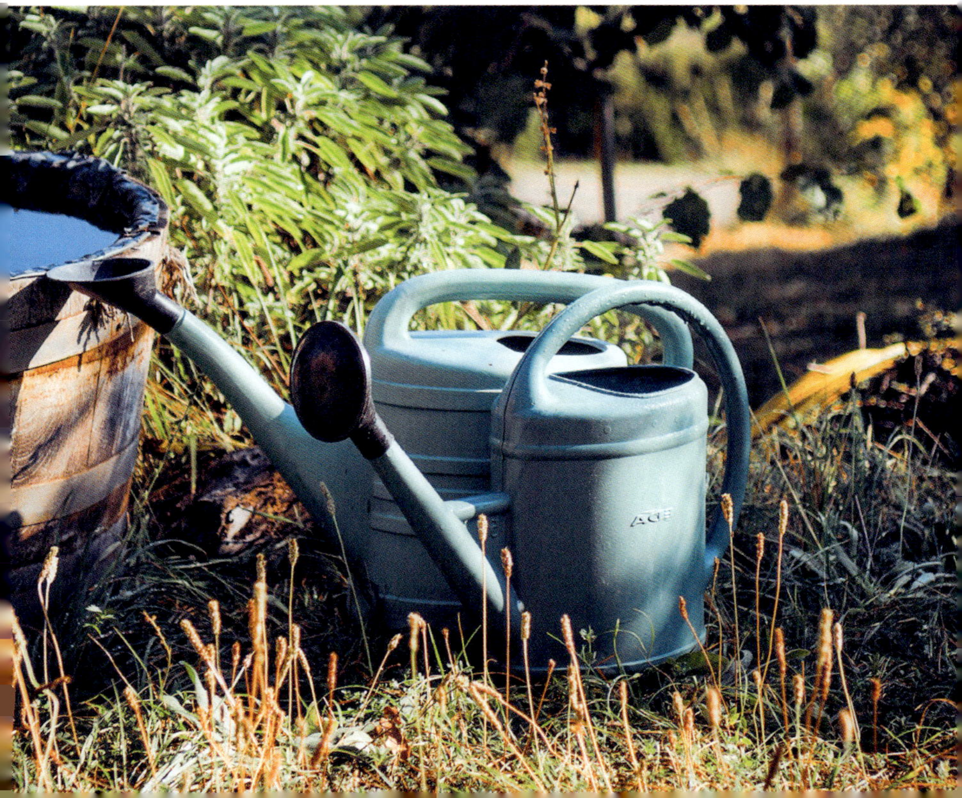

17
MARIE & MUFFEL

UM DIE GROSSE MALCHE

Start: Bootsvermietung Mühl

Ziel: Wildtiergehege Tegeler Forst

Die Große Malche ist die nördlichste Bucht des Tegeler Sees und ein Geheimtipp unter den Familienausflügen. Für den zwei Kilometer langen Spaziergang braucht es keine Ortskenntnisse, denn ab dem Startpunkt folgt man einfach dem Uferweg, der zwar nicht immer ganz am Ufer entlangführt, doch dafür stets durch die Natur.

STATION 1
MINIGOLF UND BOOTFAHREN

Zielgenaue Geodaten: 52.589330, 13.272219

Die Bootsvermietung Mühl schickt euch mit dem Boot auf Entdeckungstour und lädt danach zu einer Partie Minigolf mit Seeblick ein. Gleich nebenan bietet die knallrote Sechserbrücke eine tolle Sicht auf die Wasserlandschaft

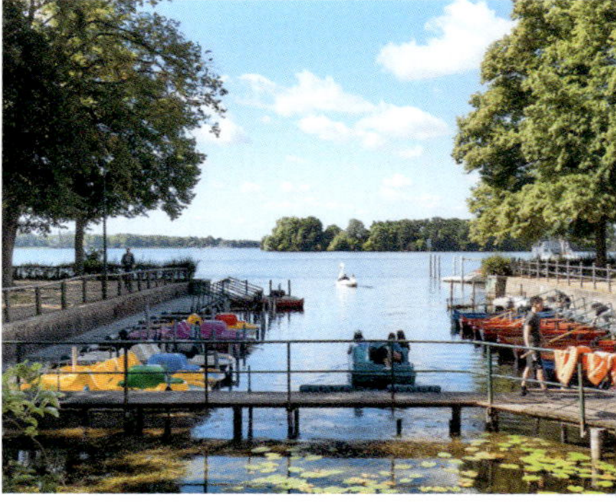

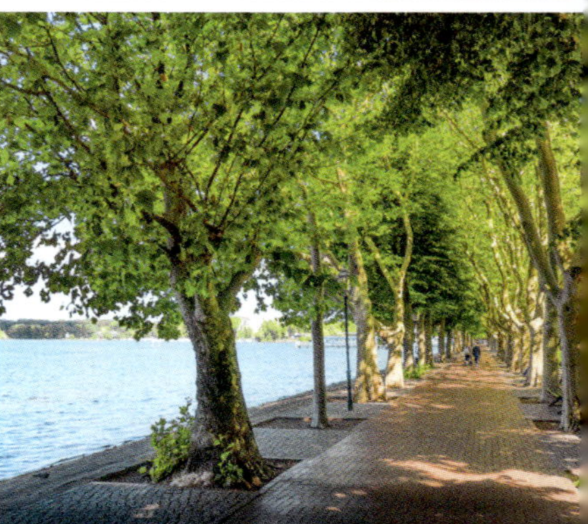

Nächstgelegene Haltestelle:
U Alt-Tegel (U6 und mehrere Buslinien)
Parkplätze: Wilkestraße – 52.589723, 13.274981

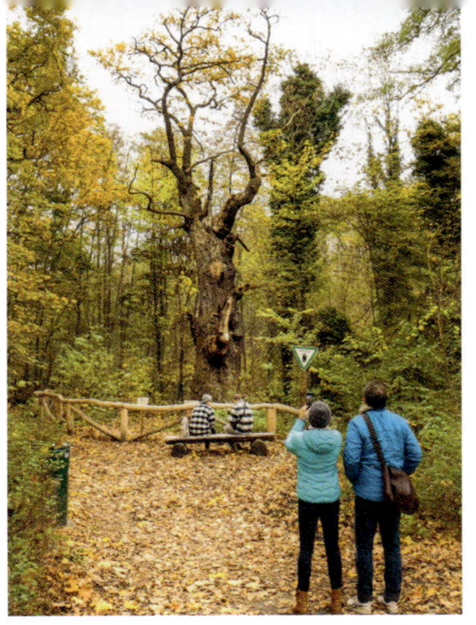

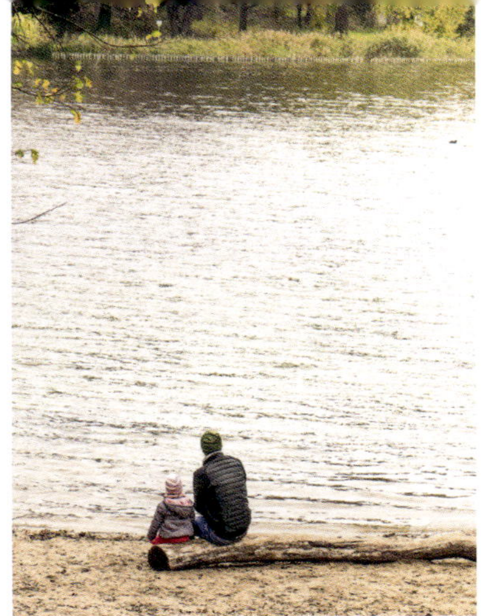

STATION 2

FREIZEITPARK UND NATURDENKMAL

Zielgenaue Geodaten: 52.593971, 13.267879

Im Freizeitpark Tegel wird geklettert, gebolzt und Tennis gespielt. Eine Ecke weiter lernt ihr die »Dicke Marie« kennen. Der mit über 900 Jahren älteste Baum Berlins wurde nach einer korpulenten Köchin des Tegeler Schlosses benannt

STATION 3

WILDTIERE UND WILDSCHWIMMEN

Zielgenaue Geodaten: 52.585599, 13.253620

Das Wildgehege begeistert Groß und Klein seit den 1950er Jahren. Für 1 € gibt's eine Futtertüte und abgeschleckte Finger. Gegenüber könnt ihr euch an der Badestelle Reiherwerder abkühlen oder außerhalb des Sommers Ruhe genießen

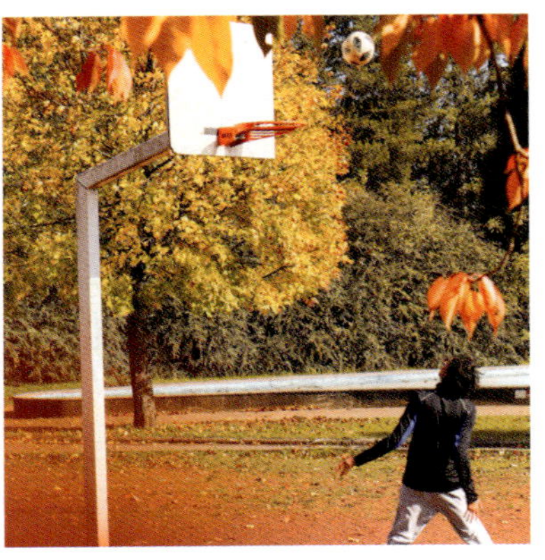

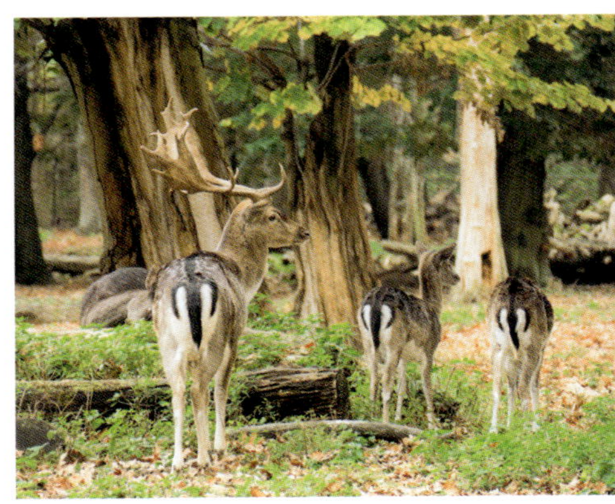

18
SPANDAUER VAMPIRE

AUF UND UM DEN HAHNEBERG

Auf der Liste der höchsten Berge Berlins belegt er nur Platz 14, doch an seinen Freizeitspaß kommt keiner ran! Der 87 Meter hohe Hahneberg ist umgeben von Weideland, auf dem Galloways, Schafe und Ziegen grasen. Auf dem Weg hinauf zum Gipfel werdet ihr sonnenhungrige Eidechsen und mit etwas Glück sogar eine Rehfamilie beobachten können. Sie haben gelernt, dass der Berghang für den Menschen unzugänglich ist, und so knabbern sie in aller Seelenruhe die jungen Pflanzentriebe. Oben angekommen bietet sich ein Panoramablick auf Spandaus Häusermeer, hinaus bis zum Stadtzentrum auf der einen und dem fast unbesiedelten Havelland auf der anderen Seite. Der Abstieg erfolgt im Winter traditionell mit dem Schlitten, manch einer nutzt das Gelände sogar zum Skifahren.

Am Fuße des Berges düsen junggebliebene Männer jeden Sonntag auf der wüstenartigen Rallye-Strecke mit ferngesteuerten Autos um die Wette. Ruhiger geht es in der Naturschutzstation an der Heerstraße 549 zu. Dort lernen Teilnehmer alles übers Schäfern, wie man Wolle spinnt oder das Mikroskopieren winziger Lebewesen. Gleich um die Ecke steht das alte Fort Hahneberg. Bei einer der 90-minütigen Fledermausführungen erfährt man Spannendes über die Lebensweise und Ultraschall-Echoortung der kleinen Vampire.

ÖFFNUNGSZEITEN, TERMINE UND WEITERE INFORMATIONEN:

Naturschutzstation Hahneberg: www.naturschutzstation-hahneberg.de
Fledermausführung: www.forthahneberg.de

Nächstgelegene Haltestelle: Hahneberg (Bus M37 und M49)
Parkplätze: Weinmeisterhornweg – 52.518431, 13.155197

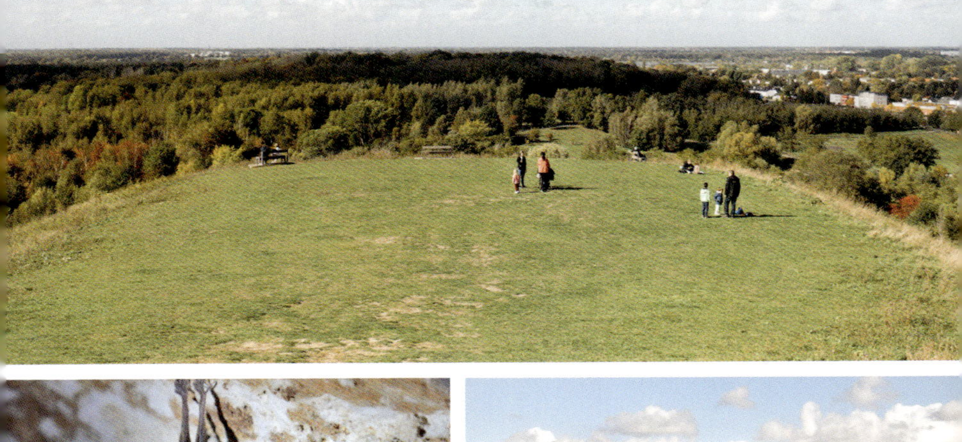

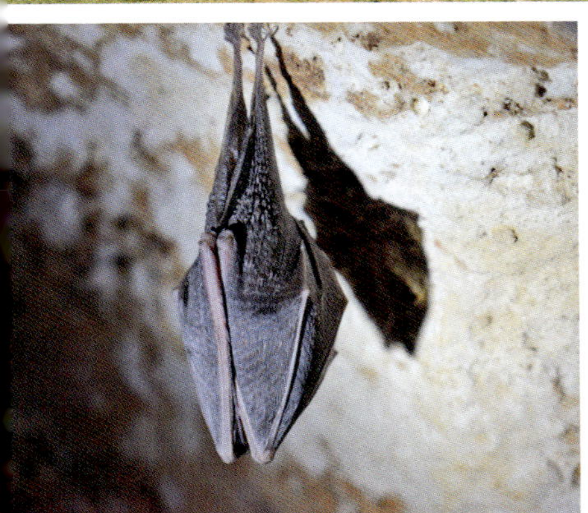

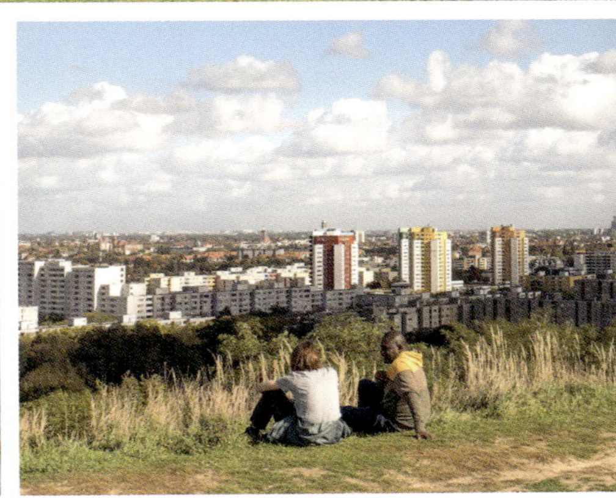

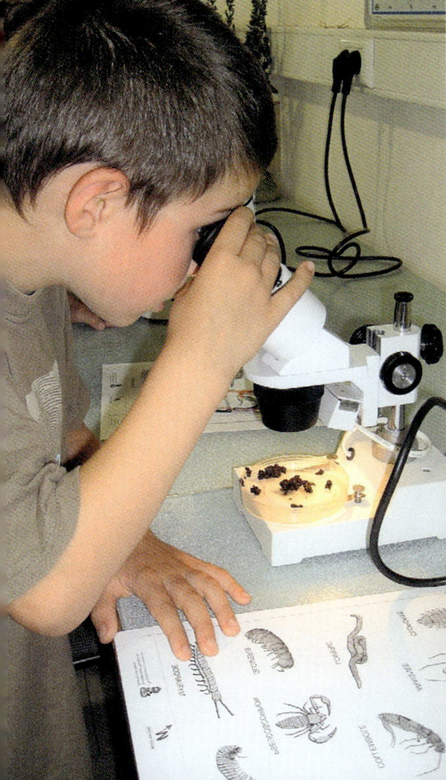

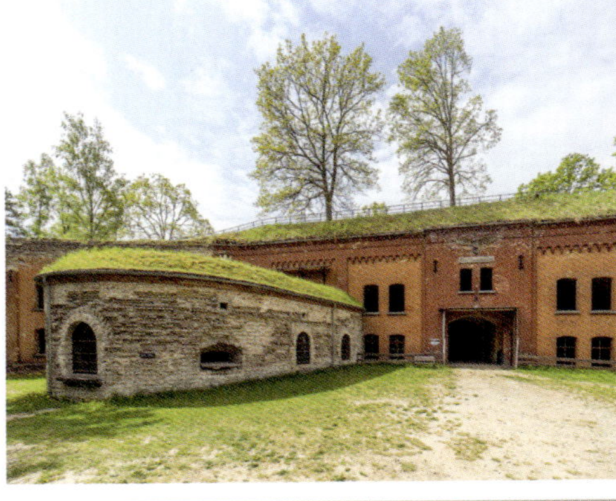

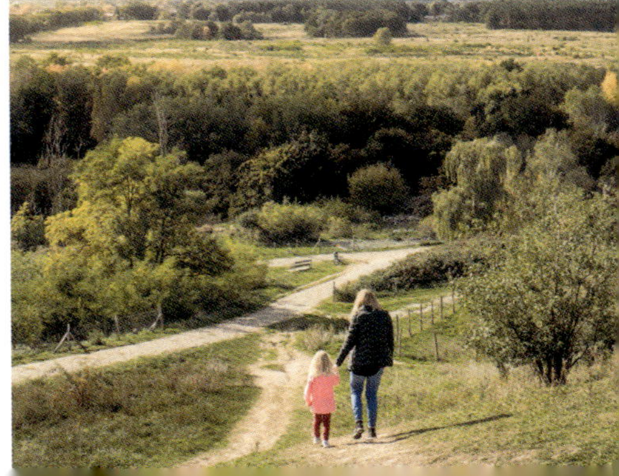

19
IN 7 MINUTEN INS PARADIES

HALBINSEL KRAMPENBURG

Mit dem Kanu über die Müggelspree, Eis schleckend auf der Seddinpromenade oder Zanderangeln am Dämeritzsee: Der Südosten zählt zum wasserreichsten Gebiet Berlins und bietet unzählige Aktivitäten. Doch am schönsten ist es dort, wo merkwürdigerweise kaum jemand hingeht. Vielleicht liegt es an der Lage, denn die Halbinsel Krampenburg ist gut versteckt. Die schnellste Art sie zu erreichen, ist die Überfahrt mit der BVG-Fähre F21 von der Anlegestelle »Schmöckwitz«. In nur sieben Minuten seid ihr auf dem bewaldeten Eiland, auf dem es, abgesehen vom Campingplatz Kuhle Wampe, nur die pure Natur und einen ständigen Blick aufs Wasser gibt. Folgt man dem Uferweg Richtung Süden, geht es an einigen Badebuchten vorbei, doch keine ist so schön wie die mit dem großen Sandstrand (52.396912, 13.653143). Hier könnt ihr Matschburgen bauen, Flussmuscheln sammeln oder von den umgestürzten Bäumen ins flache Wasser springen.

▸ Der Gespensterwald: Mit einem Schlauchboot kommt ihr problemlos auf das nur 200 Meter entfernte gegenüberliegende Ufer. Dort erwartet euch der Seddiner-Gespensterwald. Er trägt den Namen, da er so abgeschieden liegt, dass ihn kaum Menschen besuchen.

Anfahrt zur Fähranlegestelle »Schmöckwitz«:
Nächstgelegene Haltestelle: Alt-Schmöckwitz (Tram 68)
Parkplätze: Windwallstraße – 52.381492, 13.645334

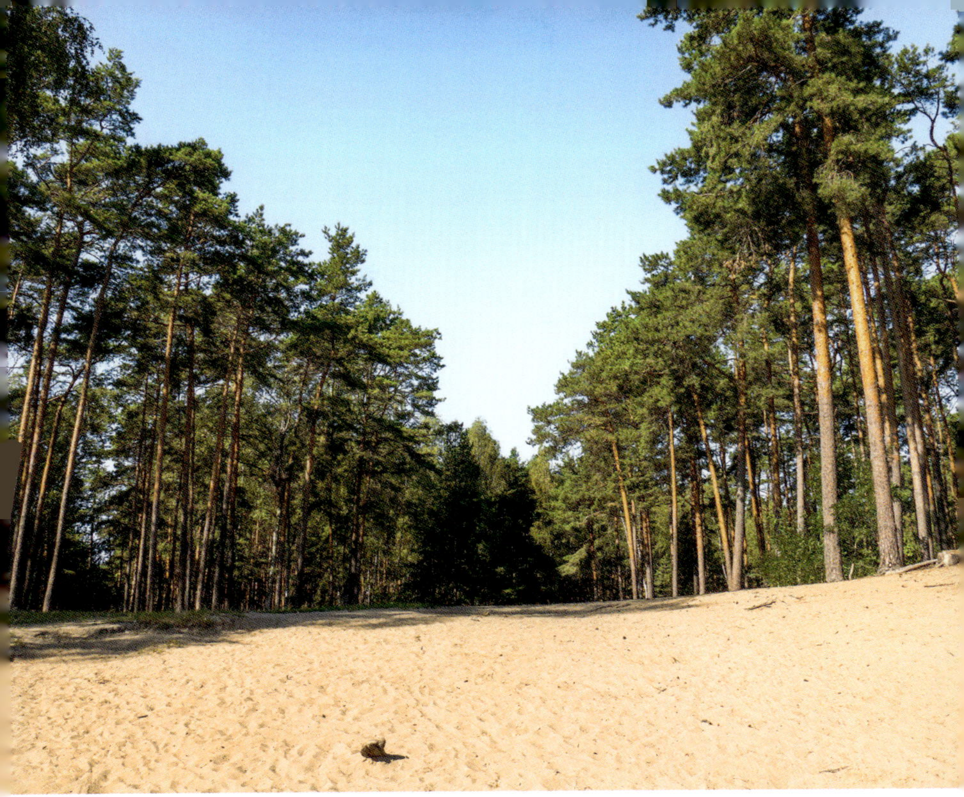

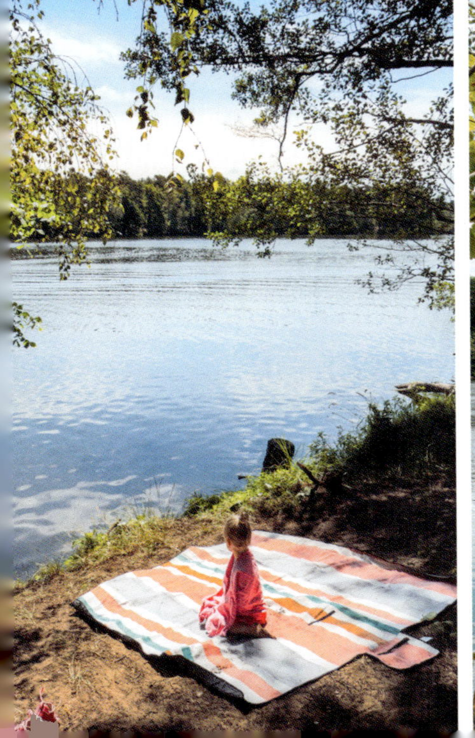

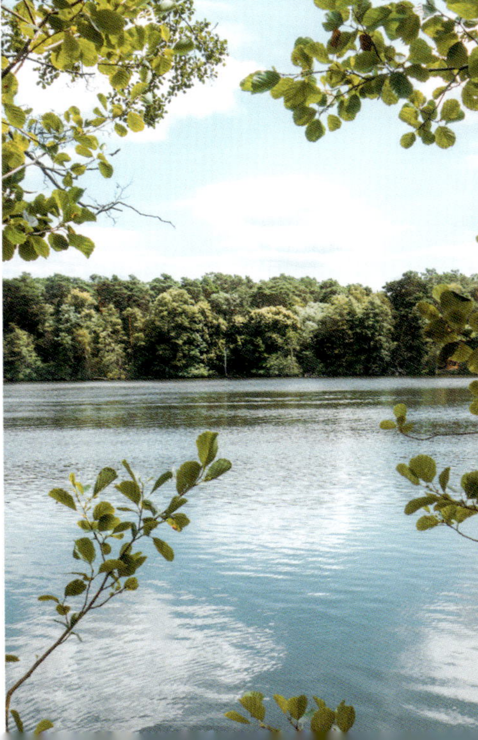

20
HAUPTSTADTBIENEN

BIENENLEHRGÄRTEN UND PROBE-IMKERN

In den letzten Jahren boomte das Interesse am Stadtimkern und der Trend scheint noch lange nicht vorbei zu sein. Der Wunsch nach einem eigenen Bienenvolk, das summend durch den Garten fliegt und für einen großen Vorrat an selbst hergestelltem Honig sorgt, ist riesig. Doch was zu Beginn nach einem romantischen Hobby klingt, ist in Wahrheit harte Arbeit und erfordert viel Fachwissen. Hier zwei Rechenbeispiele: Für ein Glas mit 200 Gramm leckerem Honig benötigt man ca. 22.000 Bienen. Durchschnittlich suchen Bienen 150 Meter bis 1,5 Kilometer von ihrem Stock entfernt nach zu bestäubenden Blüten. Wer also keine gute Futterquelle in der Nähe hat, kann eine artgerechte Bienenhaltung nicht erfüllen. Und überhaupt: Welche Pflanzen sind eigentlich bienenfreundlich, wie komme ich an einen Schwarm mit 22.000 Bienen, was machen Bienen im Winter und kann man Bienen auch auf dem Balkon halten?

Um nichts dem Zufall zu überlassen und ein Gespür für das neue Hobby zu entwickeln, bieten einige Bienengärten Imkerkurse und Lehrgänge an, bei denen ihr alles über das Leben der Stadtbiene lernt. Das sind die besten Adressen:

- BeeInBerlin: www.beeinberlin.de
- Bienengarten Berlin: bienengarten-berlin.de
- Stadtbienen: stadtbienen.org/imkerkurs-berlin
- Imkerei am Pflanzgarten: imkerei-kohfink.de/imkerkurse.html
- Wuhletal 1864: imkerverein-wuhletal1864.de/bienenlehrgarten

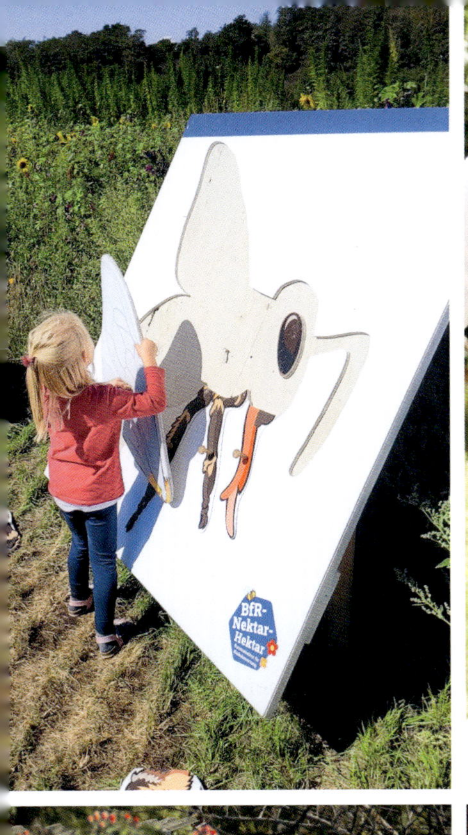
BfR-
Nektar-
Hektar

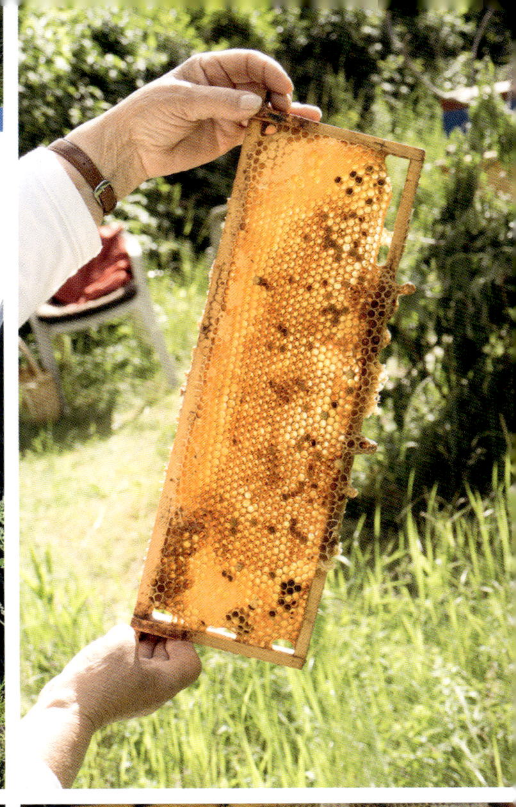

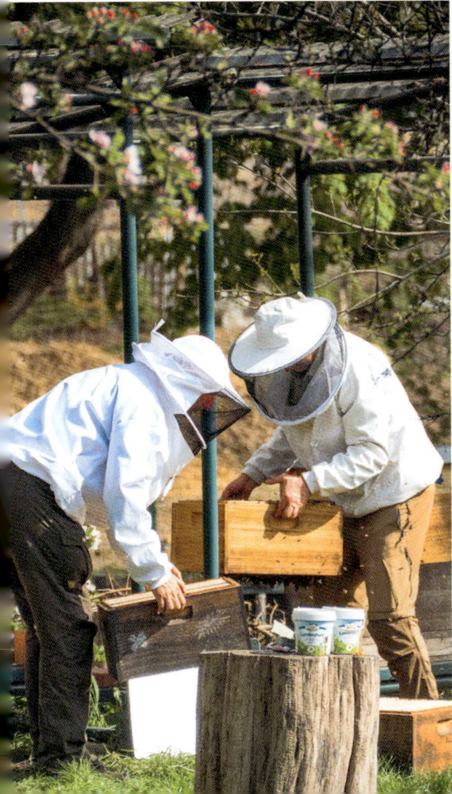

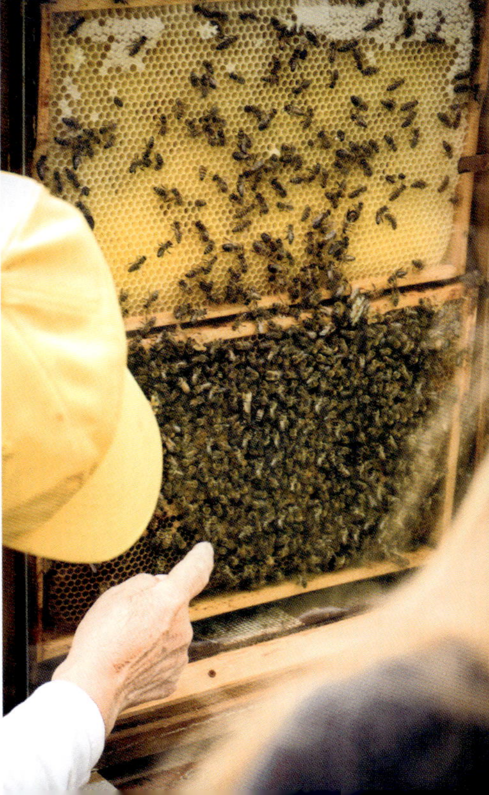

21
DIE ALTERNATIVE ZUM ZOO

HAUS NATUR UND UMWELT

Das Haus Natur und Umwelt – kurz HNU – liegt gut versteckt im Waldgebiet Wuhlheide und bekam nie die Aufmerksamkeit, die es verdient. Es ist die Alternative zum Zoo- oder Tierparkbesuch, der im Durchschnitt vier Stunden dauert und kleine Kinder überfordern kann. Auf dem nur zwei Hektar großen Gelände können über 400 Tiere beobachtet, gestreichelt und teilweise auch gefüttert werden. Hier entdeckt man vielleicht nicht die ganz großen Tiere – abgesehen von den Alpakas –, doch dafür kommt man Präriehunden, Schlangen, Zwergziegen und freilaufenden Pfauen näher als erwartet.
Im HNU kann man nicht nur Tiere bestaunen, sondern auch einiges lernen. Regelmäßig finden Bildungsveranstaltungen statt, bei denen Kinder barfuß im Wald auf Forschertour gehen oder eine Abenteuerschatzsuche erleben. Zudem gibt es wechselnde Angebote im Aktionsraum, wo man lernt, seinen eigenen Salatgarten ohne Balkon zu pflanzen und wie man den Alltag klimafreundlicher gestaltet.

▸ Direkt nebenan: Die historische Parkeisenbahn fährt seit 1956 mit Volldampf durch die Wuhlheide und veranstaltet Sonderfahrten in der Nacht und zu allen großen Festen. Schaffner und Zugführer sind Kinder unter der Anleitung ehrenamtlicher Erwachsene.

Website: www.hnu-berlin.de
Nächstgelegene Haltestelle: S Wuhlheide (S3 und Bus 190)
Parkplätze: An der Wuhlheide – 52.459699, 13.537439

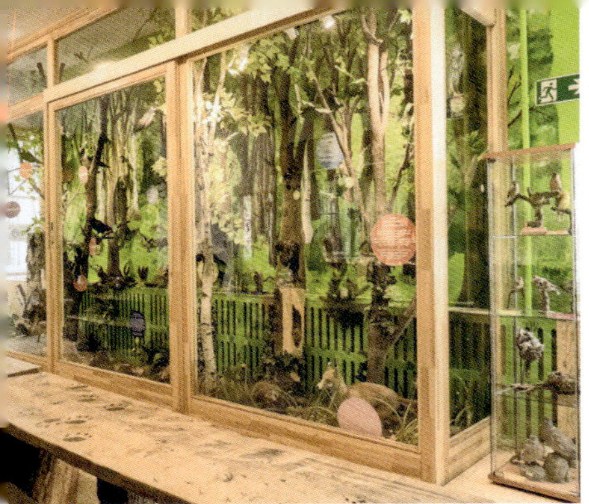

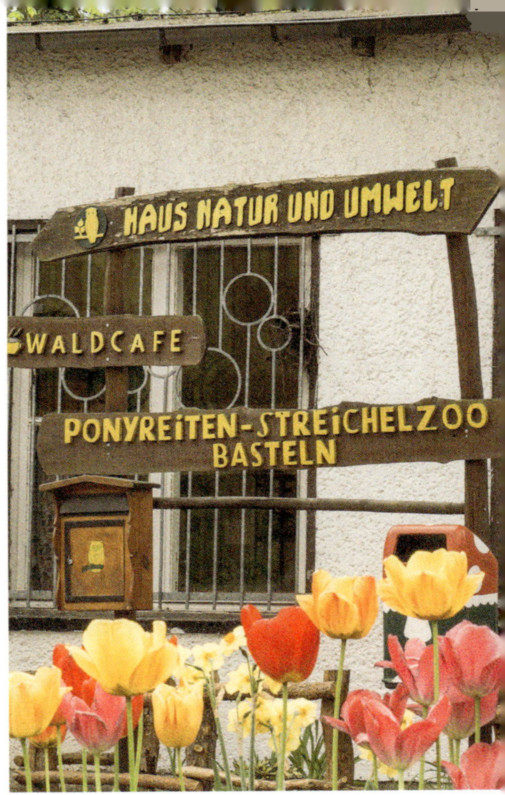
HAUS NATUR UND UMWELT
WALDCAFE
PONYREITEN-STREICHELZOO
BASTELN

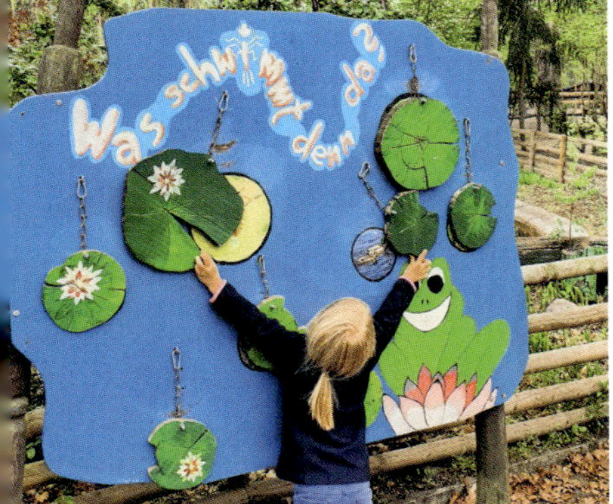
Was schwimmt denn da?

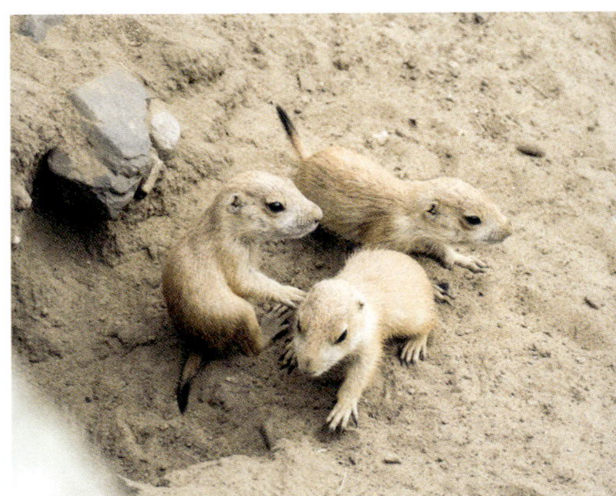

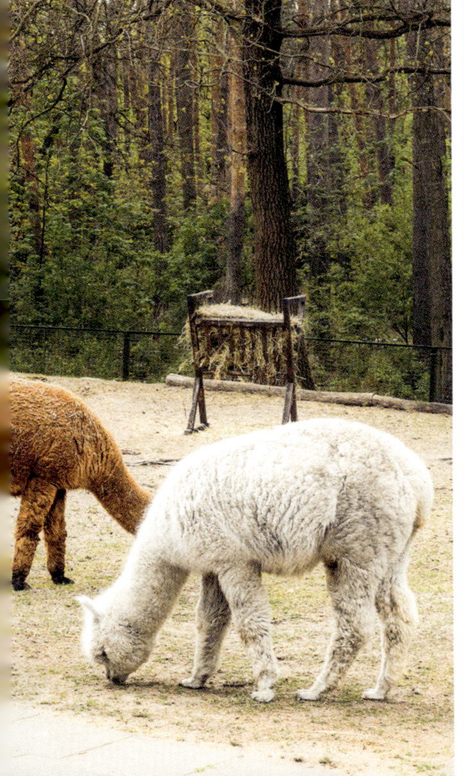

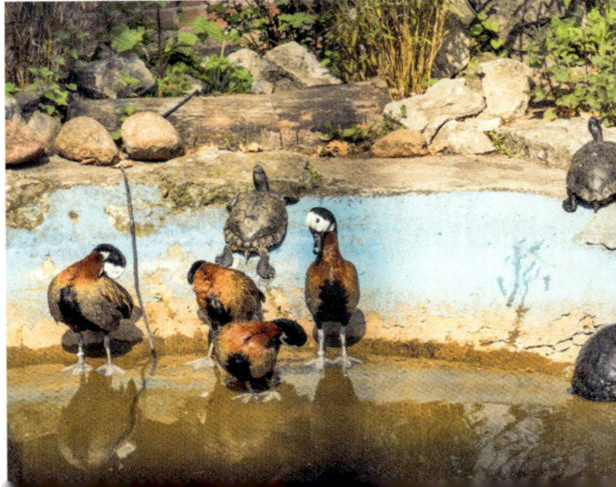

22 FÄHRTENLESEN IM GROSSSTADTDSCHUNGEL

HIDDENTRACKS

Berlin ist wild! Der ein oder andere hat vielleicht bereits einen Fuchs oder Waschbären gesehen oder eine beeindruckende Begegnung mit einem Wildschwein gehabt. Doch wo sind diese Tiere eigentlich den ganzen Tag? Was erleben sie und was machen sie, außer sich vor uns zu verstecken? Fährtenlesen ermöglicht uns einen tieferen Einblick in das Leben »unserer« Stadttiere. Der Fußabdruck eines Waschbären, die Reviermarkierung eines Rehs, die Feder eines Habichts – all diese Spuren und Zeichen erzählen uns Geschichten über die Welt der Wildtiere. Gemeinsam mit den erfahrenen Fährtenlesern von Hiddentracks geht ihr auf Spurensuche durch den Großstadtdschungel und erfahrt zum Beispiel, wie viel man selbst aus unscheinbaren Spuren und Zeichen lesen kann, wie es die Tiere schaffen, sich unerkannt im lebendigen Berlin zu bewegen oder welche Konflikte zwischen Mensch und Tier auf so engem Raum entstehen können.

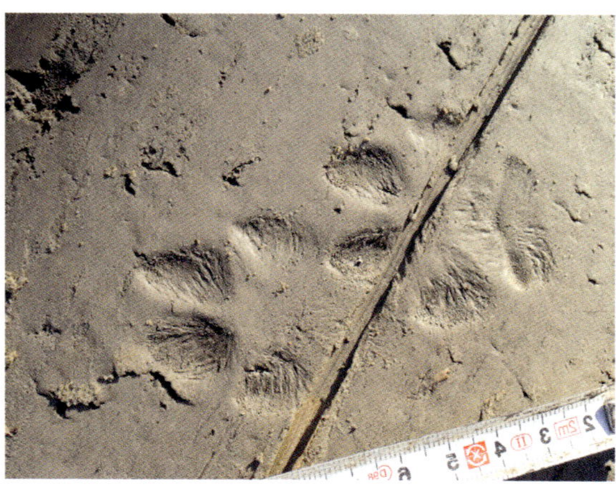

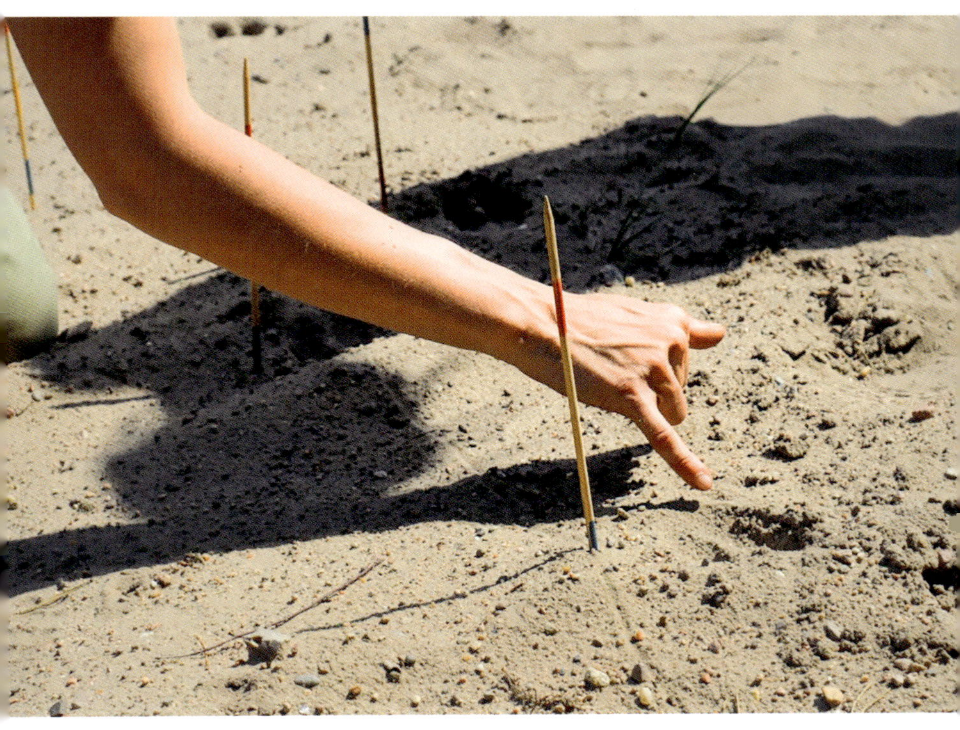

TOUREN & SEMINARE VON HIDDENTRACKS IN UND UM BERLIN

SPUREN-TOUREN IN UND UM BERLIN

- Wildes Berlin – Spurenlesen in der Wuhlheide Berlin
- WWF-Erlebnistour – Berliner Artenvielfalt: Fuchs, Wildschwein & Co auf der Spur
- Tiergarten Berlin – Spurenlesend durch den Großstadtdschungel

VOGEL-TOUREN IN BERLIN

- Im Reich des Habichts – Vogelstimmenexkursion durch die Königsheide
- »Nachtigall, ick hör dir trapsen« – Vogelstimmenspaziergang durch die Königsheide

Aktuelle Termine, das Team und Eindrücke der Touren findet ihr auf: www.hiddentracks.eu

23

BLAUER SCHWEDE UND LIVE-MUSIK

KARTOFFELFEST DAHLEM

Eine Traktorfahrt, Ponyreiten, Kartoffeln ernten und sie anschließend über offenem Feuer rösten. Auf dem Kartoffelfest der Domäne Dahlem können Berliner echte Landluft schnuppern und sich so richtig schön die Finger schmutzig machen. Denn wer in den Genuss des gesunden Erdapfels kommen möchte, muss ihn selbst aus dem Boden ziehen. Neben der beliebten »Linda« gibt es auch Raritäten wie den »Blauen Schweden« oder das »Bamberger Hörnchen«. Abseits der Ernte gibt es Live-Musik, ein Mitmach-Theater, Karussells, Basteltische und vergünstigten Eintritt zur Ausstellung »Vom Acker bis zum Teller«.
Das Käsebrot darf an diesem Tag getrost vergessen werden, denn die ländlich-leckeren Speisen an den Essensständen sollte man nicht verpassen. Unser Tipp: Schupfnudeln mit extra Käse oder frischer Räucheraal aus dem Ofen.

Veranstaltungstermin: www.domaene-dahlem.de
Nächstgelegene Haltestelle: U Dahlem-Dorf (U3 und Bus M11)
Parkplätze: Königin-Luise-Straße – 52.458484, 13.288281

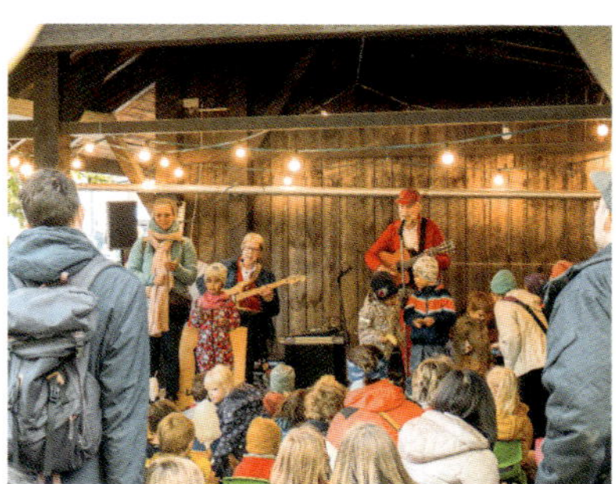

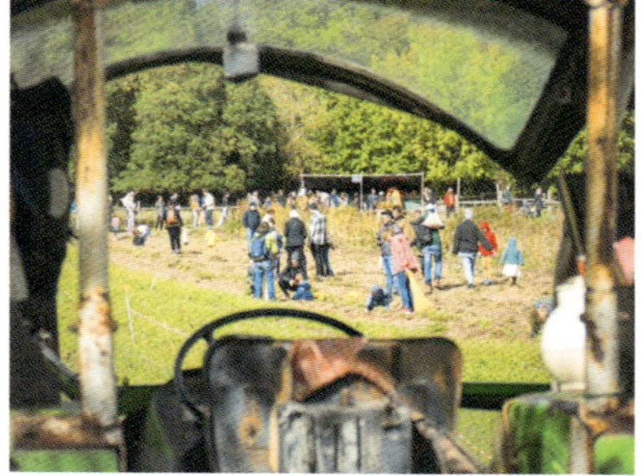

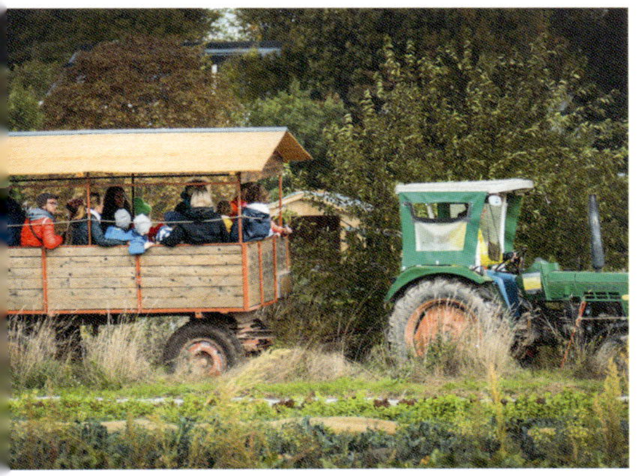

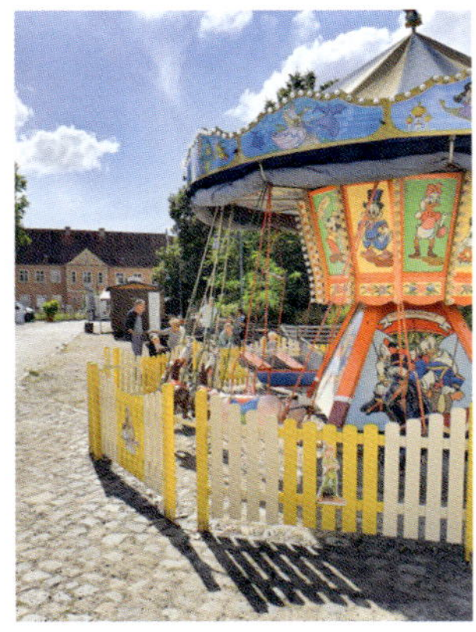

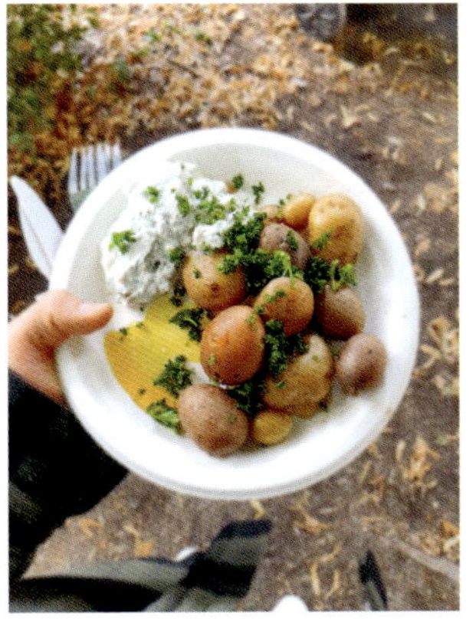

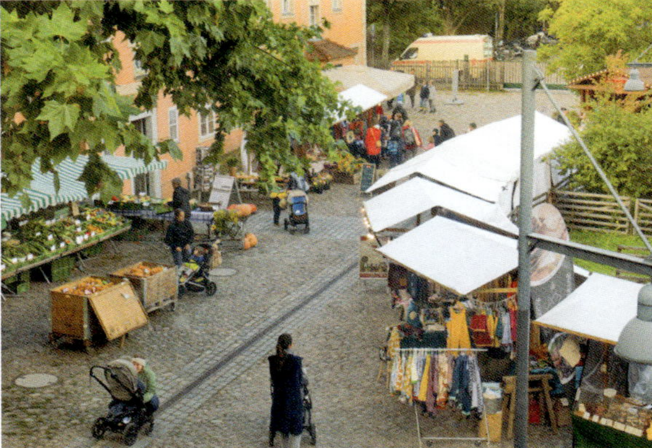

Termin verpasst? Hier gibt es weitere Erntedankfeste in Berlin:

1 Die **Alte Fasanerie** veranstaltet ein abwechslungsreiches Fest mit Bastel- und Spielständen, einem Wettmelk-Wettbewerb, Hüpfburgen und Hofkino

2 Auf dem **Vierfelderhof** gibt es Deftiges und Süßes von der Kartoffel, die Bauernhofolympiade, kontaktfreudige Tiere und eine Kreativwerkstatt

3 Die **Naturschutzstation Hahneberg** startet mit einer Feldandacht und zeigt Hornbläser, Märchenerzähler, alte Haustierrassen und eine mobile Mosterei

24

GRUNZ, SCHNATTER, MÄÄÄH

DIE SCHÖNSTEN KINDERBAUERNHÖFE

Kinderbauernhöfe sind ein wichtiges Refugium für Stadtkinder und viel mehr als nur ein Ort, um Ziegen zu streicheln. Unter der Leitung pädagogischer Mitarbeiter helfen Kinder bei der Stallarbeit, lernen, wie man Gemüse anpflanzt, oder werkeln in der Holzwerkstatt. Nach dem Bestehen eines Tierführerscheins werden Stammkinder Teil des Teams und erleben gemeinsame Reisen, Abende am Lagerfeuer sowie Hilfe bei den Hausaufgaben.

1 / WASLALA

Adresse: Venusstraße 88, 12524 Berlin

Angebot: Spielplatz mit großem Holzboot, Tiere füttern, Werkstatt

2 / JUGENDFARM MORITZHOF

Schwedter Straße 90, 10437 Berlin

Angebot: Reitunterricht, Kräutergarten, Töpfern, gemeinsames Kochen

3 / KINDERBAUERNHOF IM GÖRLITZER PARK

Wiener Straße 59b, 10999 Berlin

Angebot: Futtertüten, Lagerfeuer, Kinderflohmarkt, Kletterturm, Tischtennisplatte

4 / KINDERBAUERNHOF UFAFABRIK

Viktoriastraße 13, 12105 Berlin

Angebot: Ponyreiten, bei der Tierfütterung helfen, Werkraum, gemeinsames Kochen

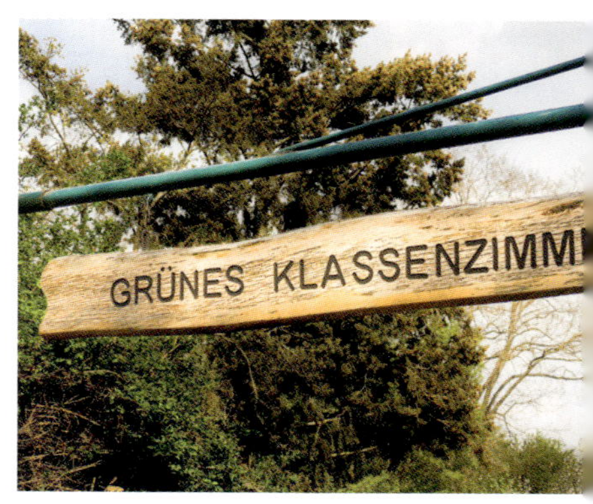

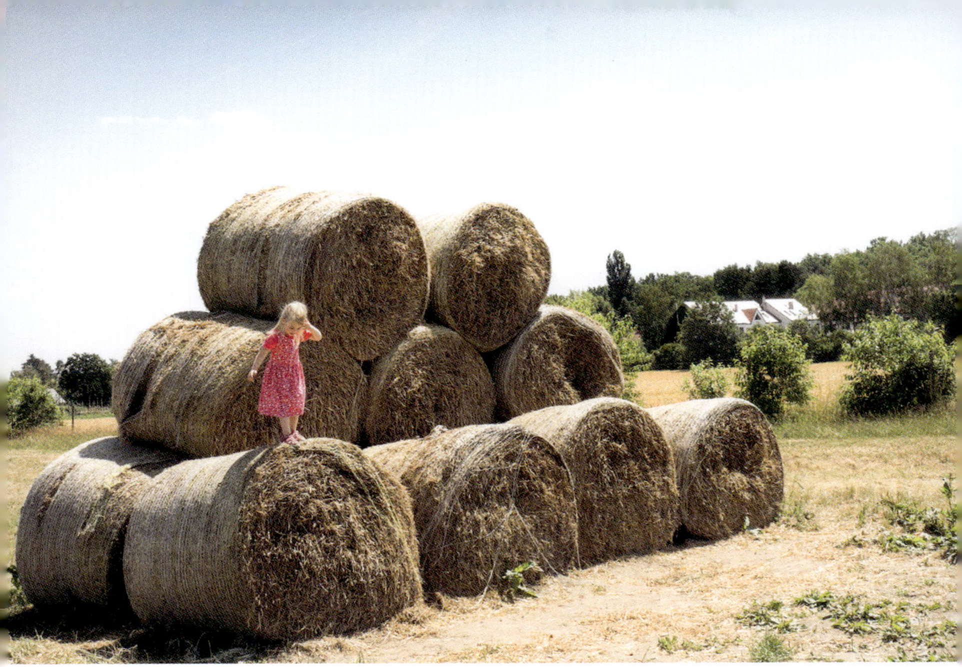

5 / KINDERBAUERNHOF AM MAUERPLATZ

Leuschnerdamm 9, 10997 Berlin

Angebot: Sandkasten mit vielen Spielgeräten, Schaukel, Tobeflächen, Fahrzeuge

6 / CHARLOTTENBURGER ZIEGENHOF

Danckelmannstraße 16, 14059 Berlin

Angebot: Spielplatz, Tischtennisplatten, eine beliebte Eisdiele

7 / KINDERBAUERNHOF PINKE-PANKE

Am Bürgerpark 15–18, 13156 Berlin

Angebot: Gartenarbeit, Lagerfeuer & Stockbrot, Brettspiele, Hüttenbauplatz

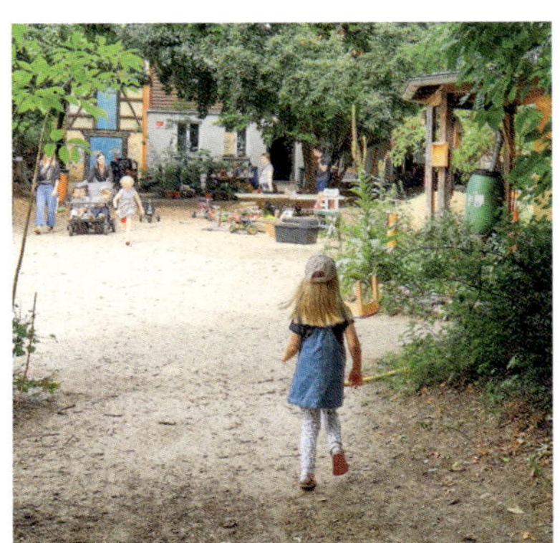

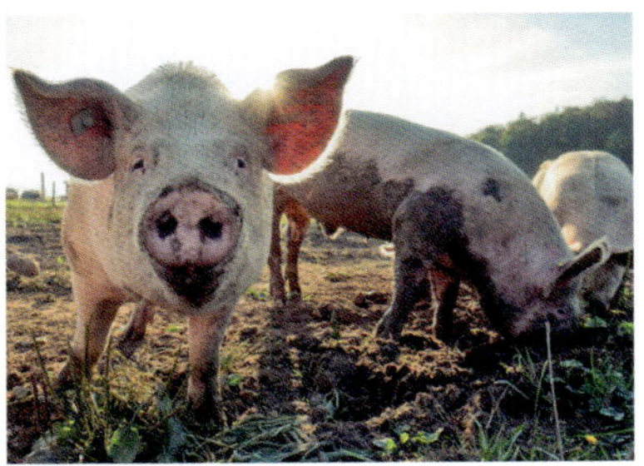

25

KICK MIT AUSBLICK

KLETTERPARKS

Auf einen Baum klettern kann doch jeder, aber wer traut sich, zwischen den Baumkronen zu balancieren? In den Kletterparks in und um Berlin wachsen kleine und große Besucher über sich hinaus und stärken bei einem adrenalingeladenen Abenteuer das Selbstbewusstsein. Neben dem Kick mit Ausblick fördert das Klettern die Grobmotorik und lässt euch Entfernungen besser einschätzen. Hier lernt ihr in luftiger Höhe die Balance zu halten, müsst über wackelige Brücken laufen und lasst euch an einer Seilrutsche hinuntersausen. Die Parcours sind häufig nach Schwierigkeitsgraden geordnet, sodass auch die Jüngsten in der Familie auf ihre Kosten kommen. Hier findet ihr die besten Kletterparks in und um Berlin:

1 / KLETTERWALD WUHLHEIDE

Adresse: An der Wuhlheide 199, 12459 Berlin
Website: www.kletterwald-wuhlheide.de

2 / WALDHOCHSEILGARTEN JUNGFERNHEIDE

Adresse: Heckerdamm 260, 13627 Berlin
Website: www.waldhochseilgarten-jungfernheide.de

3 / KLETTERWALD GRÜNHEIDE BEI BERLIN

Adresse: Friedrich-Engels-Str.14b, 15537 Grünheide
Website: www.kletterwald-gruenheide.de

4 / ABENTEUERPARK POTSDAM

Adresse: Albert-Einstein-Straße 49, 14473 Potsdam
Website: www.kletterpark.info

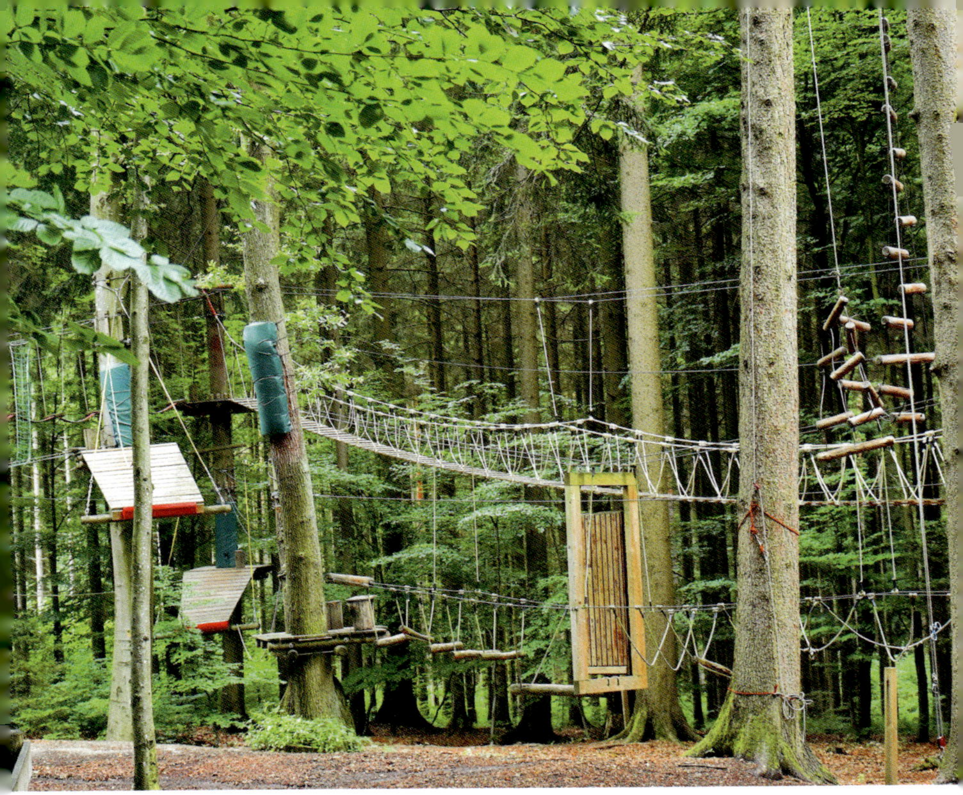

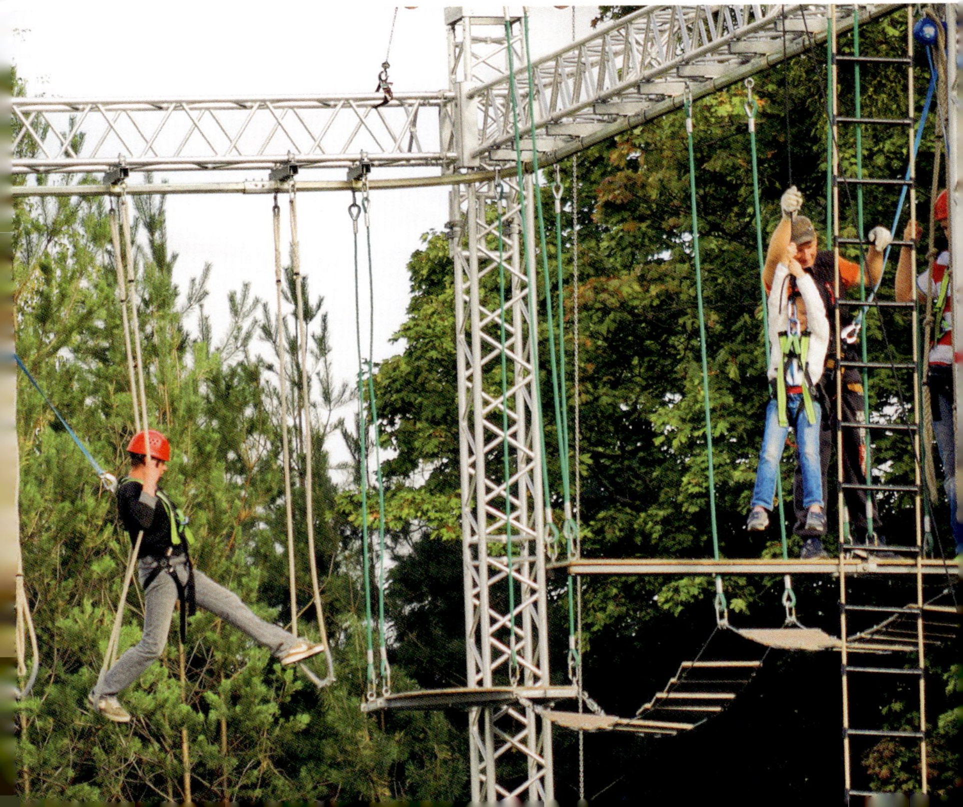

26

FLUSS MIT UNTERSCHLUPF

EINMAL UM DIE KUHLAKE

Durch den Spandauer Forst schlängelt sich der kleine Waldfluss Kuhlake, der alles bietet, was naturverbundene Familien für einen gelungenen Ausflug brauchen. Der Startpunkt ist zwischen zwei Wildgehegen, in denen Wildschweine, Rot- und Muffelwild leben. Sobald ihr den Knauf am Futterautomaten dreht, kommen alle Tiere angerannt und erhoffen sich ein paar Körner – die tapsigen Kitze und Frischlinge in der ersten Reihe.
Besucher mit Wanderlust folgen dem Rundweg entlang der Kuhlake und kommen nach einer gut zweistündigen Tour wieder am Ausgangspunkt an. Es lohnt sich aber auch, die Uferseite über die Holzbrücken zu wechseln und in die Tiefen des Waldes einzutauchen. Dort entdeckt ihr ein Tipidorf aus Baumstämmen (52.570758, 13.183796). Kinder lieben diese Holzzelte und wollen am liebsten den ganzen Ausflug darin verbringen. Wenn ihr ein Picknick im Wald plant, dann am besten dort. Bei eurem Spaziergang werden euch Schautafeln eines Naturlehrpfades begegnen. Sie liefern kinderfreundliches Wissen und erklären mit wenigen Worten den Arbeitsalltag der Waldkäfer oder wie Bäume die Luft säubern.

► Bunte Blütenpracht: Gleich um die Ecke findet ihr die unkonventionellen »Naturnahen Gärten«. Die Gartenanlage verzichtet auf Zäune und bietet Einblicke in die besonders floralen Gärten.

Nächstgelegene Haltestelle: Johannesstift (Bus 671 und M45)
Parkplätze: Am Wildtiergehege – 52.569833, 13.189944

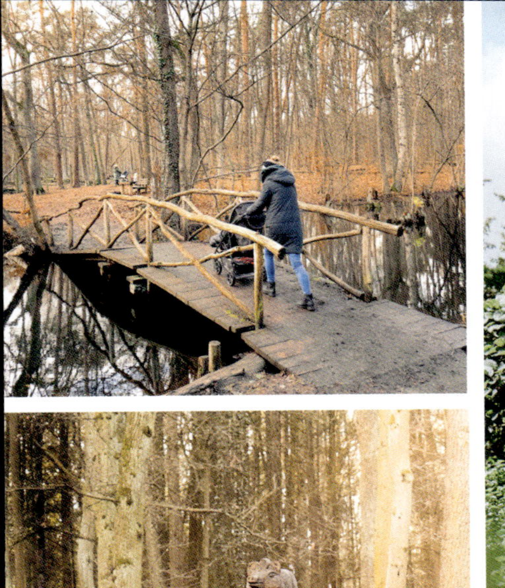
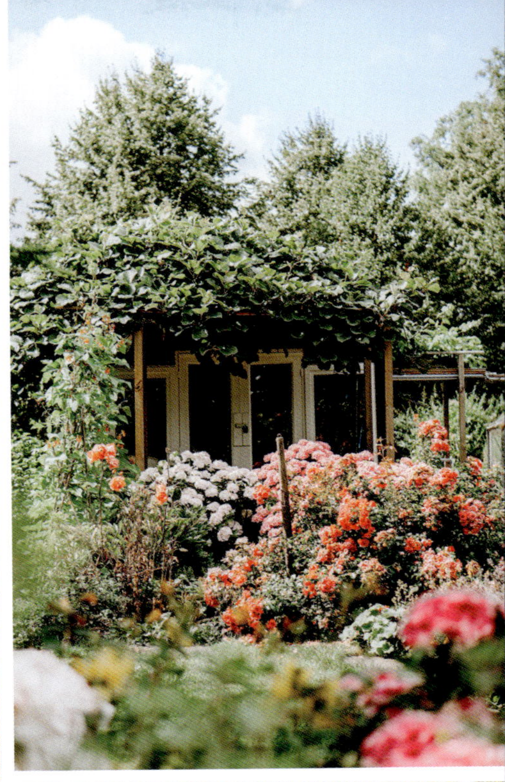
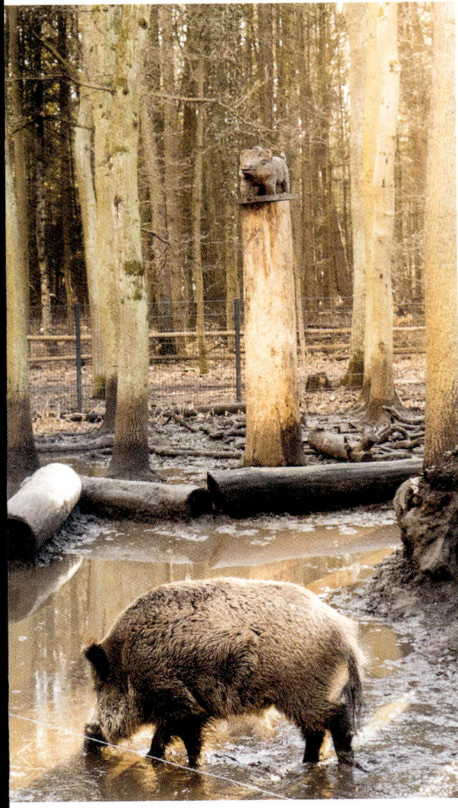
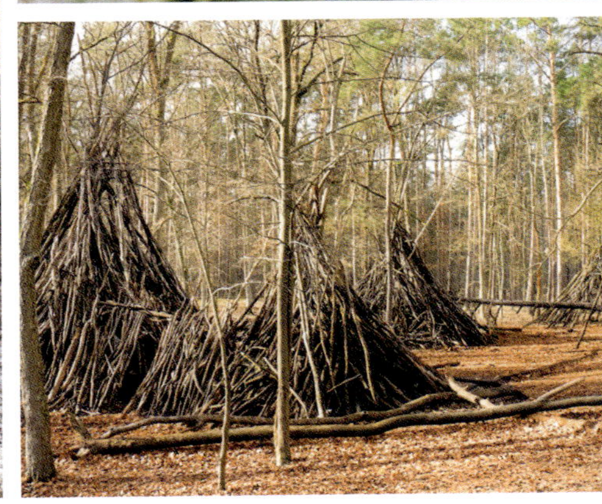
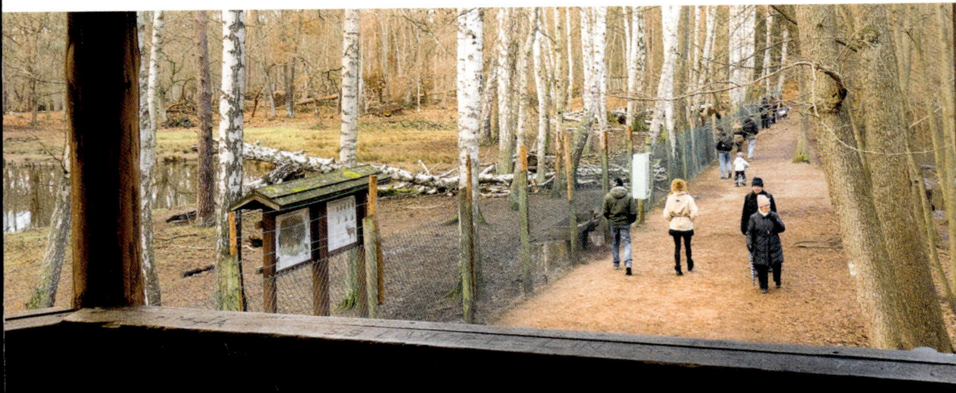

27

DER WICHTIGSTE TAG DES JAHRES

LANGER TAG DER STADTNATUR

Am langen Tag der Stadtnatur verwandelt sich ganz Berlin in ein riesiges grünes Klassenzimmer! Das einmal im Jahr stattfindende Event lädt mit rund 500 Veranstaltungen an über 150 Orten dazu ein, die Natur in der Hauptstadt zu erleben und vor allem zu verstehen. An der Seite von Experten und professionellen Mitarbeitern aus den Berliner Naturverbänden und Vereinen erfahren die Teilnehmer, wie viel wilde Flora und Fauna direkt vor ihrer Haustür wuchert und krabbelt. Ihr könnt mit Wildtierexperten Biotope erkunden, die für Privatpersonen gesperrt sind, und mit erfahrenen Imkern Honig schleudern, an Entdeckungstouren mit dem Kanu teilnehmen oder durch mystisches Moor wandern, Fledermäusen lauschen, Schäfern bei der Arbeit helfen, Berlins geheime Reptilien aufspüren und vieles mehr. Für naturverrückte Abenteurer ist es der wichtigste Tag des Jahres, der leider immer wieder viel zu schnell vorbei ist.

WO?

An über 150 Standorten, stadtweit in allen Bezirken

PREISE?

Je nach Veranstaltungen zwischen 2 und 8 € (Kinder unter 14 Jahren frei). Einige Veranstaltungen sind kostenlos

TICKETS?

Alle Veranstaltungen, auch die kostenlosen, sind aufgrund großer Nachfrage oder begrenzter Teilnehmerzahl anmeldepflichtig. Die Tickets bekommt ihr online, telefonisch oder vor Ort

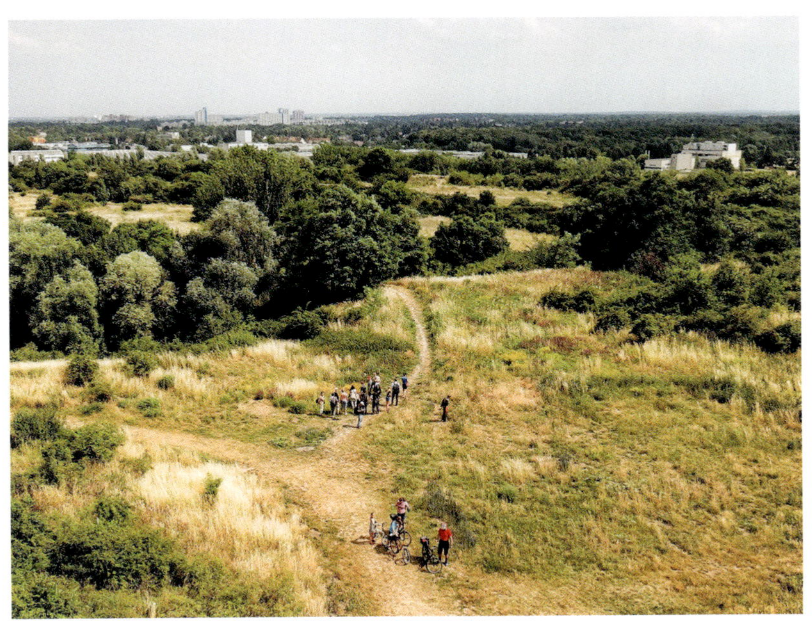

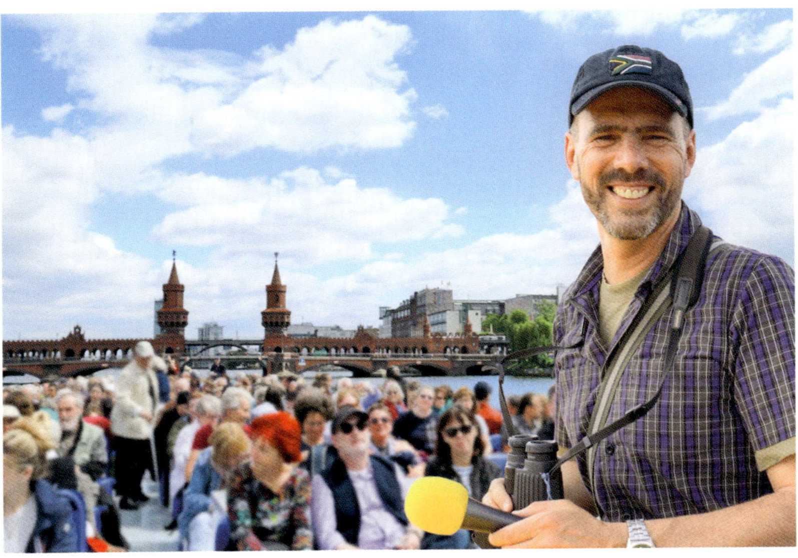

Das aktuelle Programm und den Ticketverkauf findet ihr unter:
www.langertagderstadtnatur.de

28
DER EI-O-MAT
LEHMANNS BAUERNHOF

Lehmanns Bauernhof ist genau der richtige Ort, um der Stadt den Rücken zu kehren, ohne sie zu verlassen. Man findet ihn im Dorfkern Alt-Marienfelde, gegenüber einer über 800 Jahre alten Feldsteinkirche. Der Hof ist kein moderner Nachbau eines alten Landwirtschaftsbetriebs, um Kunden ein uriges Gefühl vorzutäuschen, sondern ein echter Bauernhof, der seit dem 17. Jahrhundert Ackerbau und Viehhaltung betreibt – und das spürt man auch!
Legendär ist der Eierautomat am Eingangstor, an dem man sich auch nach Ladenschluss frische Eier ziehen kann. Auf dem Hofgelände lassen sich Ziegen, Pferde und Hühner in einem bäuerlichen Umfeld erleben und ein kleiner Spielplatz lädt zum Toben ein.
Das Highlight ist der traditionelle Weihnachtsmarkt, der den Charme alter Zeiten versprüht. An den Verkaufsständen gibt es Kunsthandwerk, deftiges Wildgulasch und natürlich Süßkram in allen Formen und Farben. Kinder können sich auf einen Streichelzoo, Ponyreiten und die Märchenerzählerin in der alten Scheune freuen.

► Nicht verpassen: Mit regionalen Lebensmitteln im Einkaufskorb solltet ihr euch den Bummel durch Berlins letztes Angerdorf Alt-Marienfelde nicht entgehen lassen. Kaum ein Ort in der Stadt hat diese Dichte an historischen Bauernhäusern.

www.lehmannsbauernhof.de
Nächstgelegene Haltestelle: Friedhof Marienfelde (Bus M77)
Parkplätze: Alt-Marienfelde – 52.412130, 13.366992

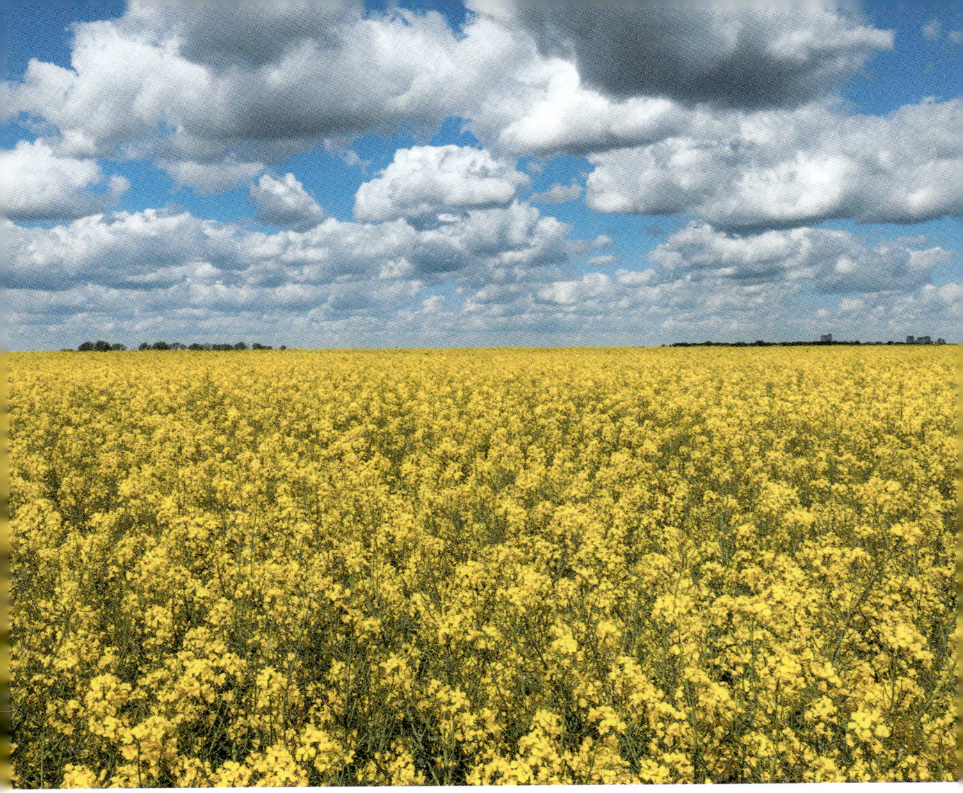

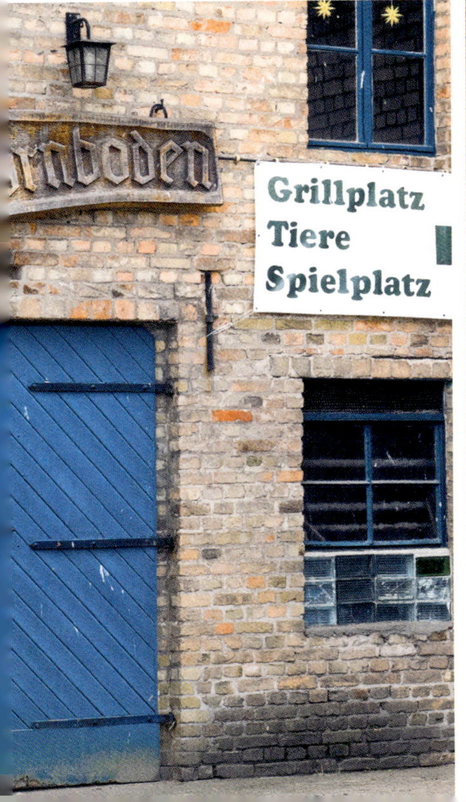
Grillplatz
Tiere
Spielplatz

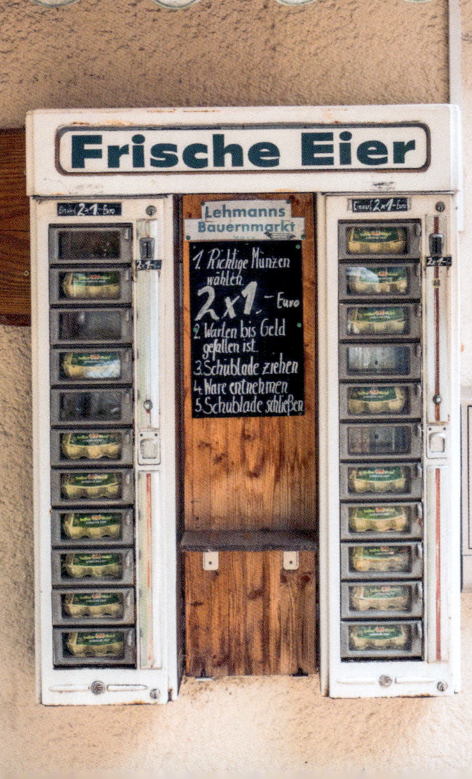
Frische Eier
Lehmanns Bauernmarkt
1. Richtige Münzen wählen
2x1,- Euro
2. Warten bis Geld gefallen ist.
3. Schublade ziehen
4. Ware entnehmen
5. Schublade schließen

29
PERFEKT FÜR KALTE TAGE

LEHRKABINETT AM TEUFELSSEE

Wenn es draußen kalt und ungemütlich wird, ist die beheizte Waldschule Teufelssee am Fuße der Müggelberge der ideale Ort, um selbst bei Platzregen einen Tag mit der Natur zu verbringen. Das Haus im Wald ist der Standort eines Lehrkabinetts, das kleinen wie großen Naturfreunden kostenfreien Zutritt zu Ausstellungsräumen zum Forschen, Rätseln und Staunen bietet. Neben zahlreichen Exponaten und Spielmöglichkeiten, sind Kinder vor allem von den präparierten Waldtieren begeistert. Wann kommt man schon mal einem Dachs so nah, dass man seine Wimpern erkennen kann? Doch auch quicklebendige Tiere gibt es zu sehen. Ein über mehrere Ebenen gebautes Formicarium zeigt anschaulich die Welt der Ameisen, vom Zeitpunkt des Schlüpfens bis zum Erbauen ihrer Burg.
Im Außenbereich könnt ihr zudem auf dem Barfußpfad für gut durchblutete Füße sorgen oder durch einen künstlich angelegten Fuchsbau krabbeln.
Neben den Ausstellungen organisiert das Lehrkabinett saisonale Veranstaltungen wie Pilzberatung, Vogelstimmenführungen oder experimentelle Familienexkursionen. Einen Veranstaltungskalender findet ihr auf: www.inu-waldschulen.de

Wenn sich die Regenwolken verzogen haben, könnt ihr euch auf den zwei nahegelegenen Spielplätzen nochmal richtig auspowern. Mit den zielgenauen Geodaten erspart ihr euch die Suche inmitten des dichten Walds: 1 / Waldspielplatz Teufelssee: 52.422480, 13.629105 – 2 / Kletterpark am Müggelsee: 52.426448, 13.630573

Nächstgelegene Haltestelle: Rübezahl (Bus 169)
Parkplatz: Müggelheimer Damm – 52.424247, 13.630331

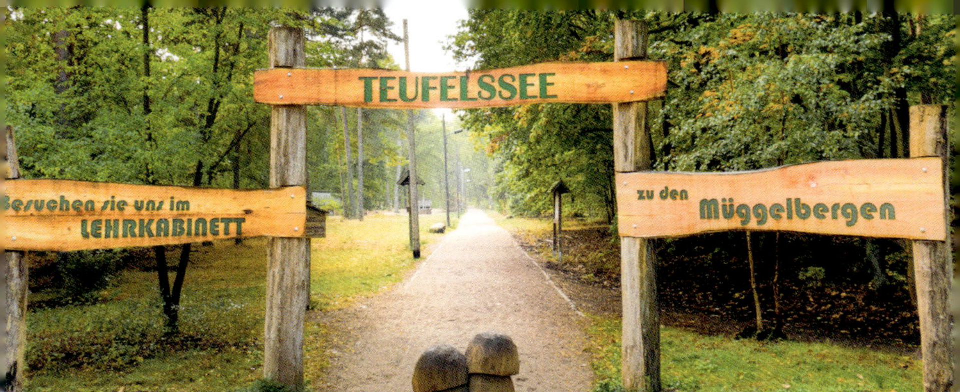
TEUFELSSEE
Besuchen sie uns im LEHRKABINETT
zu den Müggelbergen

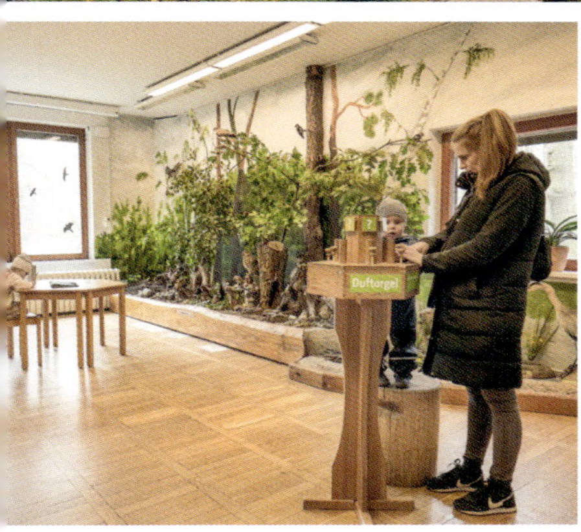
Duftorgel

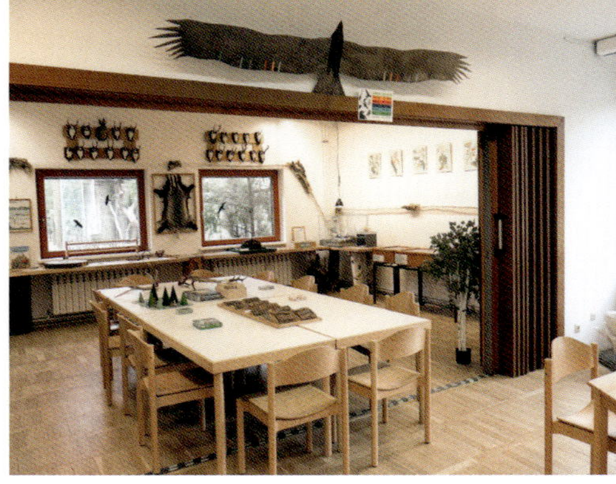

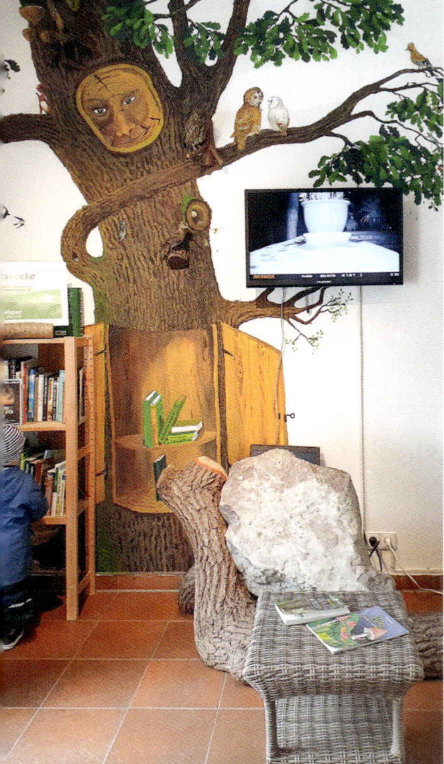

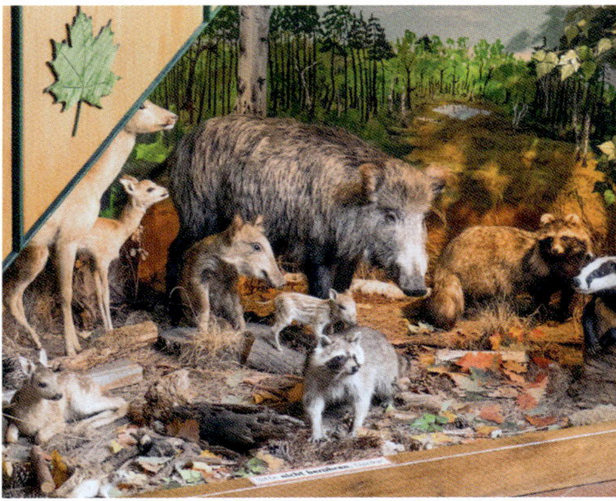

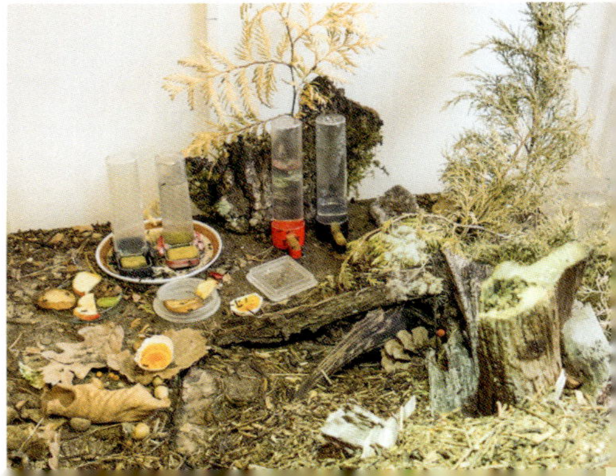

30 HALLOWEEN AUF DEM FRIEDHOF

LEISE-PARK

Es klingt seltsam, doch einer der kinderfreundlichsten Parks befindet sich auf einem Friedhof. Dank des Protests der eifrigen Nachbarschaft wurde der zum Verkauf ausgeschriebene Friedhof im Jahr 2007 nicht für neue Wohnhäuser genutzt, sondern in eine öffentliche Grünanlage umgewandelt. Für die Gestaltung haben sich die Planer ein hoch kompetentes Team ins Boot geholt: die Kinder der benachbarten Grundschule. Sie entschieden sich für große Balancierelemente, Mattenschaukeln und einen Beobachtungsturm. Der alte Baumbestand und wilde Charakter des Friedhofs blieb und wurde durch Bänke und Spazierwege ergänzt. Was ebenfalls blieb, sind etwa 40 Grabsteine. Gräber, dichtes Gestrüpp und alte Bäume, das schreit doch nach Gruselgeschichten. Deshalb fingen Eltern aus dem Kiez irgendwann an, geschnitzte Kürbisse und Kerzen im Park zu verteilen und ein Halloween-Fest auszutragen. Die schaurig-schöne Tradition ist (noch) nichts Offizielles und bleibt nur am Leben, wenn sich jeder beteiligt. Deswegen bringt am besten eine Kleinigkeit mit und vergesst die Verkleidung nicht!

► Nüsse nicht vergessen: Die Eichhörnchen im Leise-Park sind für ihre Zutraulichkeit bekannt und fressen euch wortwörtlich aus der Hand.

Nächstgelegene Haltestelle: Prenzlauer Allee/Metzer Straße (Tram M2)
Parkplätze: Heinrich-Roller-Straße – 52.531238, 13.421269

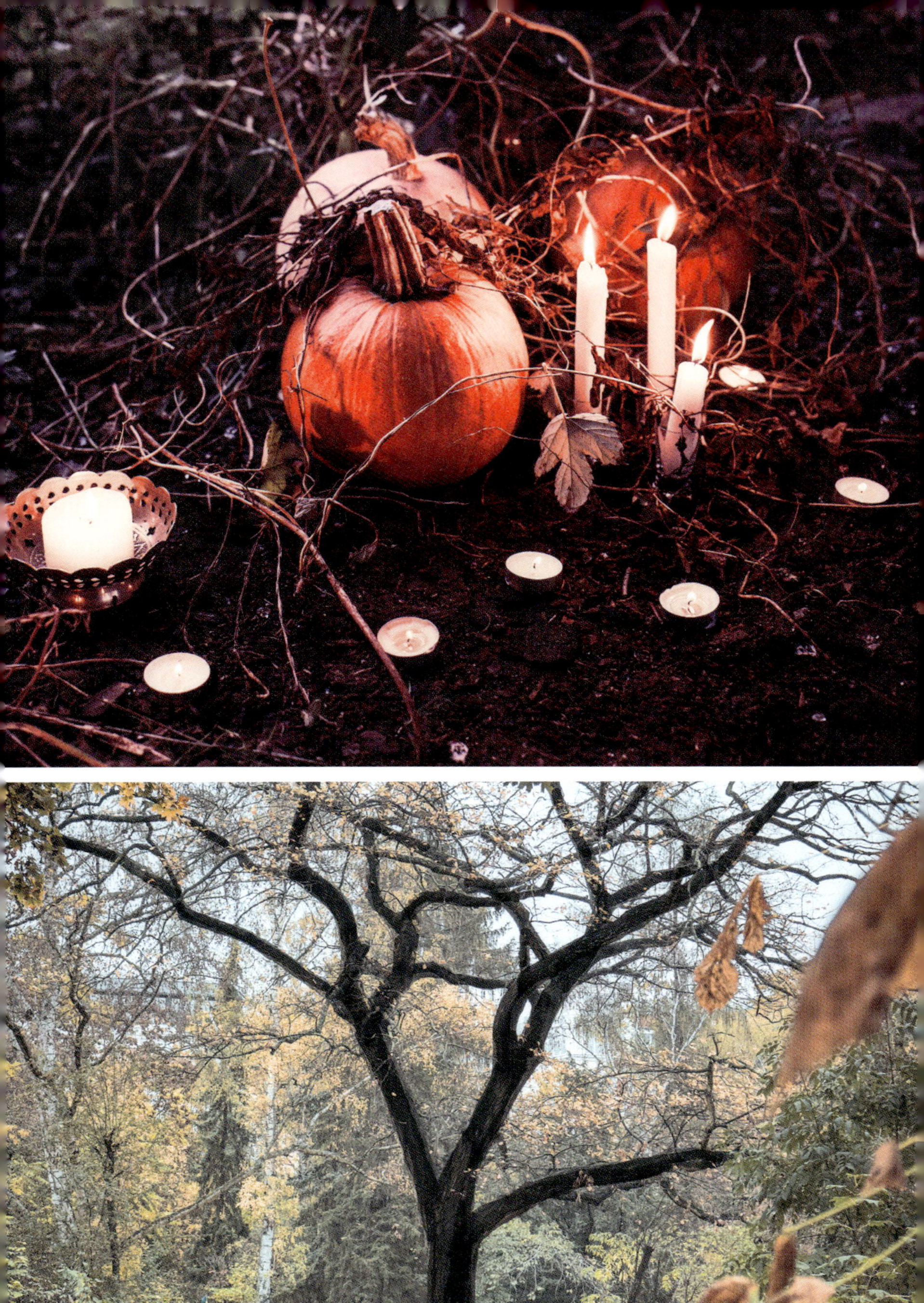

31

NATUR BIS ZUM HORIZONT

LÜBARSER FELDER

Die 110 Hektar großen Lübarser Felder bieten Mohnblumenwiesen bis zum Horizont, verlassene Seen und duften nach Heu. Doch es passiert nicht selten, dass Besucher die Orientierung in den Weiten der dicht bewachsenen Felder verlieren. Damit euch das nicht passiert, führen Geodaten problemlos ans Ziel. Das sind die schönsten Orte auf den Lübarser Feldern:

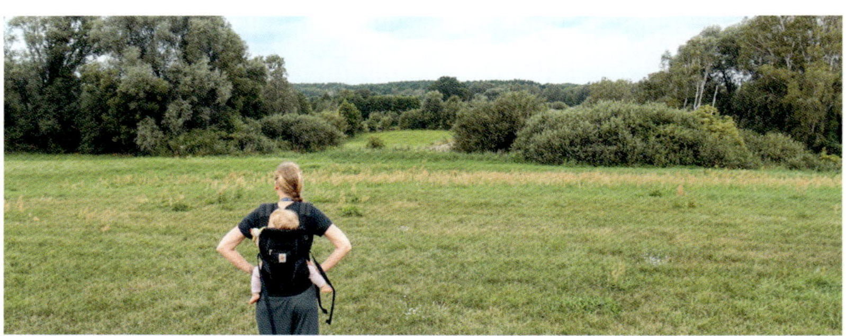

1 Inmitten alter Obstbäume befindet sich ein Aussichtsplateau auf einem Hügel. Es gewährt Ausblick auf unzugängliche Torfstiche, frei von Menschen und voller tierischem Leben. Aus dem hohen Gras blitzen Rehohren, Biber besiedeln die Ufer und Waschbären klettern auf Bäume, um an Vogelnester zu gelangen.

Zielgenaue Geodaten: 52.626552, 13.374165

2 Lübars und Pferde, das gehört zusammen. Hinter dem alten Dorfkern führt ein versteckter Weg zwischen den Koppeln eines Reiterhofs hindurch. Dort könnt ihr Springreitern zuschauen und seid von der Idylle des Fließtals umgeben.

Zielgenaue Geodaten: 52.622086, 13.354236

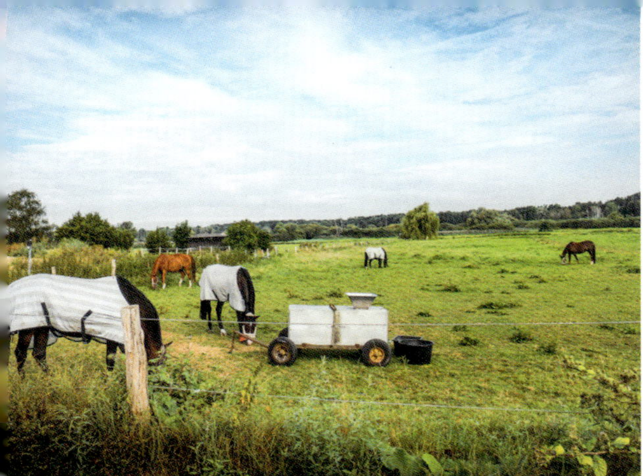
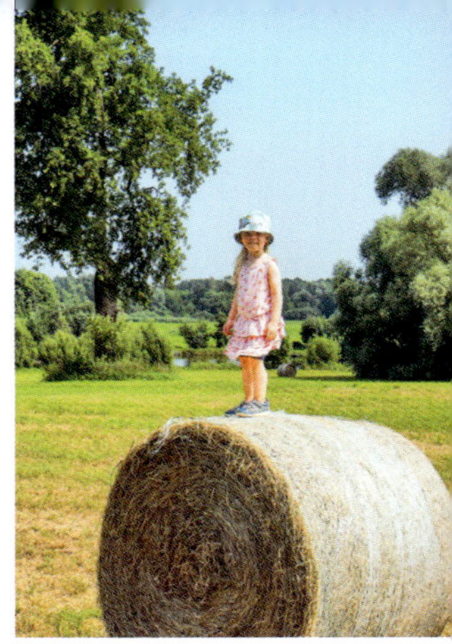
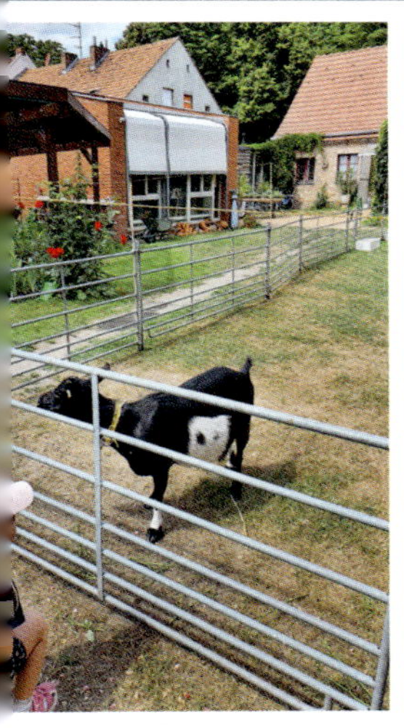
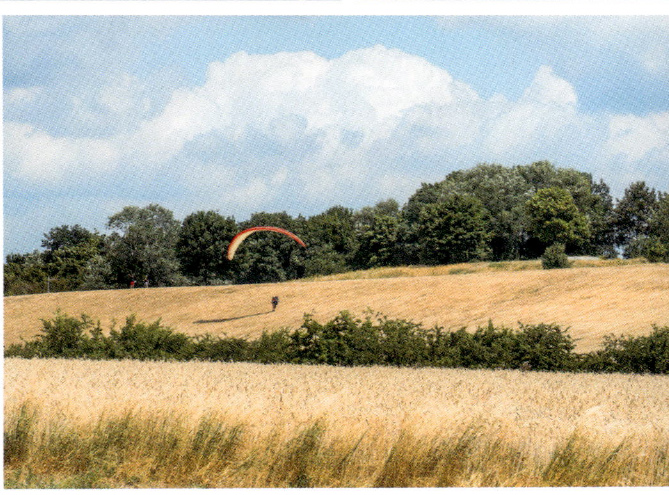

3 Auf der Lübarser Höhe könnt ihr nicht nur Drachen steigen lassen und rodeln, sondern habt auch eine einmalige Sicht auf den Plattenbau-Dschungel des Märkischen Viertels. Während ihr im hohen Gras entspannt, düsen über euch Modellflugzeuge, denn der Berg ist ein Flugplatz samt Landebahn.

Zielgenaue Geodaten: 52.612212, 13.366246

4 Auf einem Trampelpfad zwischen Sumpfwiesen begegnet man der Osterquelle. Sie ist Berlins letzte frei sprudelnde Quelle und über 280 Jahre alt. Einst spuckte sie sieben Meter hohe Fontänen in die Luft. Ein Schluck des Wassers soll sogar ewige Jugend bescheren.

Zielgenaue Geodaten: 52.621367, 13.367270

32

MILCH AUS DEM ZAPFHAHN

MENDLER'S MILCHHOF

Der Milchhof der Familie Mendler ist ein Berliner Urgestein und existiert bereits seit 1930. Angefangen hat alles mit 30 Kühen auf einem Schöneberger Hinterhof. Bis in die 1980er Jahre war es keine Seltenheit, dass auf den Höfen einfacher Mietshäuser Tiere gehalten wurden. Bei den Mendlers lebten sogar 60 Schweine im Keller. Sie wurden mit den Küchenabfällen der Hausbewohner gefüttert.
Mit dem Umzug nach Rudow vergrößerte sich der Tierbestand und aus einem Hinterhof wurden über 60 Hektar Land. Heute ist er einer der letzten Berliner Bauernhöfe und samt seinem Hofladen über die Stadtgrenzen bekannt. Für die frische Rohmilch aus dem Zapfhahn und das Fleisch der hofeigenen Limousin-Rinder nehmen Kunden lange Fahrzeiten in Kauf. Stadtkinder können hier einen Blick hinter die Kulissen eines Bauernhofes werfen, durch das Strohlager laufen, die Kuhställe besuchen, Ziegen streicheln oder beim Voltigieren zuschauen.

▸ Nicht verpassen: Am Ostersonntag lädt der Milchhof zum alljährlichen Osterfeuer mit Eiersuchen, Ponyreiten, Kinderkarussell und Treckerfahrten ein. Weitere Informationen gibt es auf: www.milchhof-mendler.de

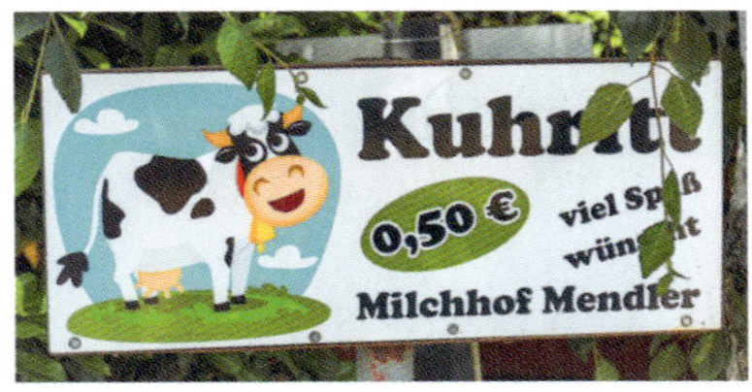

Nächstgelegene Haltestelle: Ostburger Weg/Lettberger Straße (Bus 372)
Parkplätze: Lettberger Straße – 52.412085, 13.518300

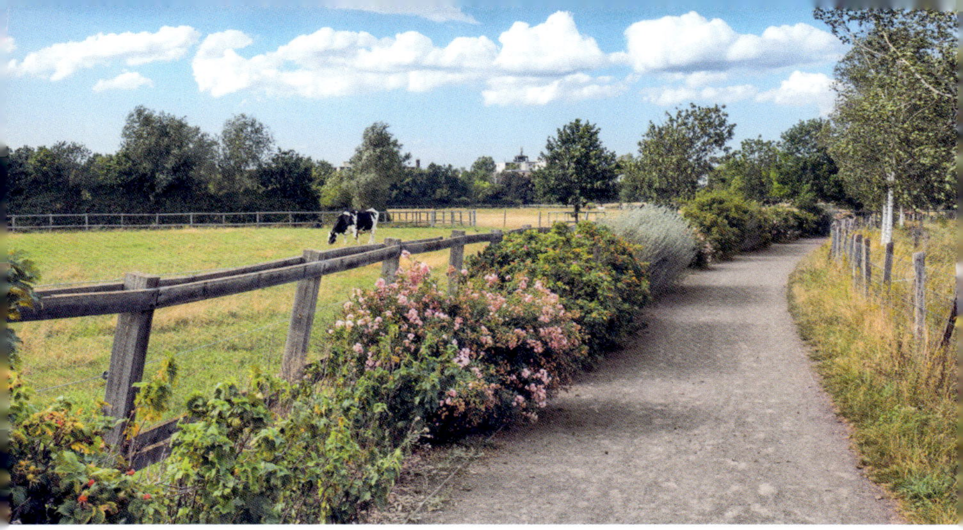

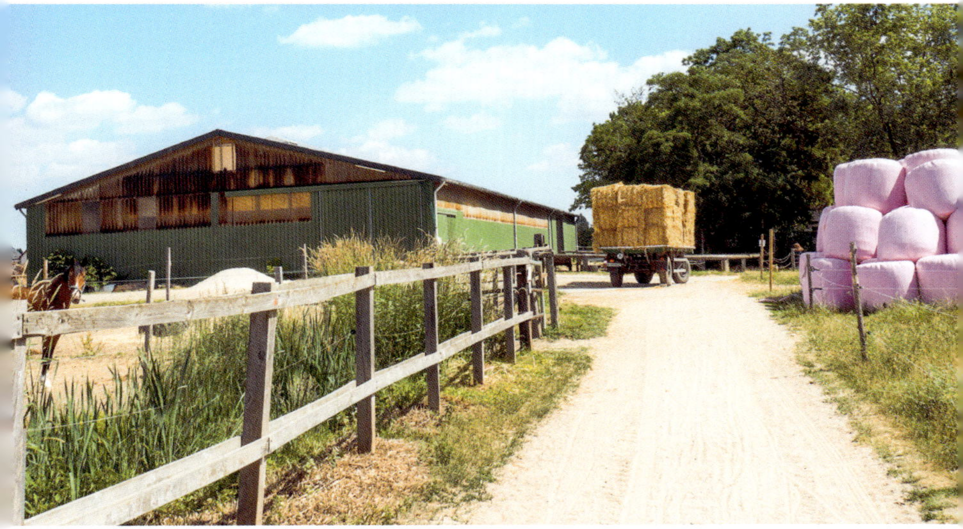

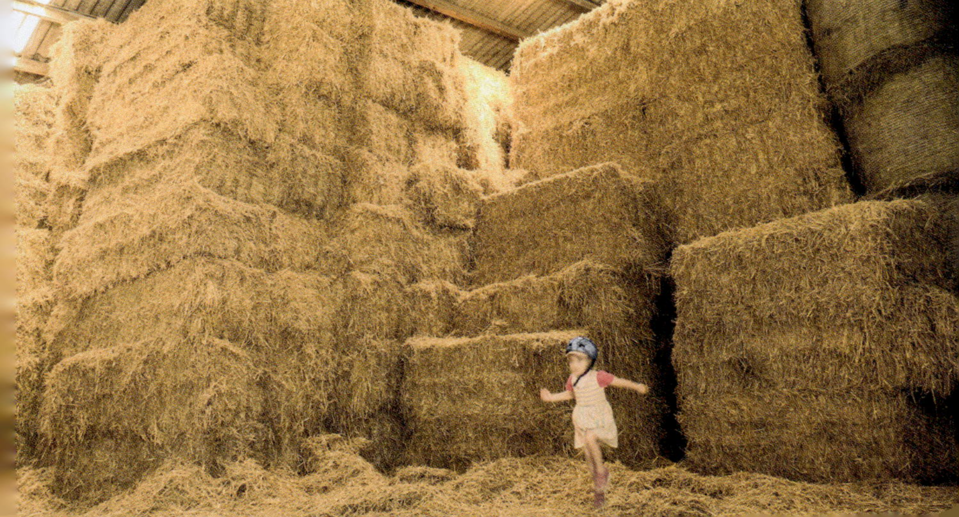

33

MIT DER UFERBAHN INS JRÜNE

TRAM 68

Die Tram-Linie 68 gilt als eine der landschaftlich schönsten Strecken Deutschlands und ist das absolute Gegenteil zum 100er-Bus im Stadtzentrum. Los geht's am S-Bahnhof Grünau im Südosten der Stadt. Dort steigt man in die Tram 68 Richtung Alt-Schmöckwitz. Die Bahn folgt für acht Kilometer dem Lauf der Dahme und fährt mitten durch den Wald. Von hier aus bieten sich jede Menge naturnahe Ausflugsziele an den Haltestellen:

STATION 1

HALTESTELLE REGATTATRIBÜNEN

Auf der Regattastrecke fanden im Jahr 1936 die Olympischen Spiele statt. Heute könnt ihr Jetskirennen oder Drachenboot-Wettkämpfe besuchen

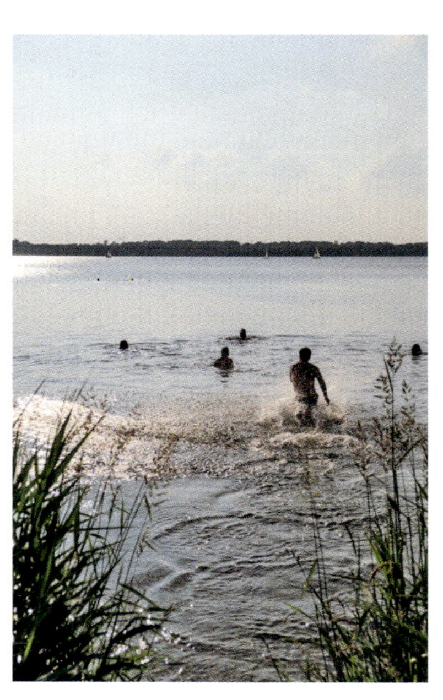

STATION 2

HALTESTELLE STRANDBAD GRÜNAU

Das beliebte Strandbad verwandelt sich zur Adventszeit in eine Winterwelt mit Eislaufbahn und wechselnden Events

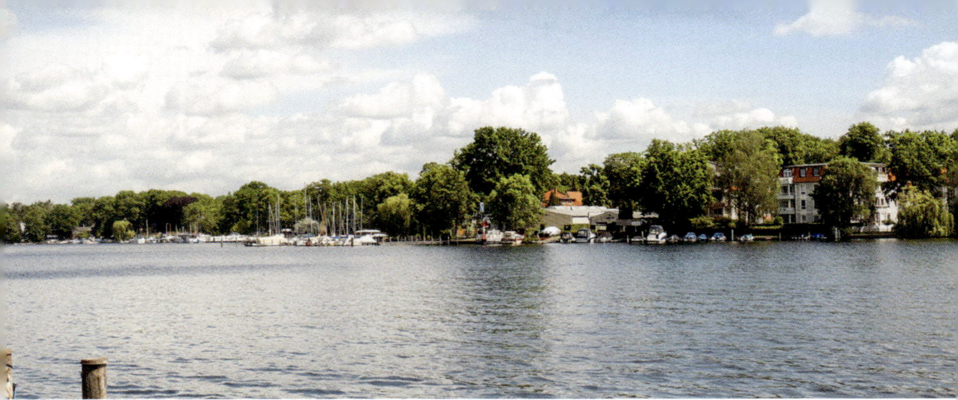

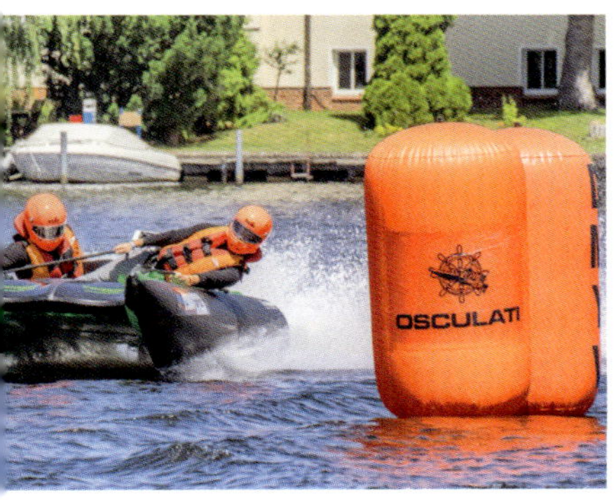

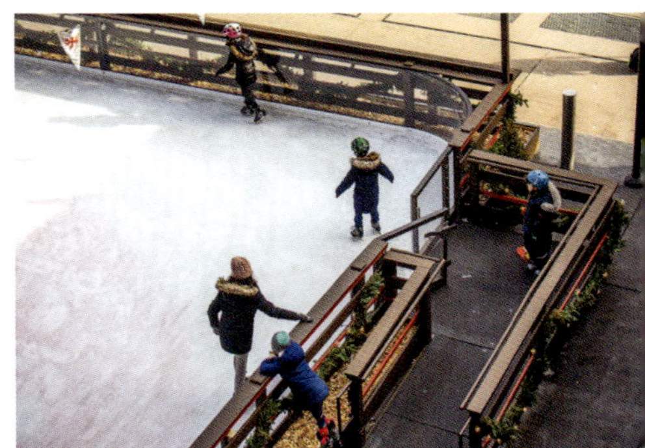

STATION 3
HALTESTELLE BAMMELECKE

Auf der Landzunge Bammelecke gibt es einen versteckten Badestrand und tolle Aussicht auf die Müggelberge

STATION 4
HALTESTELLE RICHTERSHORN

Bootsverleih-Bootsjunge bietet u. a. führerscheinfreie Abenteuerflöße und liegt preislich stark unter dem Berliner Durchschnitt

STATION 5
HALTESTELLE ALT-SCHMÖCKWITZ

Der ideale Abschluss: Zanderfilet mit Bratkartoffeln und ein bunter Eisbecher auf der schwimmenden Terrasse mit Seeblick im Restaurant »Strandlust«

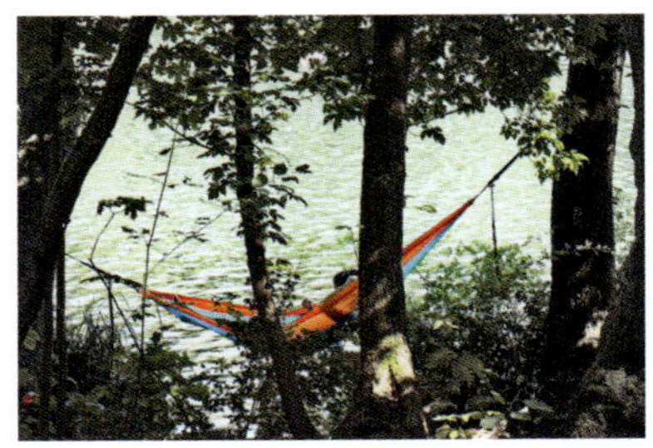

34

GRATIS OBST FÜR ALLE

MUNDRAUB.ORG

Ein prall gefüllter Kirschbaum auf einem Friedhof, duftender Thymian am Feldrand oder wilde Himbeeren an einem einsamen See. Berlin beherbergt eine hohe Zahl an Obst- und Fruchtgewächsen, für die sich niemand verantwortlich fühlt und deren Früchte verrottet auf dem Boden enden. Dieser kulinarischen Verschwendung hat sich die Plattform mundraub.org angenommen. Auf der Website können herrenlose Obst- und Nussbäume, Kräuter oder Sträucher eingetragen und zum Pflücken freigegeben werden. Auf einer virtuellen Stadtkarte könnt ihr die gratis Leckereien problemlos finden. Ihr werdet überrascht sein, was sich alles in eurer Nähe verbirgt.
Hinter »Mundraub« steht das Bestreben, die sinnlose Vergeudung von Lebensmitteln in bester Bio-Qualität zu beenden. Außerdem organisieren die Betreiber Pflanzaktionen und bieten Entdeckertouren an. Aktuelle Termine und weitere Informationen rund um das gesunde Räubern findet ihr auf: www.mundraub.org.

► Euer eigener Saft: Ihr seid auf einen Apfelbaum mit unzähligen Früchten gestoßen oder wisst nicht wohin mit der großen Ernte eures Birnenbaums? Hier findet ihr Adressen von Mostereien in Berlin und Brandenburg, die aus eurem Obst Saft herstellen:

Hahn's mobile Mostquetsche
www.mostquetsche.de

Mazes Mobile Mosterei
www.mazes-mobile-mosterei.de

Mosterei Ketzür
www.most-manufaktur.de

Neumann Süßmostkelterei
www.mosterei-neumann.de

Saftpresse Hohenfinow
www.saftpresse-hohenfinow.de

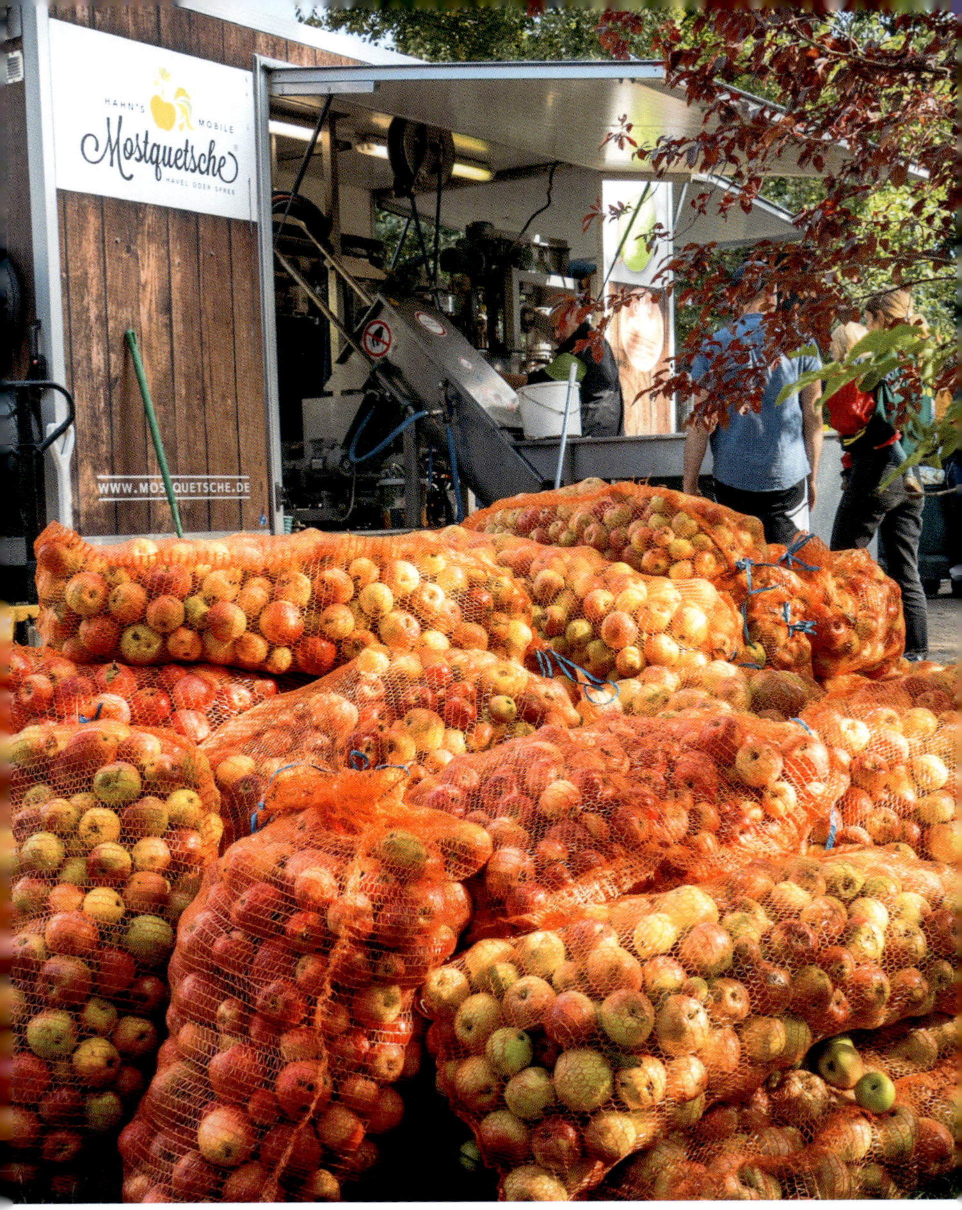

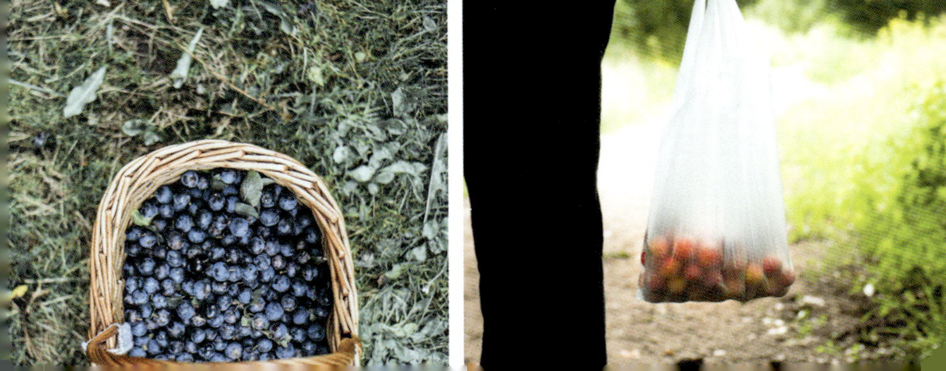

35
TRAUST DU DICH?

NACHTWANDERUNG IM GRUNEWALD

Sind wir mal ehrlich: Selbst die mutigsten unter uns kommen bei der Vorstellung, nachts durch einen stockdunklen Wald zu spazieren, ins Schaudern, oder? Wenn die Sonne hinter den Baumkronen abtaucht, leeren sich die Spazierwege und der Wald gehört wieder allein den Tieren. Füchse, Dachse und Wildschweine kommen aus ihren Verstecken und streifen durch die Dunkelheit auf der Suche nach Nahrung und zwischen den Bäumen sausen geräuschlos Fledermäuse umher. Wer zum ersten Mal das Bellen eines Rehbocks hört, bekommt es ganz schön mit der Angst zu tun. In Wahrheit steckt hinter dem giftigen Schrei aber ein noch ängstlicheres Tier, das seine Artgenossen vor Gefahr warnt.
Das Waldmuseum Grunewald veranstaltet regelmäßig nächtliche Erkundungstouren durch den Wald und führt euch zu Teichen, die vom Mondschein silbern leuchten, oder zu der großen Sandgrube, die ihr zum ersten Mal menschenleer erleben werdet. Dabei werden eure Sinne so geschärft sein, dass ihr Geräusche und Bewegungen in der Natur wahrnehmt, die euch am Tage entgehen. Und natürlich: Ein bisschen gruselig wird's auch.

Aktuelle Termine findet ihr im Umweltkalender auf der Website: www.waldmuseum-waldschule.de

Taschenlampen sind nicht erlaubt!
Treffpunkt: Waldmuseum Grunewald
Dauer: Knapp 2,5 Stunden

Nächstgelegene Haltestelle: S Grunewald (S3 und S7)
Parkplätze: Pappelplatz – 52.487319, 13.254490

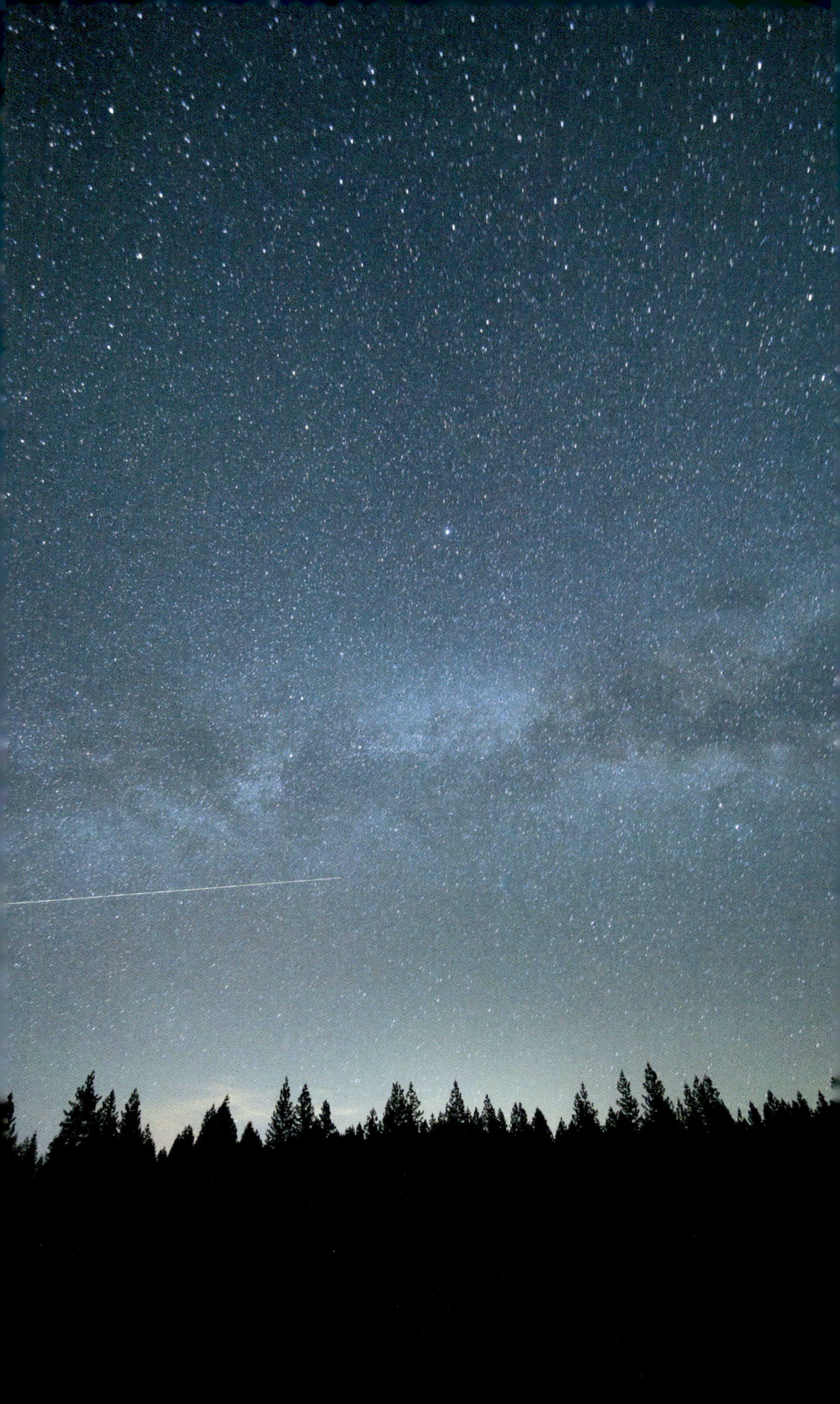

36

FOLGT DEM EICHELHÄHER

NATURLEHRPFAD HERMSDORF

Für alle, die gerne im Wald sind, Spaß am Tiere füttern haben und mehr über die heimische Natur lernen möchten, ist der Waldlehrpfad in Hermsdorf die richtige Adresse. Da man im Wald schnell mal die Orientierung verliert, weist ein hölzerner Eichelhäher den Weg und führt zielsicher über den 2,5 Kilometer langen Pfad. An den insgesamt 18 Stationen seid ihr zum Mitmachen, Weitspringen und Knobeln aufgefordert und lernt dabei spielerisch das geheime Leben der Bäume und die tierischen Waldbewohner kennen. Apropos Tiere: Sobald ihr euch ein paar Pellets an der Futterstation zieht, werden die Wildschweine, Hirsche und Rehe auf euch aufmerksam und stehen in kurzer Zeit am Zaun. Nach der Fütterung könnt ihr eine Aussichtsplattform hinaufklettern und die Tiergehege von oben betrachten oder auf dem Waldsofa Platz nehmen, die Augen schließen und mal zählen, wie viele unterschiedliche Vogelstimmen ihr hört.

▸ So verpasst ihr nichts: Ein bestens ausgestatteter Spielplatz befindet sich zwar direkt am Lehrpfad, wird aber versteckt zwischen dichtstehenden Bäumen oft übersehen. Mit diesen zielgenauen Geodaten könnt ihr ihn nicht verpassen: 52.609065, 13.283929

Nächstgelegene Haltestelle: Mühlenfeldstraße (Bus 125)
Parkplätze: Am Wildtiergehege – 52.611716, 13.286572

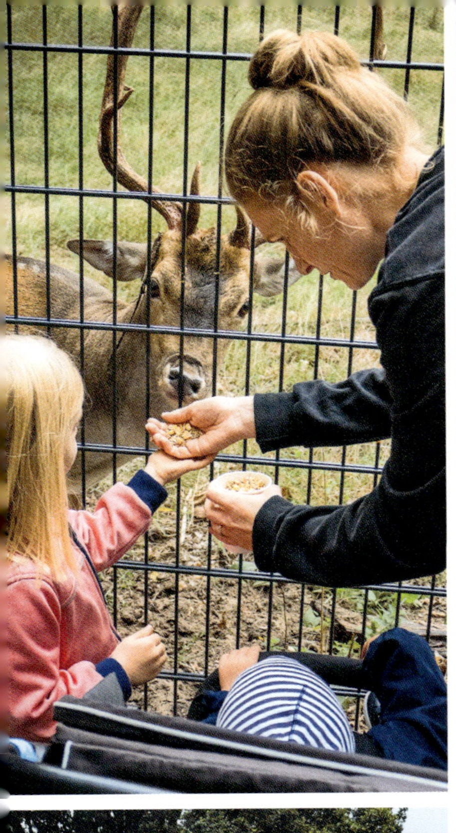

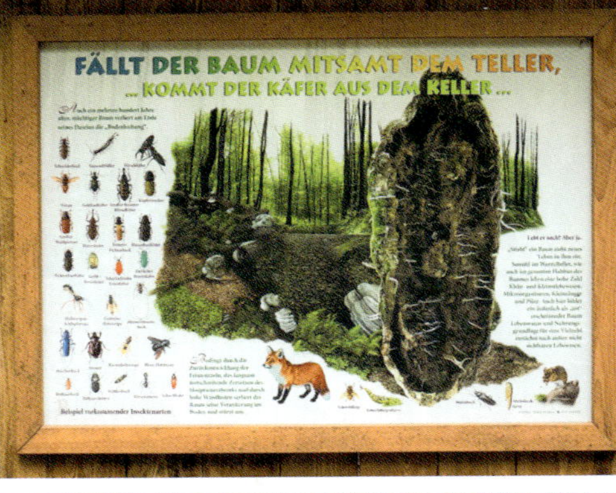
FÄLLT DER BAUM MITSAMT DEM TELLER,
... KOMMT DER KÄFER AUS DEM KELLER ...

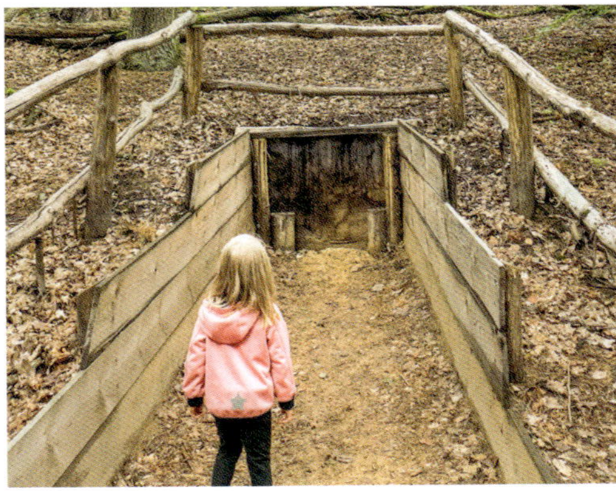

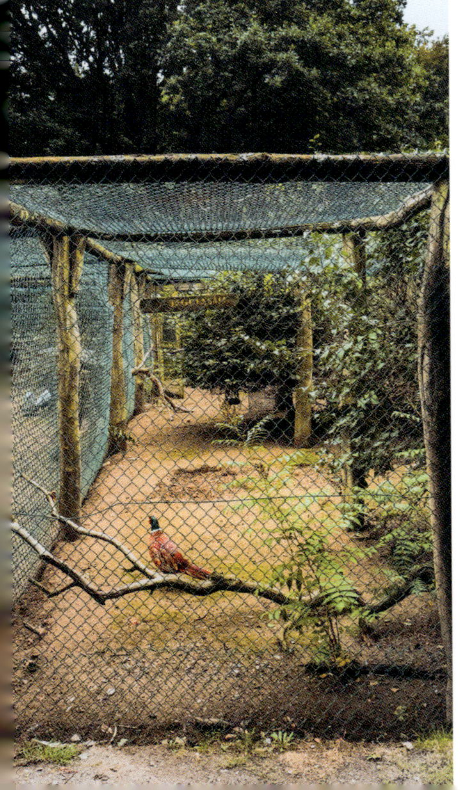

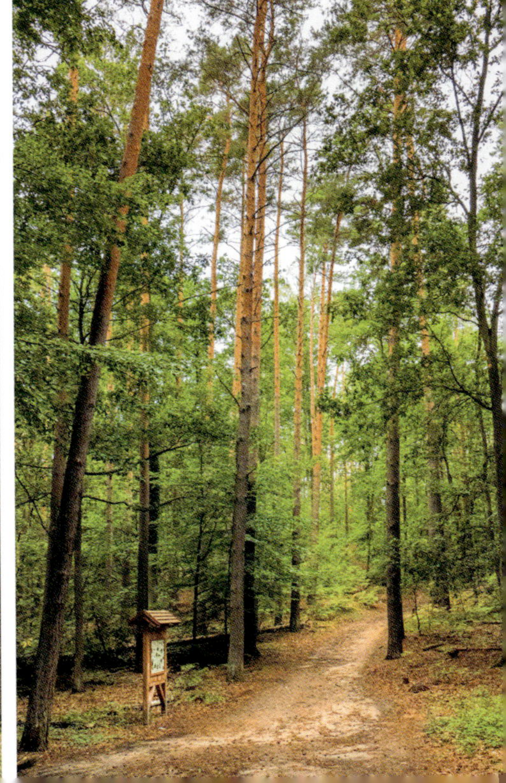

37
PILZE SAMMELN, ABER WO?

FÜNF ORTE MIT ERFOLGSGARANTIE

Sobald die Sommermonate Adieu sagen und es häufiger regnet, sprießen die Pilze aus den Böden. Waldspaziergänge sind zu dieser Zeit eine echte Wohltat und werden von duftendem Moos begleitet. Durch brandenburgische Wälder streifen Scharen von Leuten mit Pilzkörben, während es in Berlin eher ruhig zugeht. Komisch, denn auch bei uns gibt es viel zu entdecken. Der Sammelspaß hat nur einen Haken: Einige giftige Pilze sehen den essbaren leider zum Verwechseln ähnlich. Bei der Suche sollte ein Bestimmungsbuch oder eine Pilz-App zum Identifizieren gesundheitsschädlicher Arten nicht fehlen.

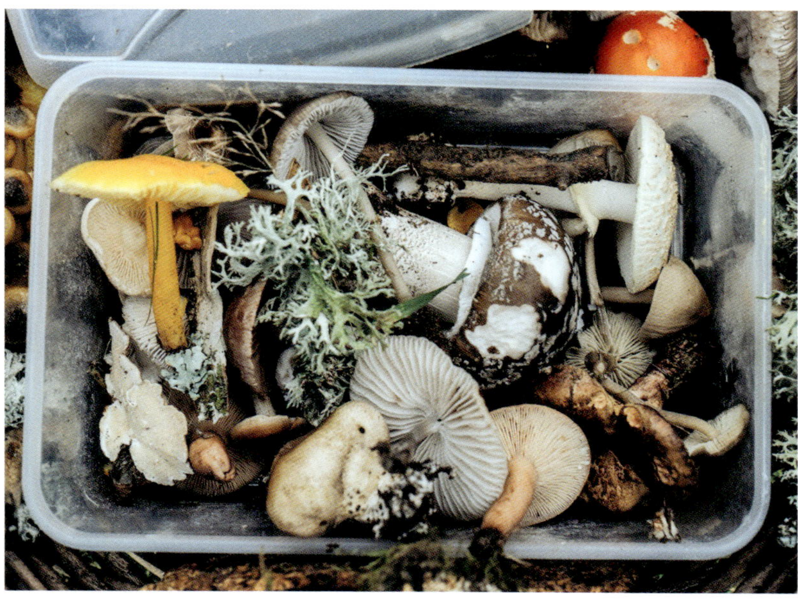

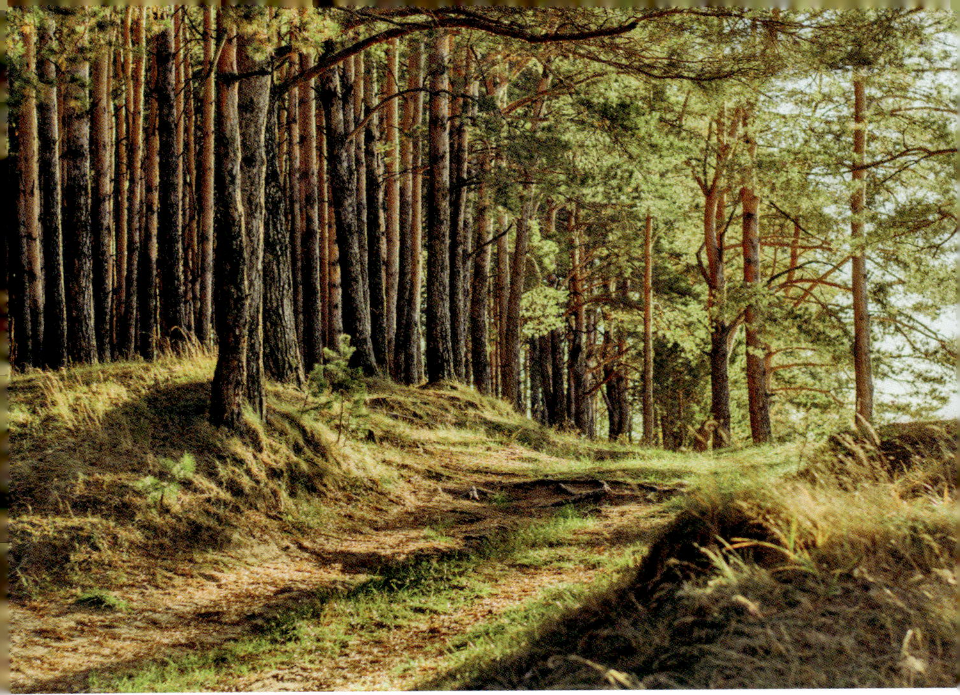

Die besten Gebiete zum Pilze sammeln in Berlin:

1 Bei der Pilzsuche im Schmöckwitzer Wald spaziert ihr am Ufer des Oder-Spree-Kanals und findet Täublinge und Pfifferlinge
Zielgenaue Geodaten: 52.375011, 13.680039

2 Am Himmelsteich im Norden des Tegeler Forsts gibt es riesige Steinpilze und das hölzerne Gipfelkreuz auf dem Ehrenpfortenberg
Zielgenaue Geodaten: 52.613965, 13.261003

3 Rund um die 115 Meter hohen Müggelberge bleibt der Pilzkorb nicht leer. Außerdem wachsen dort jede Menge Wildkräuter
Zielgenaue Geodaten: 52.415529, 13.639837

4 Fleißig Pilze sammeln und die Ruhe des Waldes genießen, das geht ganz prima am kältesten Ort der Stadt, dem Eiskeller
Zielgenaue Geodaten: 52.579061, 13.149904

5 Kein Spaß, Pilzsammler berichten von üppigen Champignonfunden im Tiergarten. Die größten Chancen habt ihr zwischen Großer Stern und Neuer See
Zielgenaue Geodaten: 52.512093, 13.348534

38
REIF FÜR DIE INSEL?
DIE SCHÖNSTEN INSELN IN BERLIN

Wie viele Inseln hat Berlin? Gelistet sind knapp 70, etwa 50 davon haben einen Namen. Einige sind winzig, die größte ist 782 Hektar groß – wirklich! Schaut man sich die Stadtkarte genau an, zeigt sich, dass Moabit in Wahrheit eine Insel ist. Warum einige der Inseln so unbekannt sind, ist absolut unverständlich. Oft handelt es sich dabei um die idyllischsten Orte der Stadt.

Das sind die schönsten Inseln Berlins:

1 Auf Reiswerder leben die Bewohner freiwillig ohne Stromanschluss und genießen eine unbeschreibliche Ruhe
Reiswerder im Tegeler See / Zur Fährstation: 52.568072, 13.256121

2 Die Pfaueninsel ist Berlins romantischster Ort und bietet eine Atmosphäre wie im Märchen
Pfaueninsel in der Havel / Zur Fährstation: 52.429269, 13.122174

3 Auf der Schlossinsel wird fürstlich flaniert und unter uralten Platanen gedöst
Schlossinsel Köpenick in der Dahme / Zur Brücke: 52.444054, 13.573651

4 Das Inselrestaurant Lindwerder serviert mediterrane Speisen in einem paradiesischen Ambiente
Lindwerder in der Havel / Zur Fährstation: 52.467594, 13.195408

5 Mit dem Tretboot um die Insel der Jugend und anschließend zu einem Konzert im Kulturhaus
Insel der Jugend in der Spree / Zur Brücke: 52.486025, 13.480569

6 Wer Valentinswerder noch nicht besucht hat, verpasst die vielleicht schönste Insel der Stadt
Valentinswerder im Tegeler See / Zur Fährstation: 52.568348, 13.227885

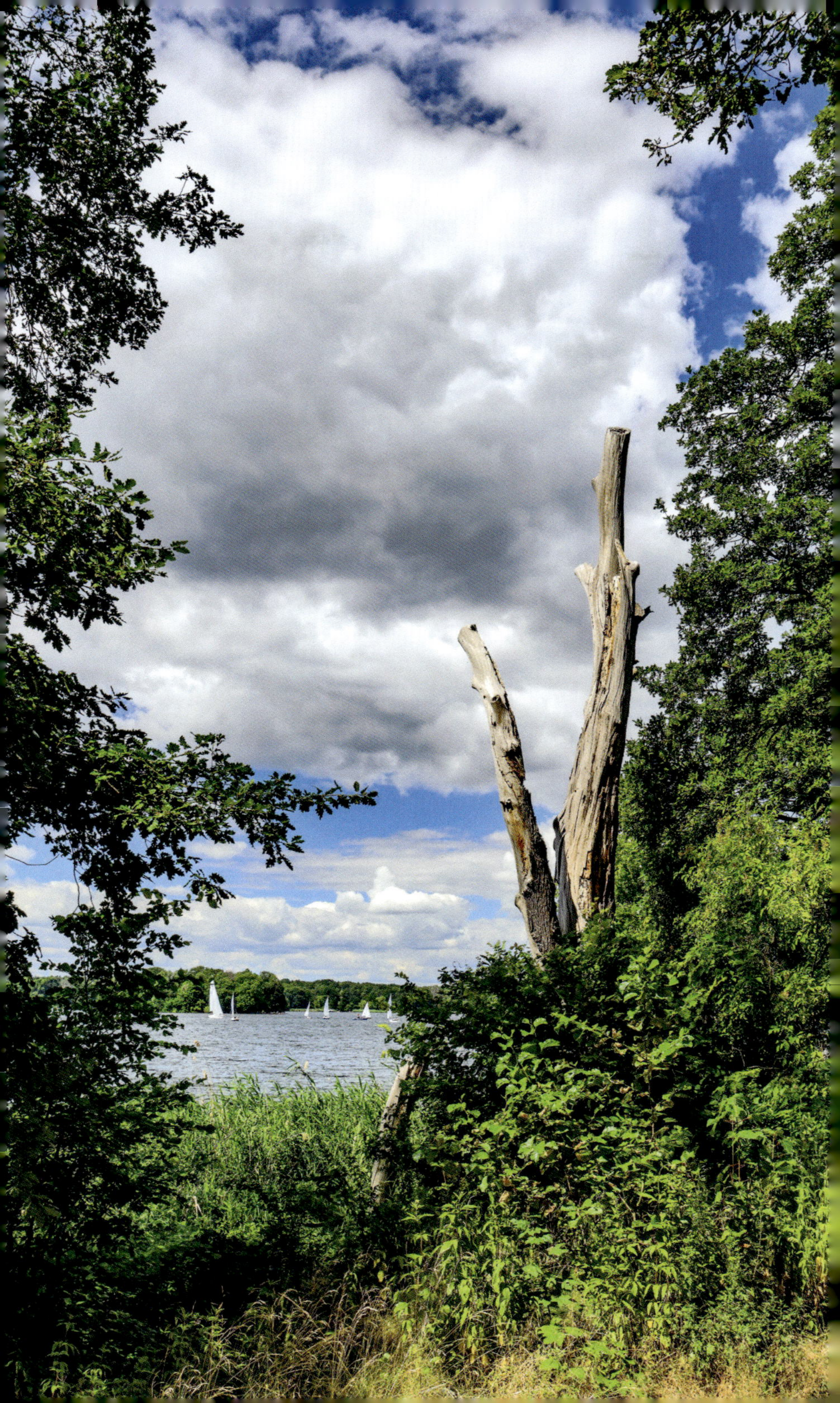

39

HEUTE BLEIBT DIE KÜCHE KALT!

RESTAURANTS IN DER NATUR

An manchen Tagen möchten wir uns einfach nur zurücklehnen und mit gutem Essen verwöhnen lassen. Doch ein Restaurantbesuch mit der Familie birgt einige Tücken. Was für Erwachsene die pure Erholung ist, kann für Kinder quälende Langeweile bedeuten. Die vorgestellten Restaurants und Cafés befinden sich unter freiem Himmel, auf dem Wasser oder mitten im Wald und verfügen über genügend Spielfläche in Sichtweite der Eltern.

1 Die auf den Spreewiesen gelegene Fischerei Am Kaniswall ist ein Geheimtipp und bietet neben frischem Fisch aus Brandenburg eine große Tobewiese
Alter Fischerweg 1, 15537 Gosen-Neu Zittau bei Berlin / www.fischerei-am-kaniswall.de

2 Der einzige Grund, warum kaum jemand die Inselbaude kennt, ist die versteckte Lage. Auf der Insel Reiswerder gibt es allerfeinste Hausmannskost und einen Bolzplatz
Auf der Insel Reiswerder, 13507 Berlin / www.reiswerder.de

3 Schlemmen, schwimmen und buddeln: Von der Sonnenterrasse im Restaurant Krokodil hat man direkten Zugang zu einem Sandstrand an der Dahme
Gartenstraße 46-48, 12557 Berlin / www.der-coepenicker.de/gastronomie

4 Das Café Eule bietet hausgemachte Kuchen, Veganes und frische Säfte an einem umfunktionierten Schiffscontainer mit kleinem Spielplatz im Park
Im Park am Gleisdreieck, 10783 Berlin / www.cafe-eule-berlin.de

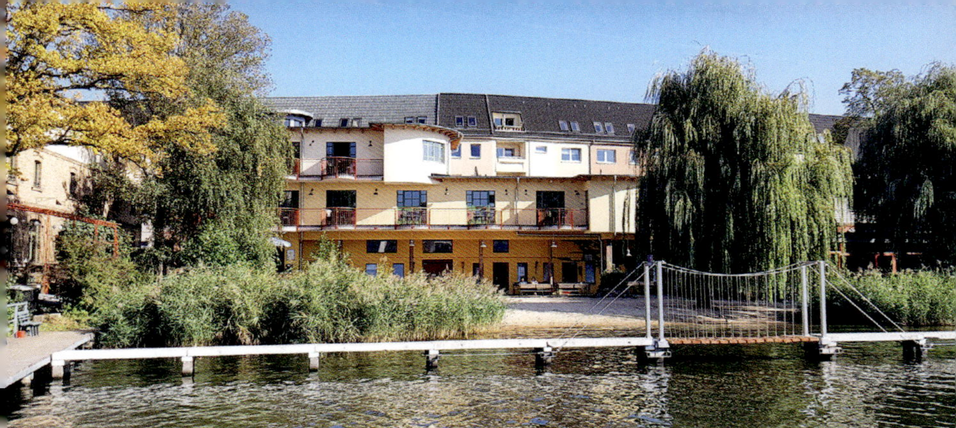

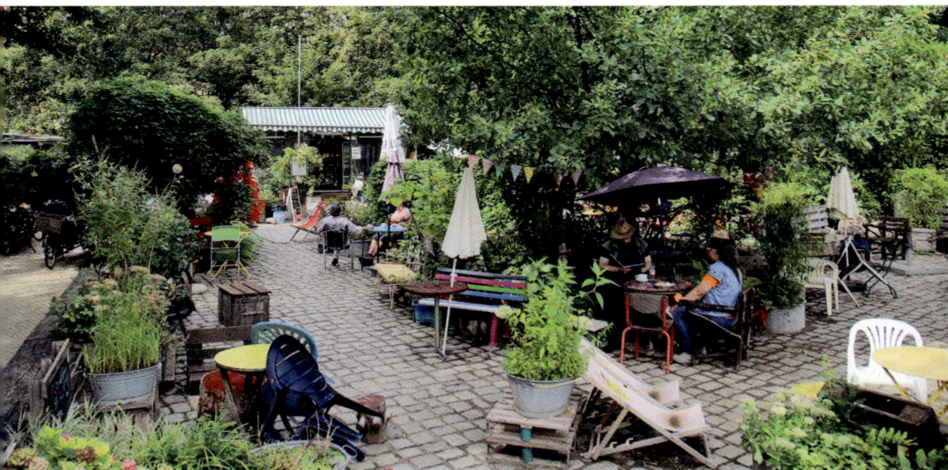

5 Im Herbst wärmt die Feuerschale und im Winter der Kamin. Das Châlet Suisse serviert eine moderne Küche mitten im Wald inklusive Spielplatz und Sommerterrasse
Clayallee 99, Im Jagen 5, 14195 Berlin / www.chalet-suisse.de

6 Erst deftig essen und dann im Wasser planschen. Das am Waldrand gelegene Jagdhaus Spandau befindet sich direkt an einer Badestelle am Havelufer
Niederneuendorfer Allee 80, 13587 Berlin / www.jagdhaus-berlin.de

7 Das Loretta geht immer! Das beliebte Ausflugslokal mit herrlichem Blick auf den Wannsee punktet mit einer urigen Almhütte und einem Sandspielplatz
Kronprinzessinnenweg 260, 14109 Berlin / www.loretta-berlin.de

40
BERLINS GRÖSSTER BUDDELKASTEN

SANDGRUBE GRUNEWALD

Betrachtet man Berlin aus der Luft, stößt man auf einen großen, hellbraunen Kreis inmitten des Grunewalds. Hinter der Insel im grünen Waldmeer verbirgt sich eine Sandgrube mit 25 Meter hohen Dünen. Ihr ungewöhnliches Aussehen hat der kahlen Landschaft das jahrzehntelange Graben der Bauindustrie verliehen, die den feinen Sand für Bauzwecke nutzte. Heute ist sie ein riesiger Abenteuerspielplatz und beliebtes Ausflugsziel für Familien.

Die erste Regel in der Sandgrube lautet: Schuhe aus! Denn solch ein Gefühl an den Füßen bekommt ihr sonst nur im Strandurlaub. Der steile Aufstieg der Dünen erfordert Muskelkraft, doch man wird mit einem Blick auf Natur bis zum Horizont belohnt. Da es kaum jemand sturzfrei zu Fuß bergab schafft, legt euch einfach hin und lasst euch hinunterrollen – macht auch viel mehr Spaß.

Am Ende der Sandgrube entdeckt ihr einen Teich, an dem Unken und erstaunlich viele Ringelnattern leben. Die Eidechsen hingegen verbringen ihre Zeit lieber auf dem heißen Sand und buddeln sich rasch ein, wenn der Bussard am Himmel kreist.

► Abkühlung gefällig? In der baumfreien Sandgrube kann es ganz schön heiß werden. Zum Glück ist der nur 400 Meter entfernte Teufelssee ein offizieller Badesee und verfügt über ein schwimmendes Platon, von dem ihr kopfüber ins Wasser springen könnt.

Nächstgelegene Haltestelle: S Grunewald (S3, S5 und Bus 186, 349)
Parkplätze: Teufelsseechaussee – 52.492847, 13.237266

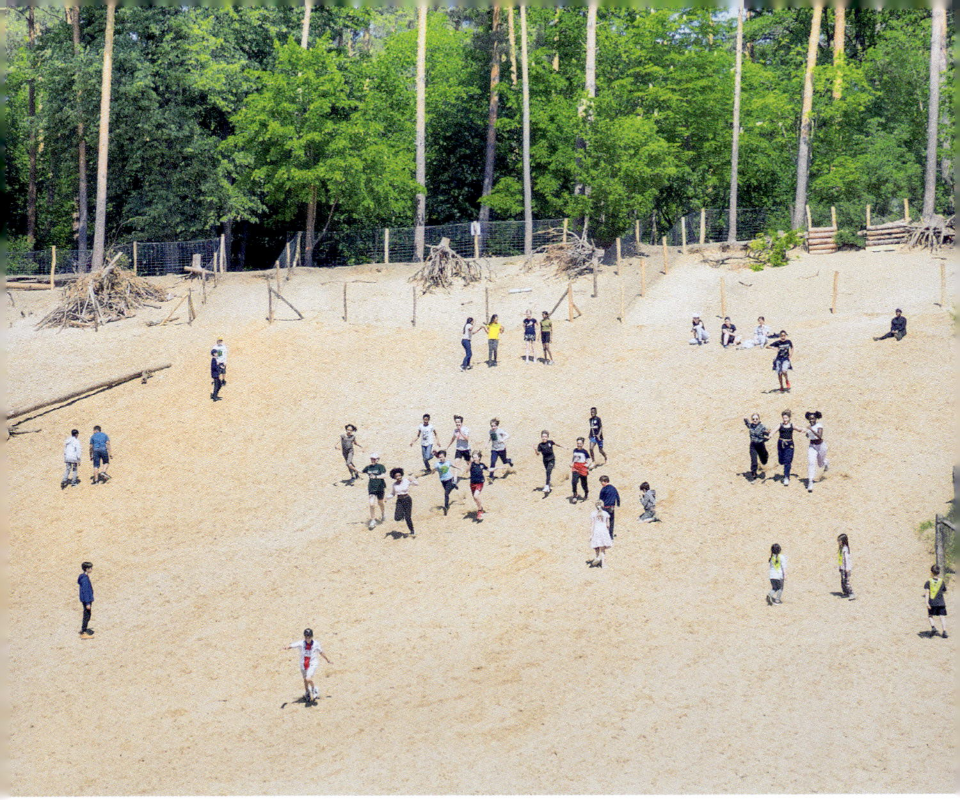

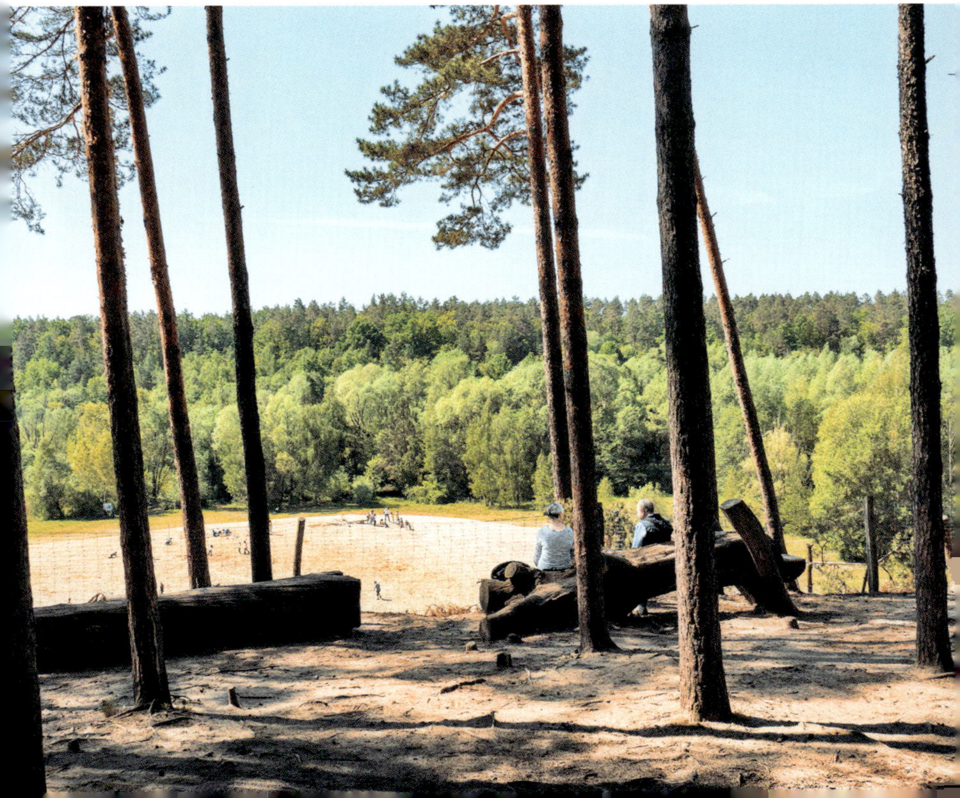

41 SCHLECHTWETTER-TIPPS

ÜBERDACHTE NATURABENTEUER

Es gibt kein schlechtes Wetter, nur falsche Kleidung! So lautet zumindest das Sprichwort. Aber wenn sich Kälte und Regen über Tage festsetzen, vergeht selbst dem größten Naturfreund der Spaß am Draußen sein. Doch Berlin hat einige überdachte Ausflugsziele mit Naturbezug im Angebot. Das sind die sechs besten Orte für regnerische Tage:

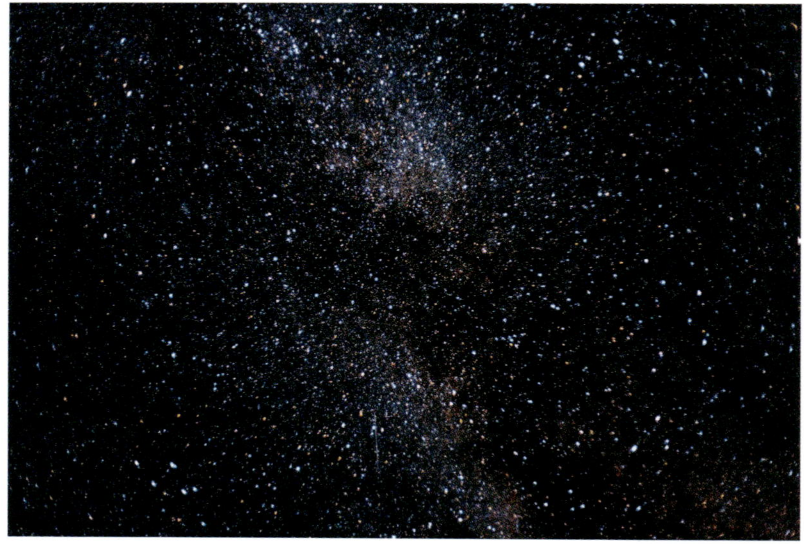

1 Wie lang ist die Milchstraße? Wo landen Sternschnuppen? Im Zeiss-Großplanetarium begebt ihr euch auf eine Reise durch das Universum
Adresse: Prenzlauer Allee 80, 10405 Berlin

2 Jeder war schon einmal da, aber auch bei Dunkelheit? Bei einer Taschenlampen-Tour im Aquarium erfahrt ihr, wie Fische schlafen, und erlebt nachtaktive Jäger
Adresse: Budapester Straße 32, 10787 Berlin

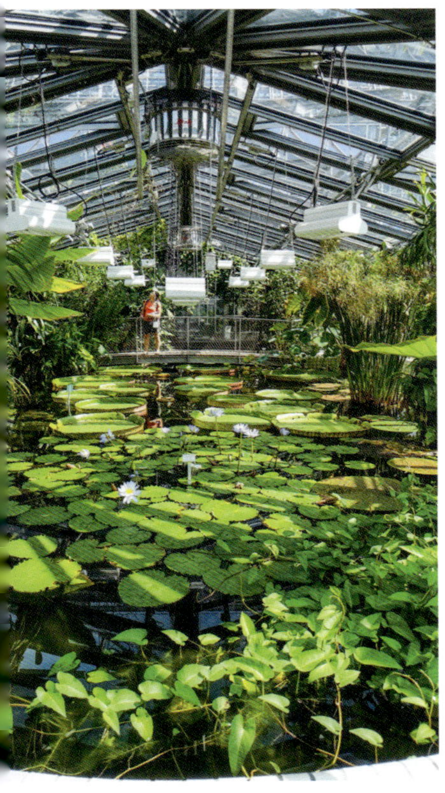

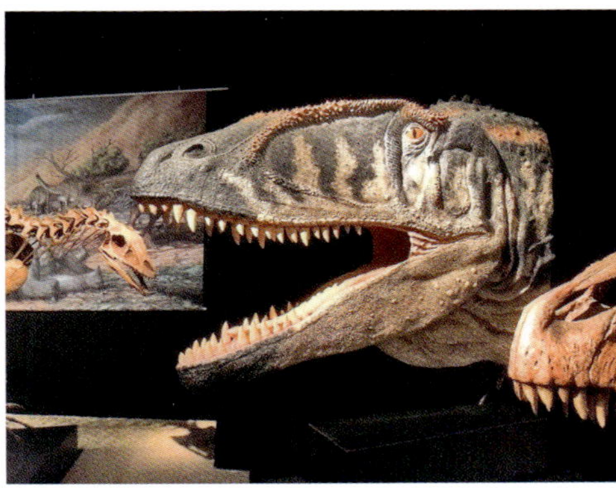

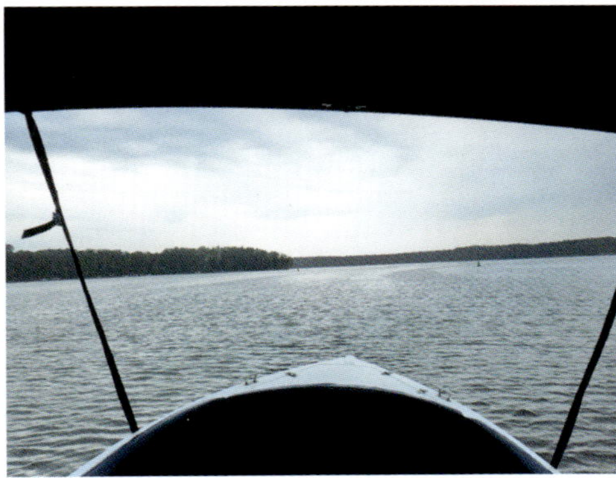

3 Luchs, Sprosser, Auerhahn: Fräulein Brehms Tierleben ist das einzige wissenschaftliche Theater der Welt für heimische bedrohte Tierarten

Aktueller Spielplan: www.brehms-tierleben.com/spielplan

4 Das Tropenhaus im Botanischen Garten duftet wie der Dschungel in Indonesien und hat das ganze Jahr über sommerliche Temperaturen

Adresse: Königin-Luise-Straße 6–8, 14195 Berlin

5 Leinen los bei Regenwetter! Bei einer überdachten Bootstour erforscht ihr die leeren Gewässer Berlins und könnt es euch richtig gemütlich machen

Auf Seite 32 findet ihr die besten Bootsverleihstationen der Stadt

6 Der Klassiker: Im Naturkundemuseum lernt ihr das Leben auf unserem Planeten verstehen und seht das weltweit besterhaltene Skelett eines T-Rex

Adresse: Invalidenstraße 43, 10115 Berlin

42
PADDEL ODER PEDALE

SCHMÖCKWITZER WERDER

Der einzige Grund, warum Schmöckwitzer Werder nicht von Ausflüglern überlaufen wird, ist die abgeschiedene Lage. Die bewaldete Flussinsel versteckt sich am südlichsten Punkt Berlins und ist von vier Gewässern, drei Inseln und verschlafenen Dörfern umgeben. Egal wohin ihr euch auf dem Eiland treiben lasst, am Ende kommt ihr immer am Wasser an. Während sich am wild bewucherten Westufer Waschbären und Wildschweine beobachten lassen, könnt ihr am Ostufer den perfekten Sommertag verbringen. Die dortige Verleihstation Boat4all hat viele Wasserfahrzeuge und sogar führerscheinfreie Motorboote mit Sonnendecks im Angebot, mit denen ihr die Insel umrunden könnt. Für großes Staunen sorgen die luxuriösen Sportboote, die kurzzeitig am Badestrand anlegen, um sich den begehrten »Kross-In«-Burger aus dem Uferrestaurant »Seeterrassen« zu holen. Abseits vom Badespaß können sich Kinder auf einen Sandspielplatz mit Seilbahn und Matsch-Station freuen. Gleich daneben könnt ihr auf einem 140 Meter langen Pier den Sonnenuntergang genießen und Anglern bei ihrem Drill mit großen Raubfischen zusehen.

► Per Pedale: Schmöckwitzer Werder hat ein kleines Manko: Es ist ziemlich weitläufig, was dazu führt, dass man einige sehenswerte Plätze zu Fuß verpassen wird. Im nahegelegenen Alt-Schmöckwitz findet ihr den Fahrradverleih Radstation-Schmöckwitz. Dort gibt es Räder, Kindersitze und Helme für die ganze Familie.

Nächstgelegene Haltestelle: Schmöckwitzer Forst (Bus 168)
Parkplätze: Schwarzer Weg – 52.375033, 13.657824

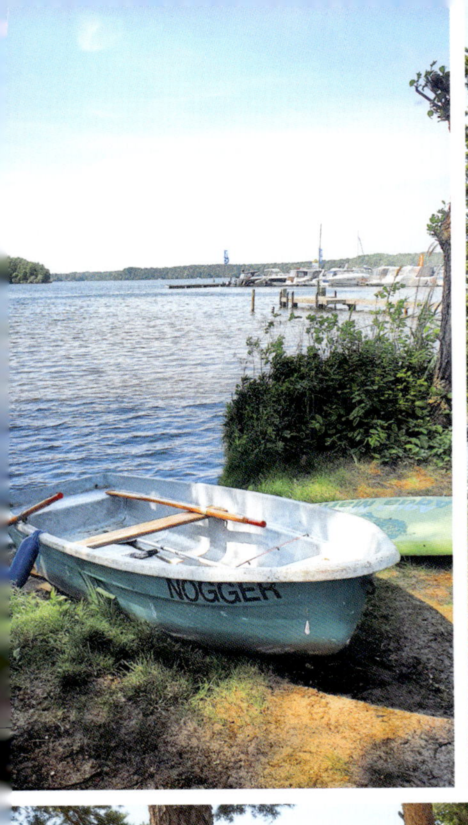
NOGGER

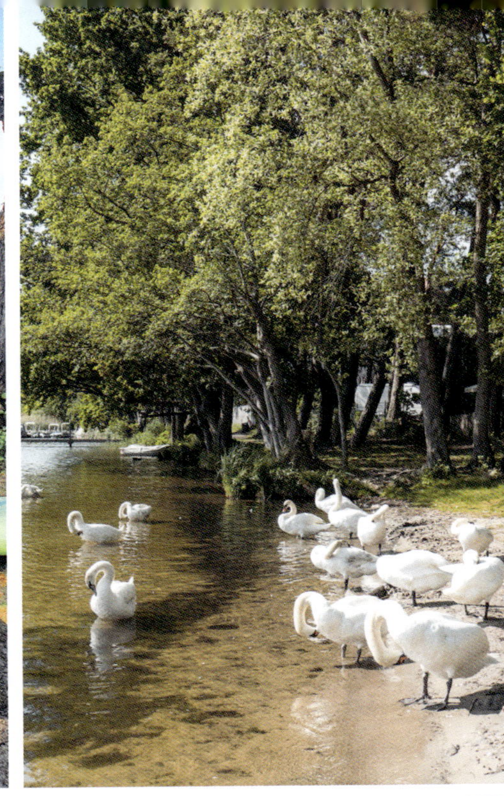

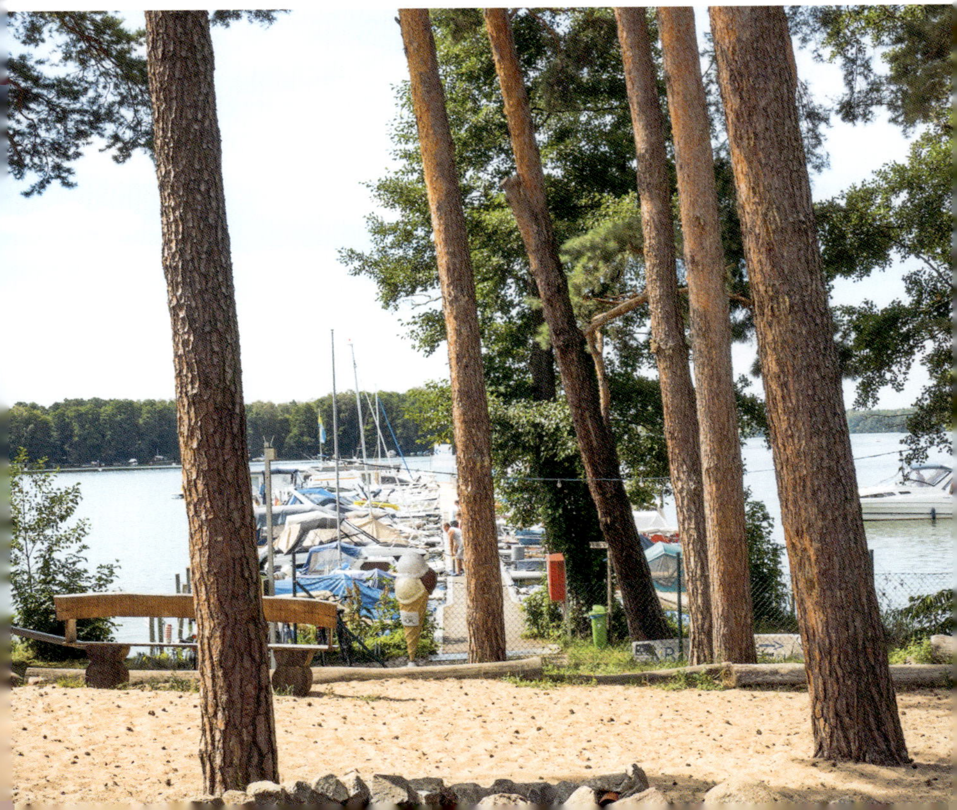

43
SCHNIPPEL-GIRLS
NATURLEHRPFAD IN DER KGA FREIHEIT

Der lehrreichste und kreativste Naturlehrpfad Berlins befindet sich nicht etwa in einem Wald oder wird von einer Försterei betrieben. Er versteckt sich in einer Kleingartenanlage unweit der Sonnenallee und wurde von den Schnippel-Girls, einer Frauenbastelgruppe aus der Kolonie, ins Leben gerufen. Nach einem kurzen Zick-Zack-Gang durch die Kolonie, entdeckt man eine Streuobstwiese sowie einen Bienenstock. Sie sind ein kleiner Vorgeschmack auf insgesamt 17 Stationen voller aufwändiger Mitmach-Angebote, die Teilnehmern jeden Alters die Natur auf spielerische Weise vorstellen. Unter anderem könnt ihr euch Blumensamen aus einem Automaten ziehen, einen pieksigen Barfußpfad überqueren oder an einer Imkerführung in der Honigfabrik teilnehmen. Am Ende der Tour wartet ein Spielplatz mit Kickertisch, Kletterwand und Fahrgeräten an einer Gaststätte auf euch, in der ihr zu Spottpreisen schlemmen könnt.

► Meet the girls: An jedem ersten Adventswochenende veranstalten die Schnippel-Girls einen kleinen Weihnachtsmarkt in Alt-Buckow, auf dem selbstgebastelte Produkte verkauft werden. Die Einnahmen fließen in die Projekte der KGA Freiheit und halten den liebevoll gepflegten Lehrpfad am Leben.

Website: www.schnippelgirls.de
Nächstgelegene Haltestelle: Steinbockstraße (Bus 377)
Parkplätze: Dammweg – 52.472903, 13.469769

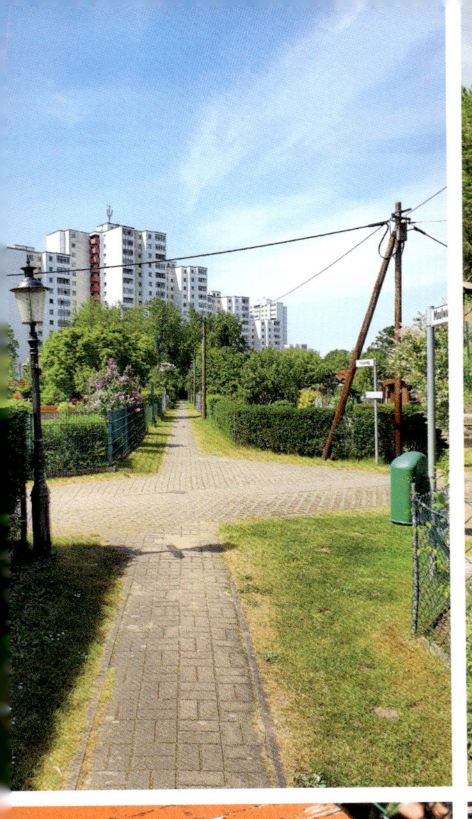

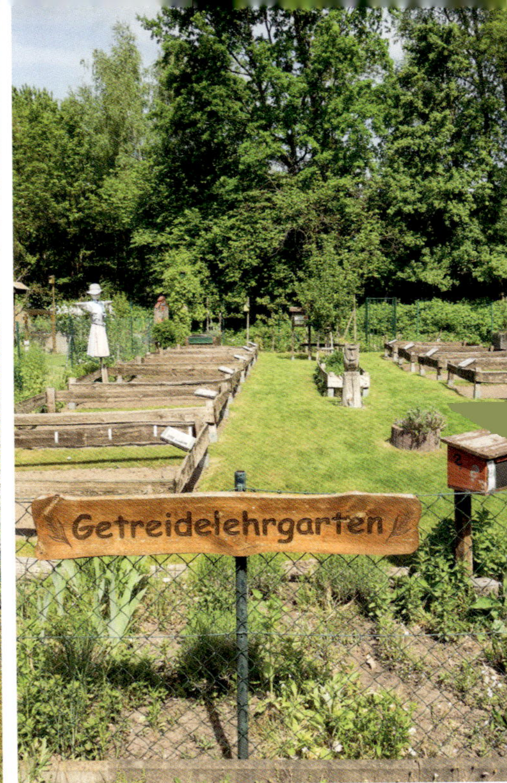
Getreidelehrgarten

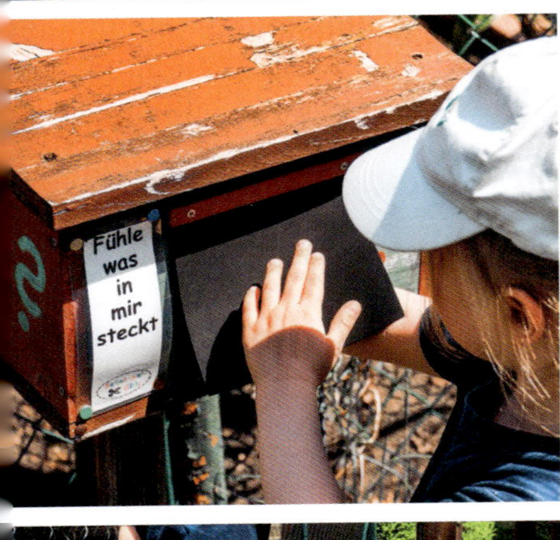
Fühle
was
in
mir
steckt

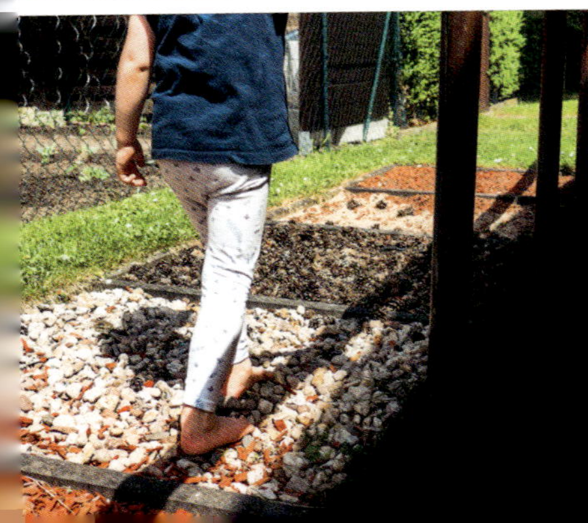

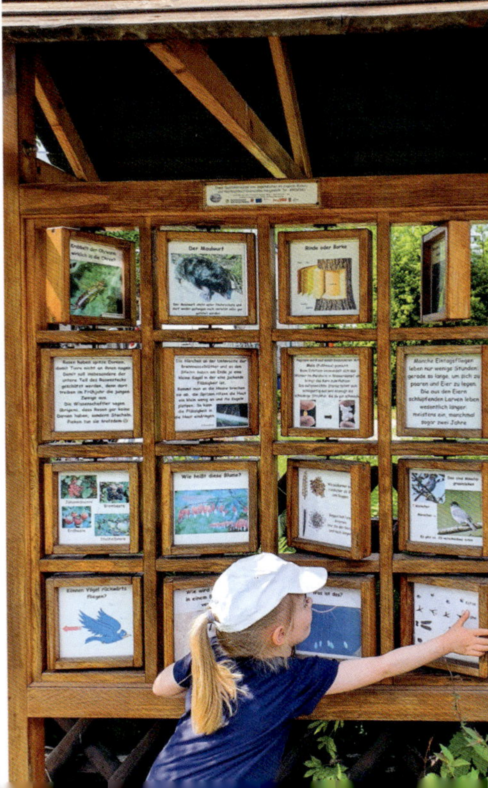

44 IM KLEINGARTEN-LABYRINTH

SCHÖNEBERGER SÜDGELÄNDE

Auf die Plätze, fertig und ... verlaufen! In Schöneberg befindet sich Deutschlands größte Kleingartenanlage mit 26 zusammenhängenden Kolonien. Sie tragen Namen wie »Kaninchenfarm« oder »Glück im Winkel« und bilden eine Gesamtfläche von 80 Hektar. Zum Vergleich: Das ist mehr als vier Mal der Görlitzer Park. Durch die riesige Anlage führen unzählige Wege, die nicht selten in einer Sackgasse enden und Besucher ratlos vor Gabelungen stehen lassen. Links oder rechts, in den Alaska Weg oder zur Alten Ziegenweide? Als Orientierung dient der rote Wasserturm aus dem benachbarten Naturpark Südgelände, doch er verschwindet immer wieder hinter den hügeligen Pfaden. Anders als in gängigen Labyrinthen aus Mais oder Hecken, gibt es unterwegs viel zu sehen und tierische Bewohner kreuzen die Wege. Besonders schön ist es im Spätsommer, wenn die Sonnenblumen strahlen und die Obstbäume Früchte tragen. Viele Kleingärtner packen dann überschüssiges Obst in Holzkisten vor die Tür zur Gratis-Mitnahme. In der Kolonie »Heiterkeit« findet man zudem einen Ökopfad, der Wissenswertes zur Flora und Fauna der Anlage vermittelt.

▸ Schöneberg ist zu weit von euch entfernt?
Diese zwei Kleingärten haben ebenfalls Labyrinth-Potenzial:
1. KGA Märchenland in Pankow, 2. KGA Guter Wille in Neukölln

Nächstgelegene Haltestelle: Grazer Platz (Bus 246)
Parkplätze: Riemenschneiderweg – 52.466650, 13.349512

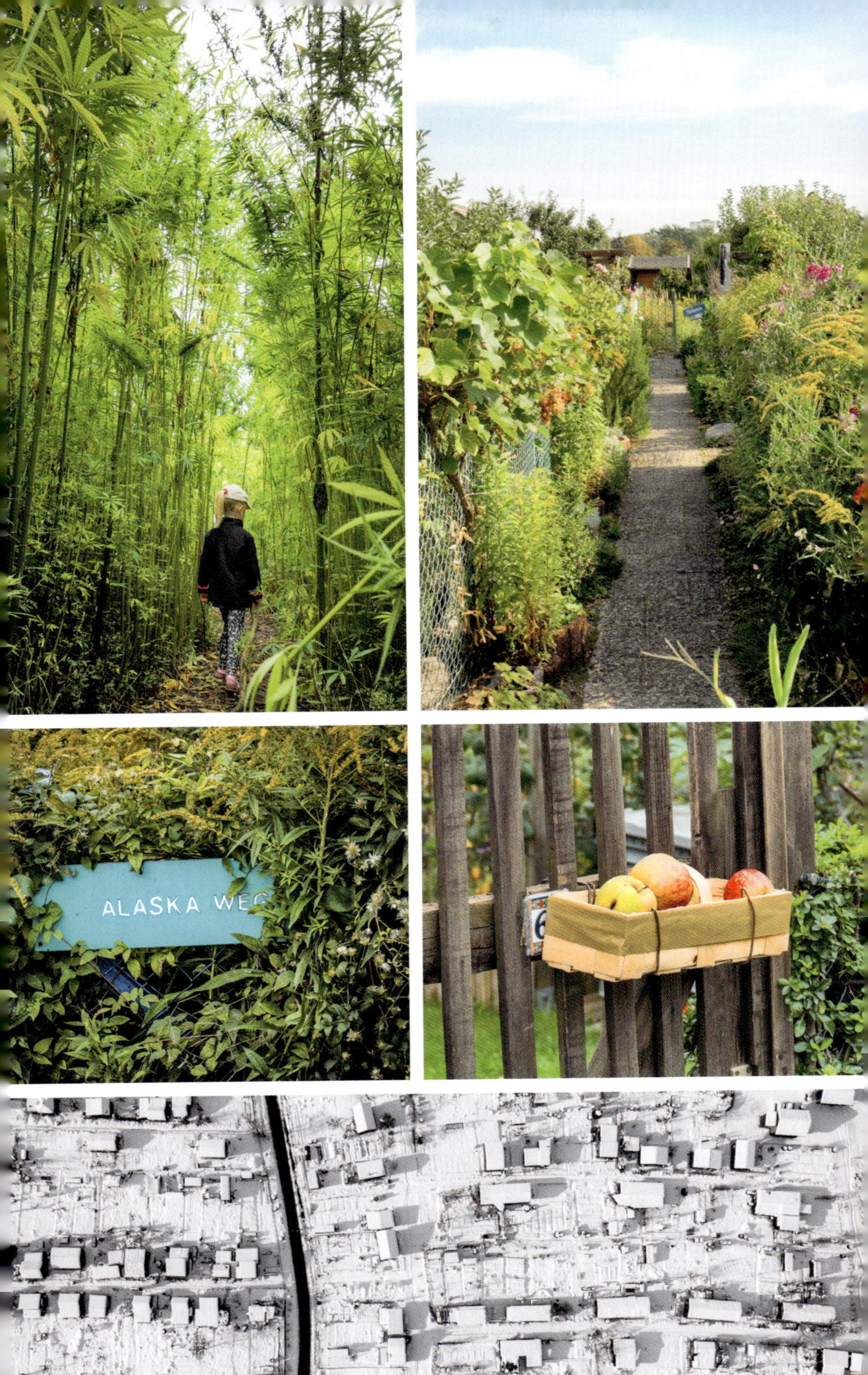
ALASKA WEG

45

SO GRÜN IST FRIEDRICHSHAIN

VON WEGEN NUR BOXI

Willst du feiern? Geh nach Friedrichshain! Willst du Kunst und Kultur? Geh nach Friedrichshain! Doch geht es um die Natur, machen die meisten einen großen Bogen um den Ost-Berliner Ortsteil. Tatsächlich ist Friedrichshain der Ort in Berlin mit der geringsten Fläche an Grün. Doch ein paar Perlen gibt es dennoch! Hier erfahrt ihr, wo:

1 Im Friedrichshainer Duftgarten riecht es nach wilden Kräutern und überall flattern Schmetterlinge und Wildbienen
Adresse: Im Volkspark Friedrichshain, 10249 Berlin

2 Die Spitze der Halbinsel Stralau ist der ruhigste Ort in Friedrichshain und die alten Platanen am Ufer bieten im Sommer einen idyllischen Schattenplatz
Adresse: Tunnelstraße 29, 10245 Berlin

3 Ein Sonnenbad am Touri-Liebling: Der Park an der Spree an der East Side Gallery ist nicht nur bei Berlin-Besuchern beliebt
Adresse: Mühlenstraße 60, 10243 Berlin

4 Ganz schön was los: Die Grünanlage am Forckenbeckplatz bietet eine Plansche, Skaterrampen, Bolzplatz und den beliebten Bauspielplatz »Forcki«
Adresse: Bänschstraße/Ecke Liebigstraße, 10247 Berlin

5 Abkühlen, Staudämme bauen und Papierschiffe auf Tour schicken: Am Bachlauf im Volkspark Friedrichshain kommen kleine Entdecker auf ihre Kosten
Adresse: Im Volkspark Friedrichshain, 10249 Berlin

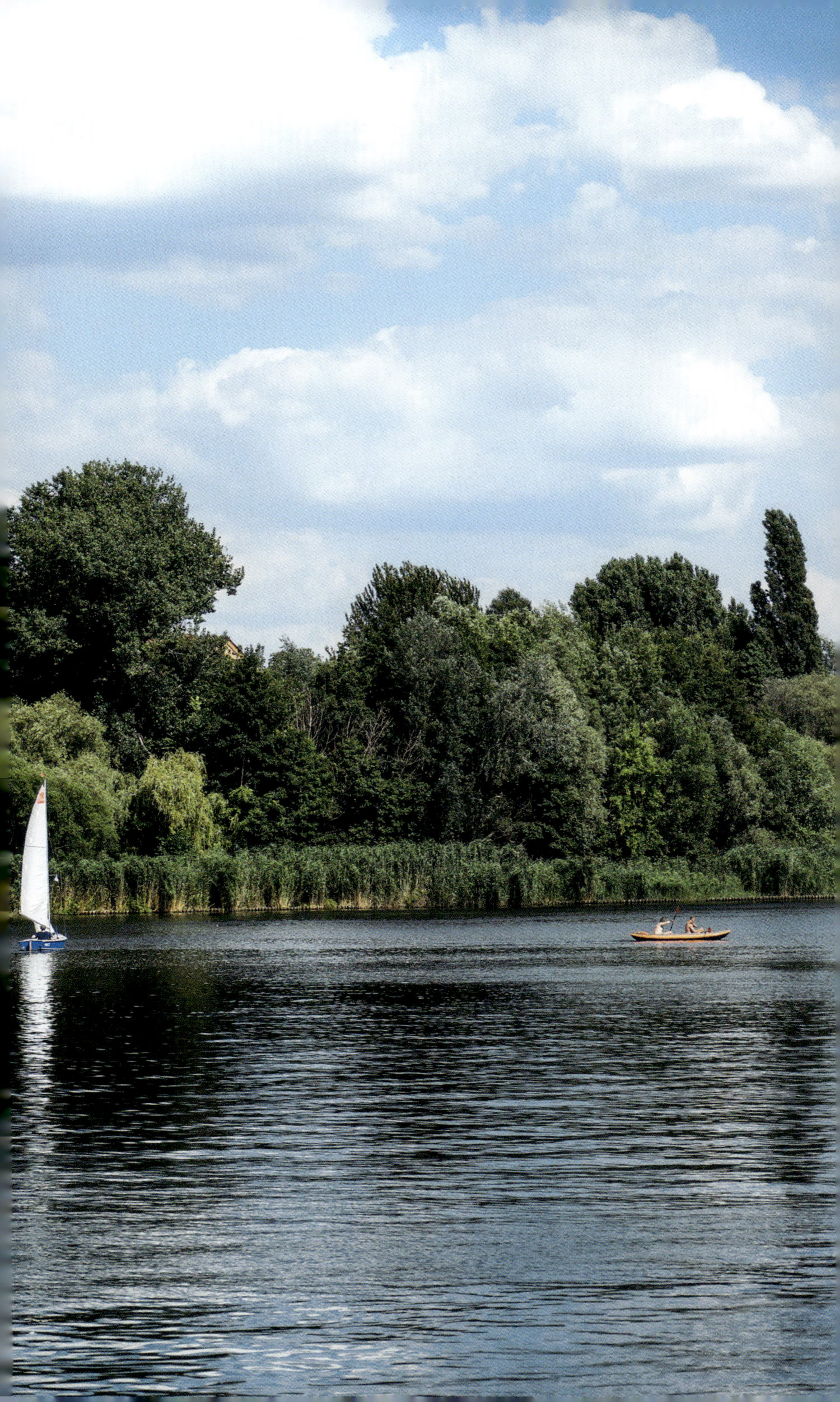

46

SO GRÜN IST KREUZBERG

VON WEGEN NUR KOTTI

Kaum ein Ort in Berlin erlebte in den letzten Jahren solch einen Wandel wie Kreuzberg. Mittlerweile will die ganze Welt in den kleinen Ortsteil, der nie schläft. Dies hat zur Folge, dass viele Freiflächen Wohnraum weichen mussten und die Natur durch Beton ersetzt wurde. Hier erfahrt ihr, wo Kreuzberg noch besonders grün ist:

1 Urban Gardening par excellence im Ton, Steine, Gärten. Zwischen Graffitis und Bauwagenplätzen lädt die grüne Oase zur Entspannung ein
Adresse: Bethaniendamm 26, 10997 Berlin

2 Der Naturerfahrungsraum im Park am Gleisdreieck bietet eine 5000 Quadratmeter große Spielfläche zum Toben, Matschen und Kreativsein
Adresse: Im Park am Gleisdreieck, 10963 Berlin

3 Wer erwartet schon einen Wasserfall in einer Gebirgslandschaft mitten in Kreuzberg? Ist aber so! Erleben könnt ihr es im Viktoriapark
Adresse: Am Weinhang 1, 10965 Berlin

4 Im Robinienwäldchen gehen Kinder auf Forschungsreise, balancieren auf Baumstämmen und lernen die Natur mit allen Sinnen kennen
Adresse: Möckernstraße/Ecke Hallesche Straße, 10963 Berlin

5 Hier grünt es auch zur Winterzeit! In der Pflanzenboutique The Botanical Room findet ihr wunderschöne Zimmerpflanzen für euer Zuhause
Adresse: Manteuffelstraße 73, 10999 Berlin

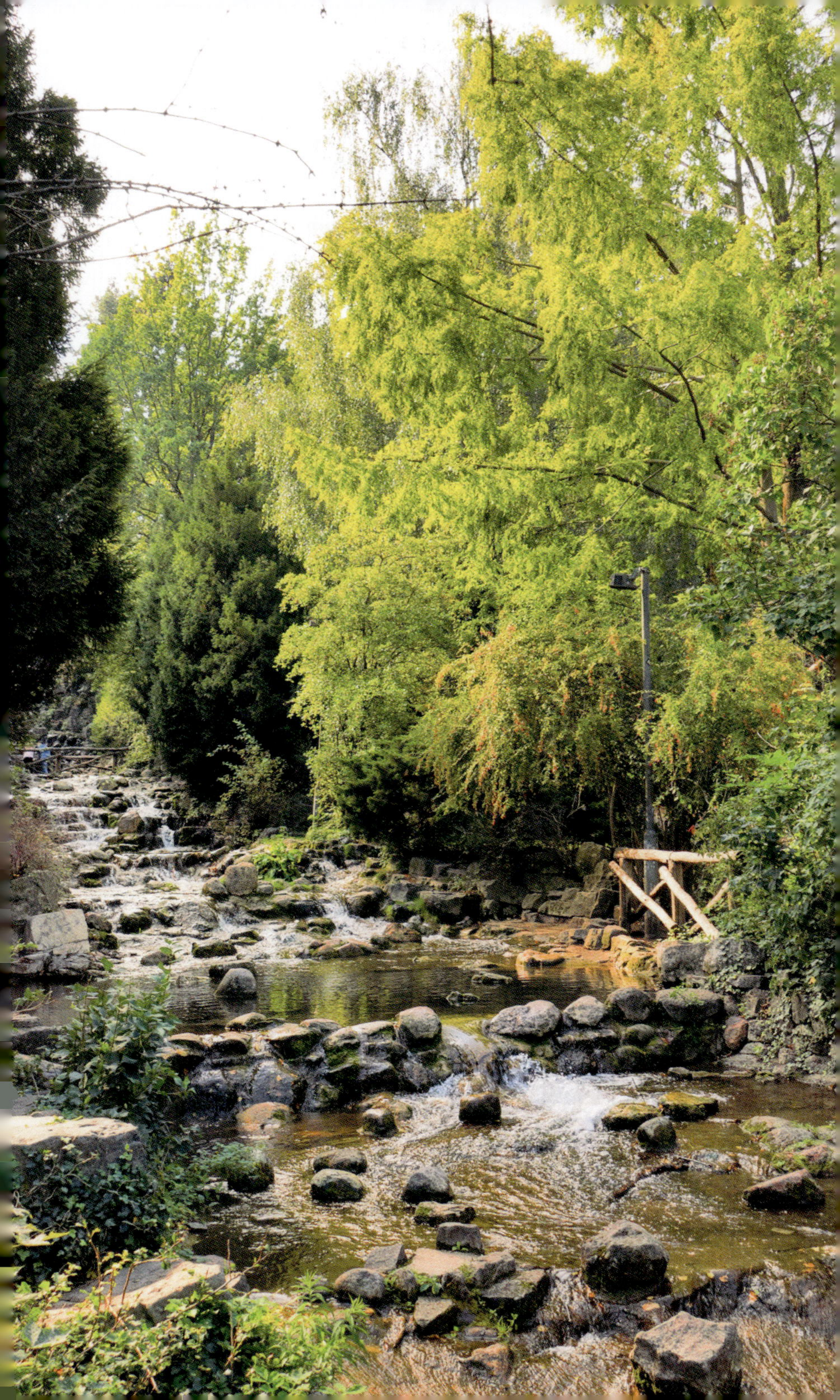

47

SO GRÜN IST MARZAHN

VON WEGEN NUR PLATTE

Grau neben grau neben grau – von wegen! Marzahn hat weitaus mehr zu bieten als sein Image erwarten lässt und ist in Wahrheit einer der grünsten Ortsteile Berlins. Zwischen den hohen Plattenbauten verbergen sich kleine und große Naturparadiese, die darauf warten, erkundet zu werden. Hier erfahrt ihr, wo sich Marzahns grüne Oasen befinden:

1 Von dem Gipfel der 115 Meter hohen Ahrensfelder Berge schaut man auf den Berliner Osten und weite Teile Brandenburgs
Adresse: Blumberger Damm, Ecke Glambecker Ring 58, 12679 Berlin

2 Ein Beet mit duftenden Kräutern, dem Fühlweg und wohlklingendem Vogelgesang: Im Garten der Sinne ist der Name Programm
Adresse: Wodanstraße 40, 12623 Berlin

3 Im Landschaftspark Wuhletal spaziert ihr am Flusslauf der Wuhle und erlebt dabei Biberburgen, die Biesdorfer Höhe und einen Streichelzoo
Zugang: Dorfstraße 21, 12621 Berlin

4 Ein reetgedecktes Cottage, ein Obstbaumwäldchen und 6000 Quadratmeter gepflegte Natur! Der Englische Landschaftsgarten ist eine echte Augenweide
Adresse: In den Gärten der Welt, 12685 Berlin

5 Auf den Kienberg kommt ihr entweder mit Muskelkraft oder bequem mit der Seilbahn. Hinab geht es mit bis zu 40 Stundenkilometern in der Natur-Bobbahn
Adresse: Im Kienbergpark, 12619 Berlin

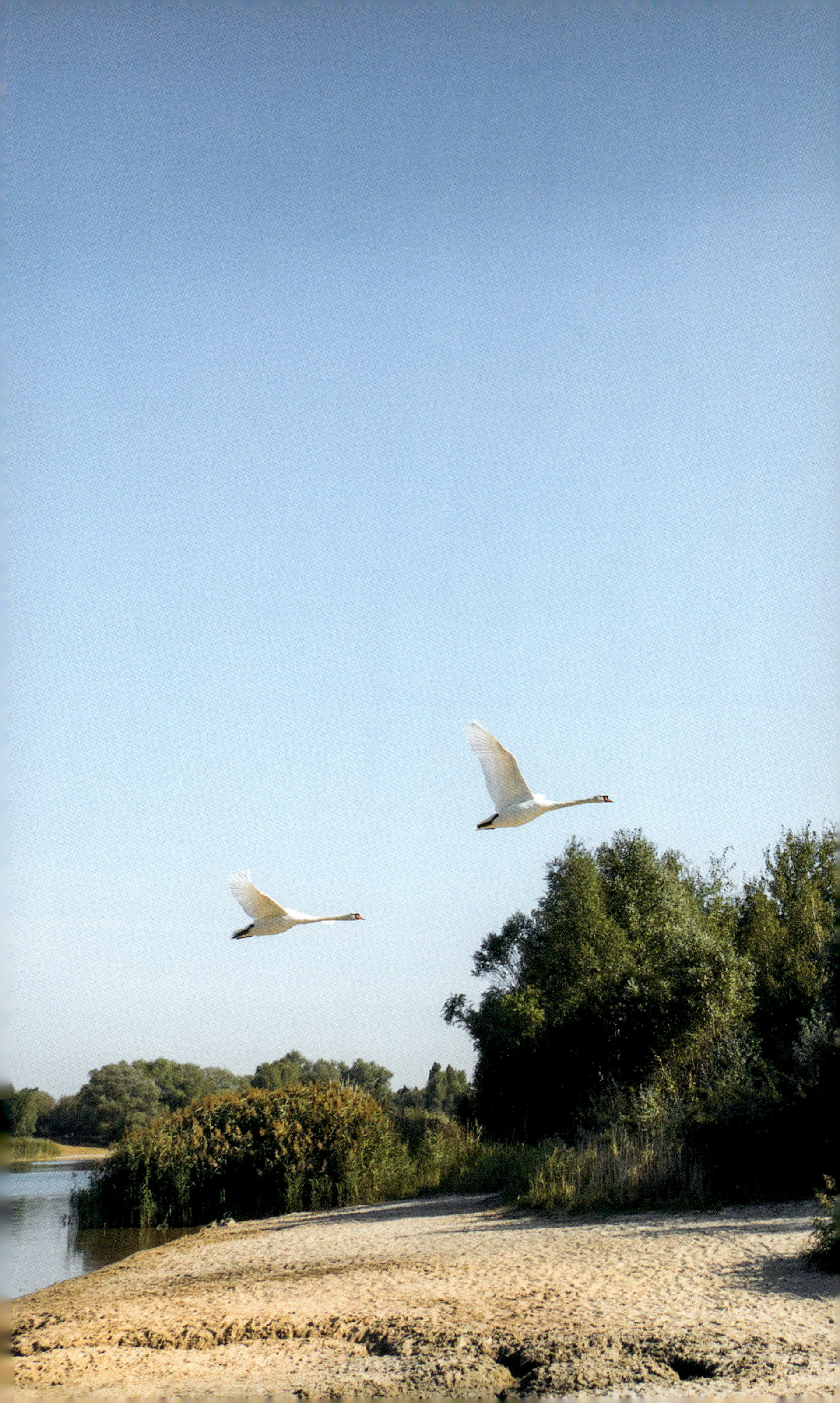

48
SO GRÜN IST MITTE

VON WEGEN NUR SIGHTSEEING

Fernsehturm, Brandenburger Tor, Gendarmenmarkt – die Liste der Sehenswürdigkeiten, die sich allein im Stadtteil Mitte befinden, ist riesig. Dort, wo Sterne-Restaurants und Touristenströme das Straßenbild prägen, sollte man meinen, dass es mit der Natur mau aussieht. Doch weit gefehlt. Hier erfahrt ihr, wo Mitte besonders grün ist:

1 »Wo einst geschossen wurde, blüht heute ein Garten«. Der Garten im »NiemandsLand« ist eine bunte Oase auf dem ehemaligen Todesstreifen
Adresse: An der Kapelle der Versöhnung, 10115 Berlin

2 Im Sommer plätschert im Invalidenpark der Wasserfall, die Tischtennisplatten sind gut besucht und auf dem Spielplatz gibt es ein übergroßes Hamsterrad
Adresse: Invalidenstraße, 10115 Berlin

3 Bis 2015 lebte in Mitte noch ein Bär – kein Scherz! Der Zwinger von Bärin Schnute kann im familienfreundlichen Köllnischen Park besucht werden
Adresse: Zwischen Wallstraße und Rungestraße, 10179 Berlin

4 Zur Ruhe kommen im Trubel der Stadt, das ist das Motto am Engelbecken. Hier entspannt ihr im Rosengarten oder am Wasserbassin, in dem Schildkröten leben
Adresse: Leuschnerdamm 15, 10999 Berlin

5 Trotz seiner Größe hat der Weinbergspark einiges zu bieten: einen großen Sandspielplatz, Rosengarten, Plansche, Liegewiese, Goldfischteich und Live-Musik
Adresse: Weinbergsweg 14–20, 10119 Berlin

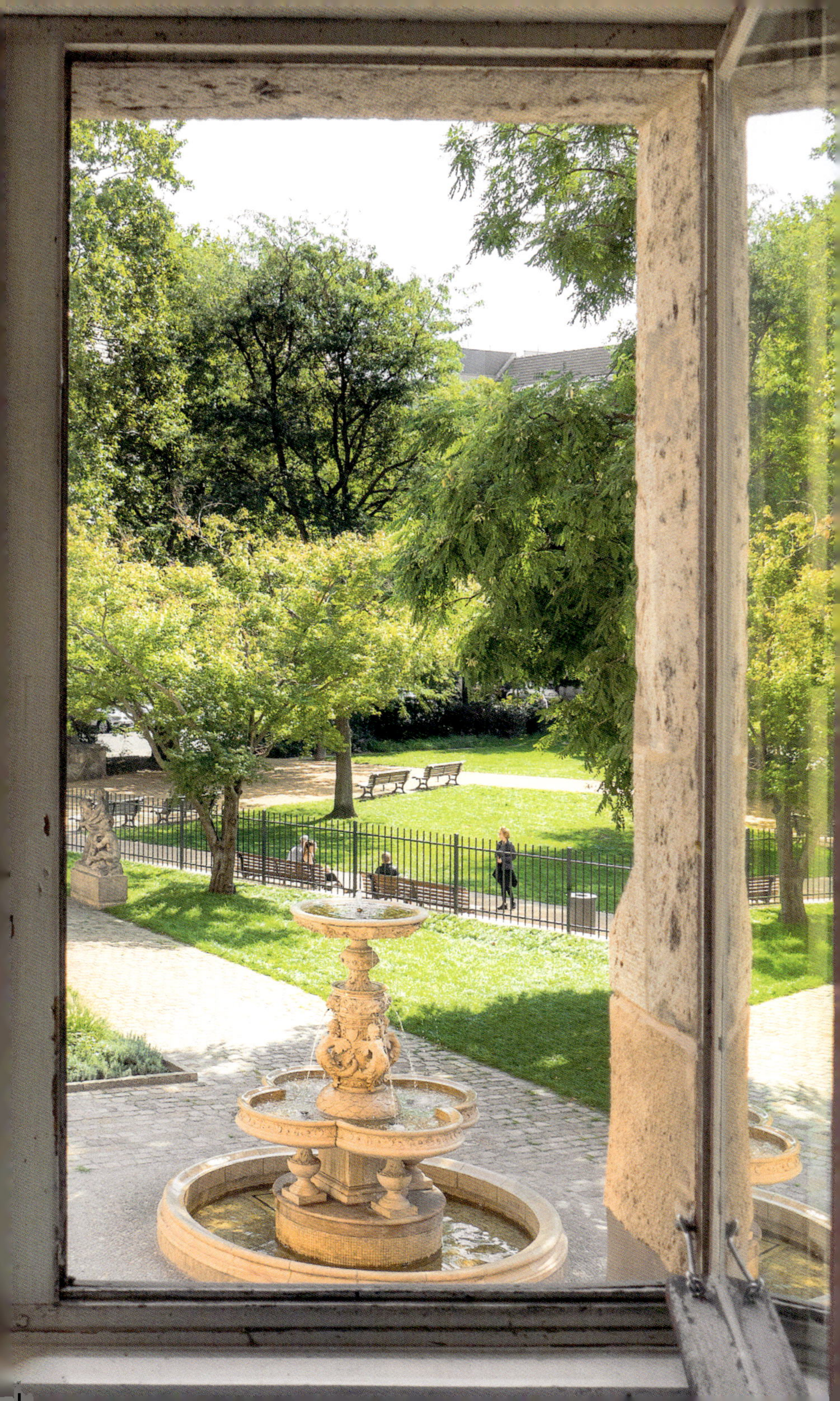

49
SO GRÜN IST NEUKÖLLN

VON WEGEN NUR SONNENALLEE

Wer an Neukölln denkt, hat eher die Sonnenallee oder die Karl-Marx-Straße im Sinn als Streubobstwiesen und ein verliebtes Kamelpaar. Der verrufene Bezirk hat ein zweites Gesicht, das vielen nicht bekannt ist. Hier erfahrt ihr, wo man in Neukölln unerwartet viel Natur erlebt:

1 Springbrunnen, Orangerie und Palmen: Der Körnerpark ist eine barocke Gartenanlage und trägt den Spitznamen »Neuköllns Sanssouci«
Adresse: Schierker Straße, 12051 Berlin

2 Keine Zeit für den Zoo? Im Tierpark Hasenheide warten Kamele, Lamas, Ponys (am Wochenende dürfen Kinder auf ihnen reiten), Schweine und Rehe auf Besuch
Adresse: Hasenheide 82, 10967 Berlin

3 Ruhe auf Knopfdruck: Wer die prallen Obstbäume im Comenius-Garten erleben möchte, muss erst die Klingel am Eingangstor drücken
Adresse: Richardstraße 35, 12043 Berlin

4 Der Kidsgarten in der KGA Marienfelder Weg bietet Familien ohne eigenen Garten einen Rückzugsort mit vielen Spielgeräten und kreativen Events
Adresse: Deutsch-Kroner-Ring 25, 12349 Berlin, Parzelle 4/44 bei Andrea und Katha

5 Ein stillgelegter Teil auf dem St. Jacobi Friedhof wird belebt durch die Prinzessinnengärten, in denen Blumen blühen und Gemüse wächst
Adresse: Hermannstraße 99–105, 12051 Berlin

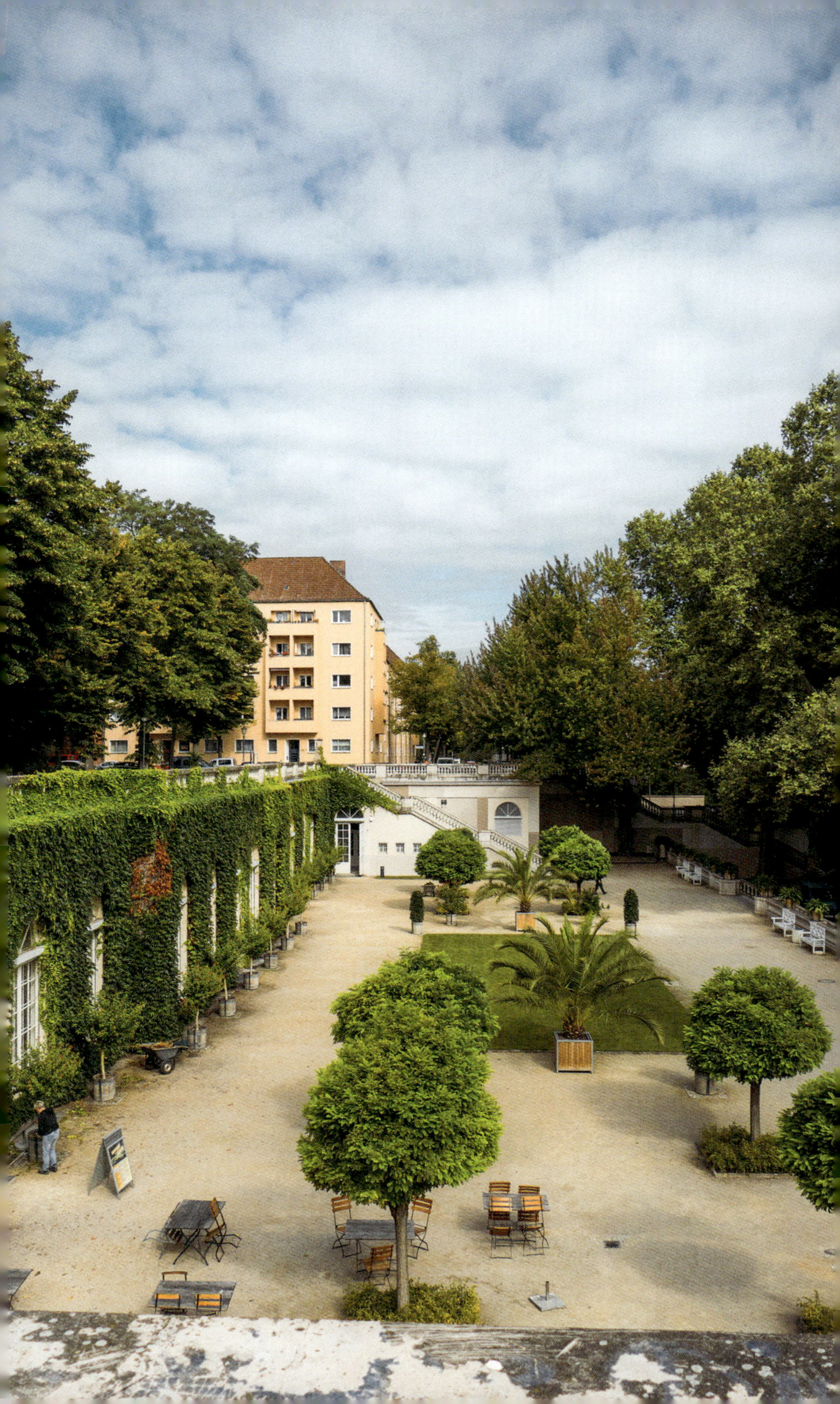

50
SO GRÜN IST PRENZLAUER BERG

VON WEGEN NUR MAUERPARK

Nach der Wende war der »Prenzlberg« Szene-Bezirk Nummer eins. Er war weder spießig noch schäbig, nicht edel oder gefährlich, sondern hatte Charakter und bezahlbare Altbauten. Heute ist er ein gut situierter Familienbezirk mit einem großen Angebot an Freizeitspaß unter freiem Himmel. Hier erfahrt ihr, wo es in Prenzlauer Berg besonders grün ist:

1 Spiel- und Sportplatz, Parkour-Anlage, Picknickwiese und Hundeauslauf: Noch ist der Anton-Saefkow-Park unbekannt, seid schnell und genießt die Ruhe
Adresse: Bötzowstraße, 10407 Berlin

2 Wein wächst nur in Südwestdeutschland? Von wegen! Die knapp 500 Weinstöcke auf der 90 Meter hohen Oderbruchkippe sorgen im Jahr für 500 Liter Weißwein
Adresse: Im Volkspark Prenzlauer Berg, 10407 Berlin

3 Auf dem wild bewachsenen Jüdischen Friedhof lernt man die jüdische Grabkultur kennen und erlebt zudem den ruhigsten Ort in Prenzlauer Berg
Adresse: Schönhauser Allee 25, 10435 Berlin

4 Unten wird gebolzt und oben gedöst. Der Park am Wasserturm hat zwei Ebenen und von dem begrünten Plateau schaut man auf den Fernsehturm
Adresse: Diedenhofer Straße 9, 10405 Berlin

5 Im Frühling verwandelt sich der unscheinbare Pfad an der Norweger Straße in ein rosafarbenes Kirschblütenparadies und ist der ideale Picknick-Spot
Adresse: Kirschblütenpfad an der Norwegerstraße, 10439 Berlin

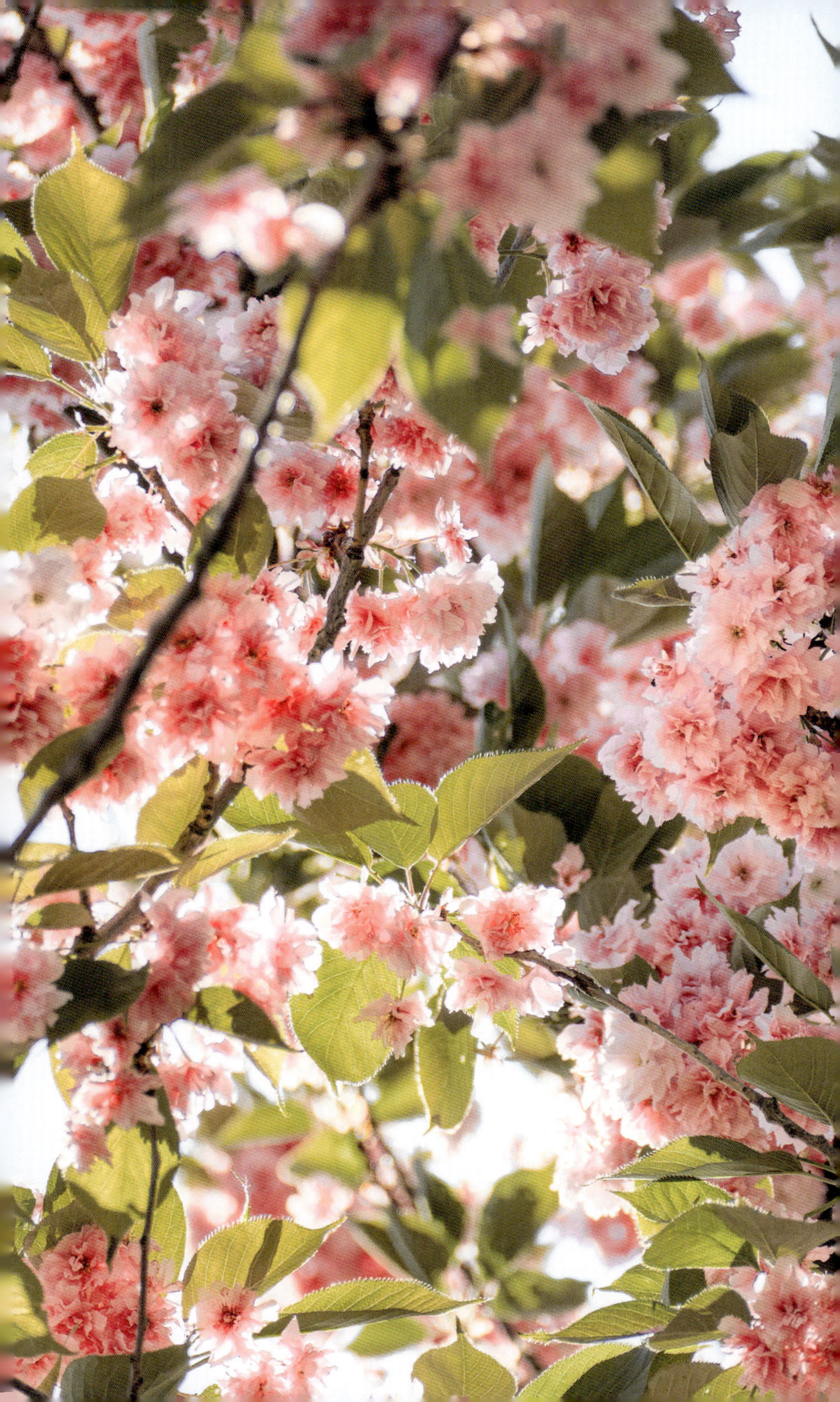

51
SO GRÜN IST SCHÖNEBERG

VON WEGEN NUR CAFÉS UND KADEWE

Jedes Jahr veröffentlichen Stadtmagazine Ranglisten mit den glücklichsten Berlinern. Besonders zufrieden mit ihrem Kiez sind die Schöneberger. Wen wundert's, sie haben ja alles, was man braucht, vor der Haustür: gute Restaurants, Spielplätze en masse und ganz viel Natur. Hier erfahrt ihr, wo es in Schöneberg besonders schön grünt:

1 Der Paulus-Garten um die Apostel-Paulus-Kirche wird nach dem Vorbild mittelalterlicher Klostergärten bepflanzt und duftet intensiv nach Kräutern
Adresse: Akazienstraße 18, 10823 Berlin

2 Das Naturreservat Südgelände auf einem stillgelegten Rangierbahnhof ist das Zuhause seltener Reptilien und beheimatet eine alte Dampflokomotive
Eingang: Prellerweg am S-Bahnhof Priesterweg, 12157 Berlin

3 Ball spielen, in der Sonne dösen oder Drachen steigen lassen: Auf der Schöneberger Wiese können Familien einen aktiven Tag im Grünen verbringen
Adresse: Im Park am Gleisdreieck, 10963 Berlin

4 Im Erholungspark um den 78 Meter hohen Berg Insulaner könnt ihr auf hügeligen Pfaden wandern, Minigolf spielen und im Planetarium in die Sterne gucken
Adresse: Zwischen Munsterdamm und Prellerweg, 12157 Berlin

5 Der bei Familien beliebte Rudolph-Wilde-Park entstand aus einer eiszeitlichen Wasserrinne und verläuft schlangenartig durch Schöneberg
Eingang: U-Bahnhof Rathaus Schöneberg, 10825 Berlin

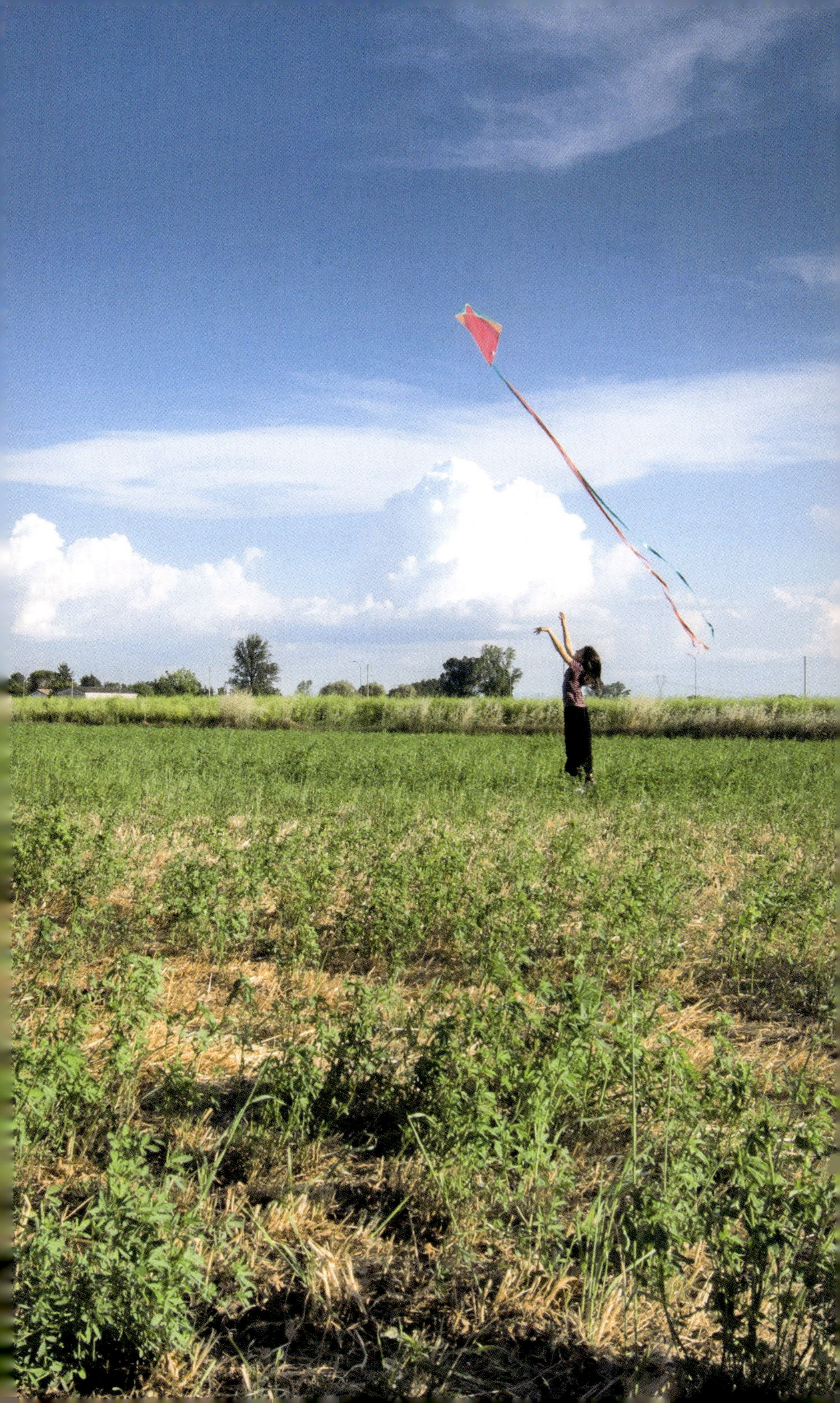

52
SO GRÜN IST WEDDING

VON WEGEN NUR MÜLLERSTRASSE

Wedding ist ein Stadtteil mit vielen Gesichtern. Für die einen ist er ein ewiger Problemkiez, die anderen sehen ihn als Garant für das neue Berliner In-Viertel. Doch egal was die Leute von ihm halten, eines ist klar: In Wedding kann man an vielen Ecken Natur genießen, wilde Tiere beobachten und sogar ein deutsches Naturwunder erleben. Hier erfahrt ihr, wo Wedding besonders grün ist:

1 Ein Naturwunder auf 3800 Quadratmetern: Im Wedding befindet sich die einzig verbliebene innerstädtische Binnendüne Deutschlands
Adresse: Scharnweberstraße 158, 13405 Berlin

2 Auf der riesigen Liegewiese vor dem Schillerdenkmal kann man ungestörte Stunden verbringen und Fußballturniere mit den Freunden veranstalten
Adresse: Im Schillerpark, 13349 Berlin

3 Stelzenlaufen, töpfern und hämmern: Auf dem Abenteuerspielplatz Telux können Kinder ab sechs Jahren im Kollektiv kreativ und künstlerisch spielen
Adresse: Tegeler Straße 28a, 13353 Berlin

4 Gut versteckt, hinter einem Nachbau des Eiffelturms, könnt ihr euch im Bienenparadies »Rote Beete Garten« Pflanzen und Jam-Sessions anschauen
Adresse: Themsestraße 2, 13349 Berlin

5 Wildschweine, Hirsche, Mufflons und Fasane: Die Wildtiergehege in den Rehbergen begeistern Nord-Berliner Kids seit vielen Generationen
Adresse: Im Volkspark Rehberge, 13351 Berlin

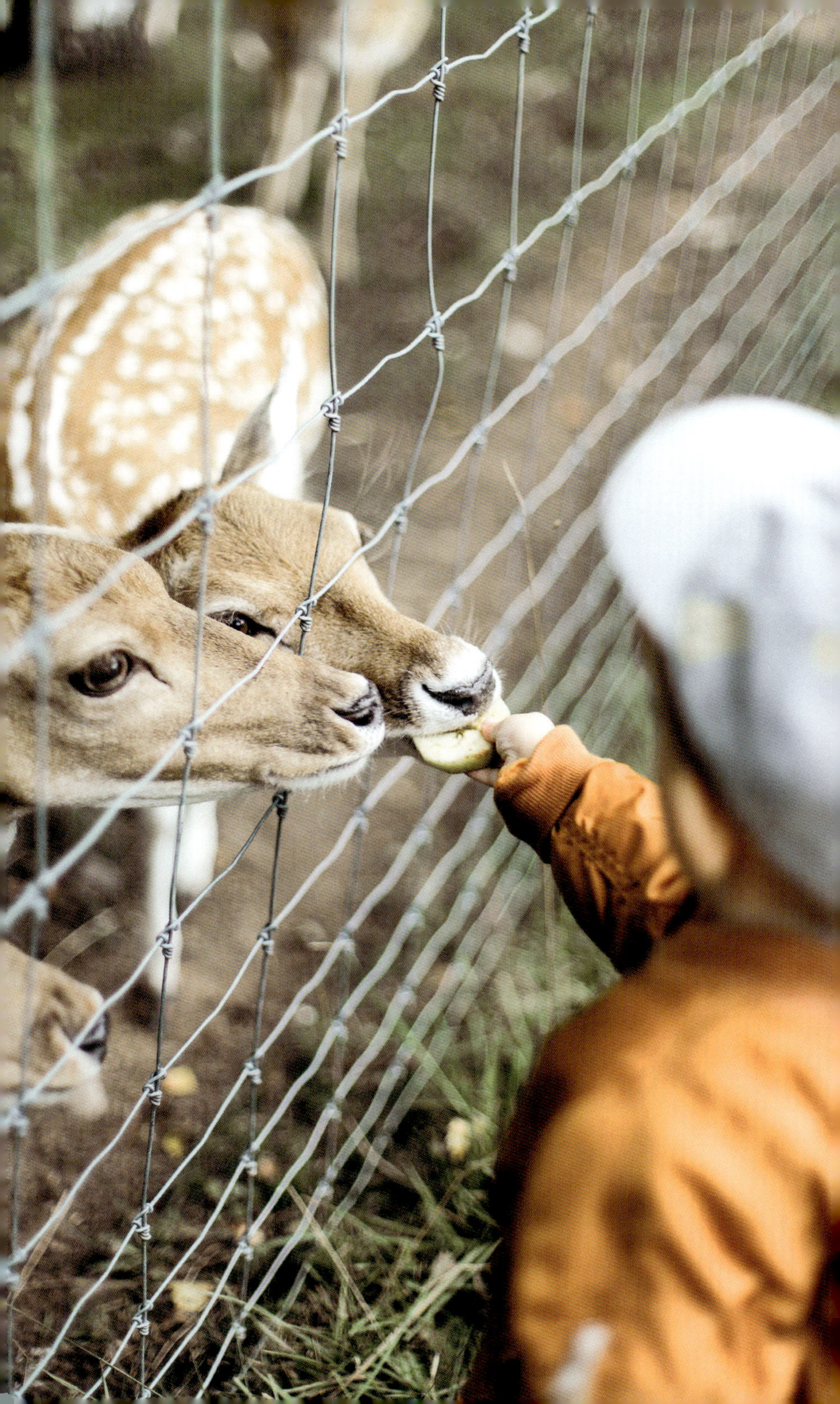

53

SPÄTH'SCHE FESTTAGE

FESTE MÜSSEN GEFEIERT WERDEN

Stadtfeste sind etwas Tolles, nur leider unterscheiden sich viele kaum voneinander. Oft erlebt man die immer gleichen Essensstände, ein paar Karussells und dröhnende Musik aus der Box. Wer lieber in Ruhe schlendert und anstelle von glitzernden Kuscheltieren und Nackensteak originale Handarbeit und Hausmannskost mag, der muss nach Späthsfelde. Zu allen vier Jahreszeiten verwandelt sich die dortige Baumschule zu einem Festplatz mit über 100 Ständen. Hier kann man am sorbisch-traditionellen Eiermalen und anschließenden Osterfeuer teilnehmen, die Sprachkünste des rasenden Reimesprechers testen, der Märchenerzählerin im Haus der Bäume zuhören oder an einer Kremserfahrt teilnehmen. Aussteller aus ganz Deutschland bieten selbstgewerkelte Produkte oder Leckereien aus ihrer Region an. Besonders sehenswert ist der alljährliche Weihnachtsmarkt. Dann erstrahlt die Baumschule im Lichterglanz und der Weihnachtsmann spaziert mit seinem Engel über das geschmückte Festgelände samt Tannenwald.

▸ Geheimtipp: Ab und zu schaut das grandiose BVG-Orchester bei den Späth'schen Festtagen vorbei und spielt bekannte Musikstücke unter freiem Himmel. Auf der offiziellen Website verraten sie die aktuellen Termine: www.bvgorchester.de

Website: www.spaethsche-baumschulen.de
Nächstgelegene Haltestelle: Späthstr./Ligusterweg (Bus 170)
Parkplätze: Ligusterweg – 52.451425, 13.469850

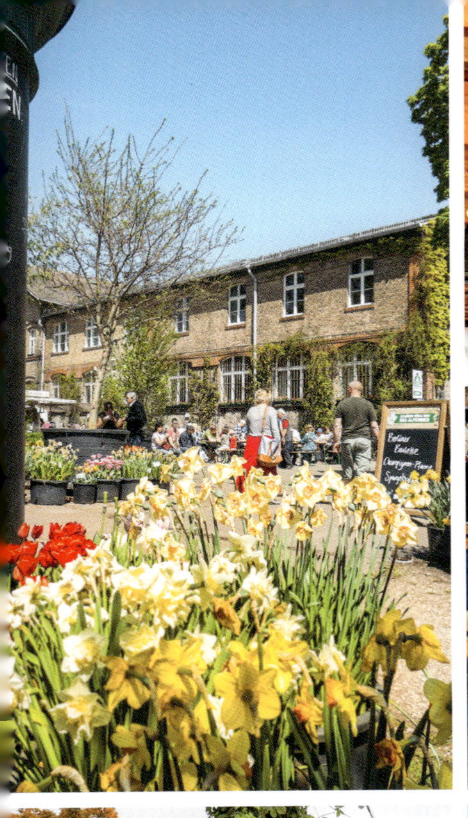

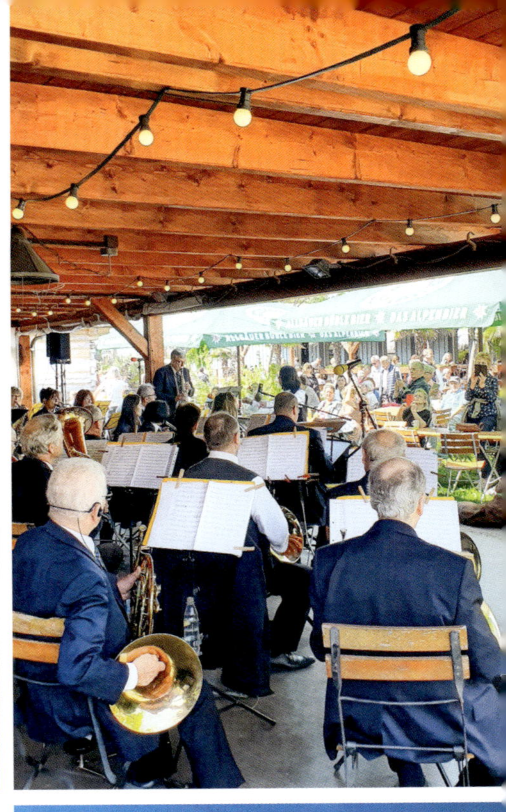
DAS ALPENBIER

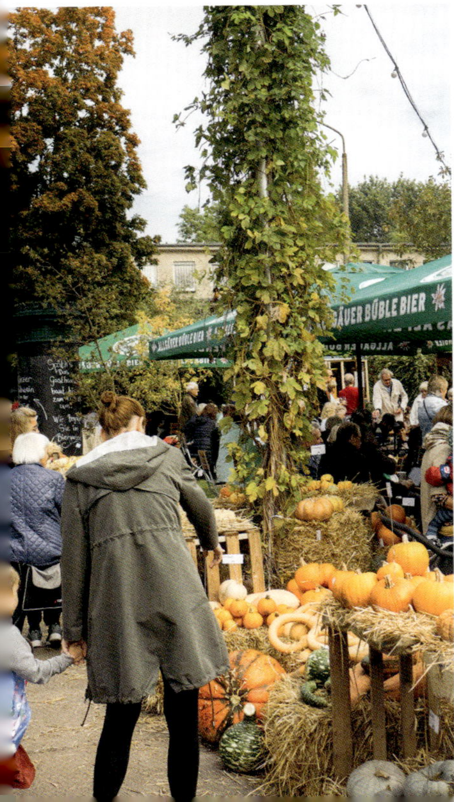
BÜBLE BIER

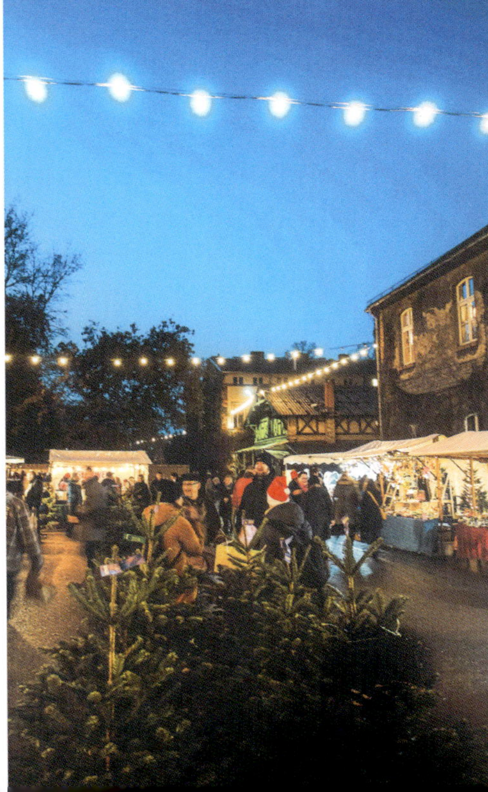

54
DER MOBILE ABENTEUERSPIELPLATZ

SPIELWAGEN

Familien aus Friedrichshain-Kreuzberg und Umgebung aufgepasst! Von Montag bis Freitag hält der SPIELwagen an öffentlichen Plätzen im Bezirk und hat das Angebot eines kleinen Freizeitparks im Gepäck. Der weiße Transporter mit dem knallbunten Schriftzug ist ein mobiler Spielplatz mit Sport- und Motorikgeräten, Wasserrutsche, Holzfahrzeugen und vielen weiteren Spielsachen, die zum kostenlosen Gebrauch zur Verfügung gestellt werden. Es wird darauf geachtet, dass sich das Spielangebot und die mitgebrachten Geräte ständig wechseln, sodass ein Besuch nie vorhersehbar und schon gar nicht langweilig wird. Beim Spielen schwebt nonstop das wachsame Auge der pädagogischen Arbeiter über die spielenden Kinder, sodass für Sicherheit und Hilfestellungen gesorgt ist.
Es klingt komisch, doch besonders beliebt ist das Ende eines jeden Spieltages. Dann findet nämlich häufig noch eine Vorführung zum Staunen und Mitmachen statt, für die an anderen Orten Eintritt verlangt werden würde. Freut euch unter anderem auf den lustigen Zauberer, die Feuerakrobatik-Show oder versucht euch im Rhönradfahren.

WANN UND WO?

Im Frühjahr und im Sommer von Montag bis Freitag zwischen 14 und 18 Uhr auf täglich wechselnden Plätzen im Bezirk Friedrichshain-Kreuzberg. Mehr Informationen gibt es auf: www.spielwagen-berlin.de

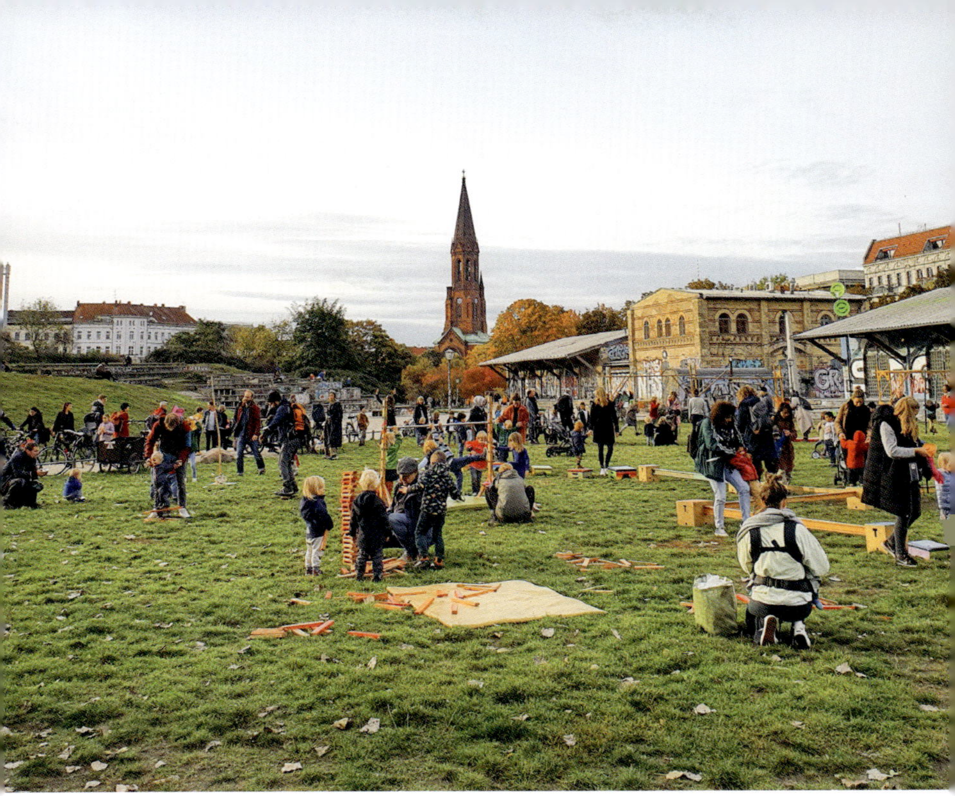

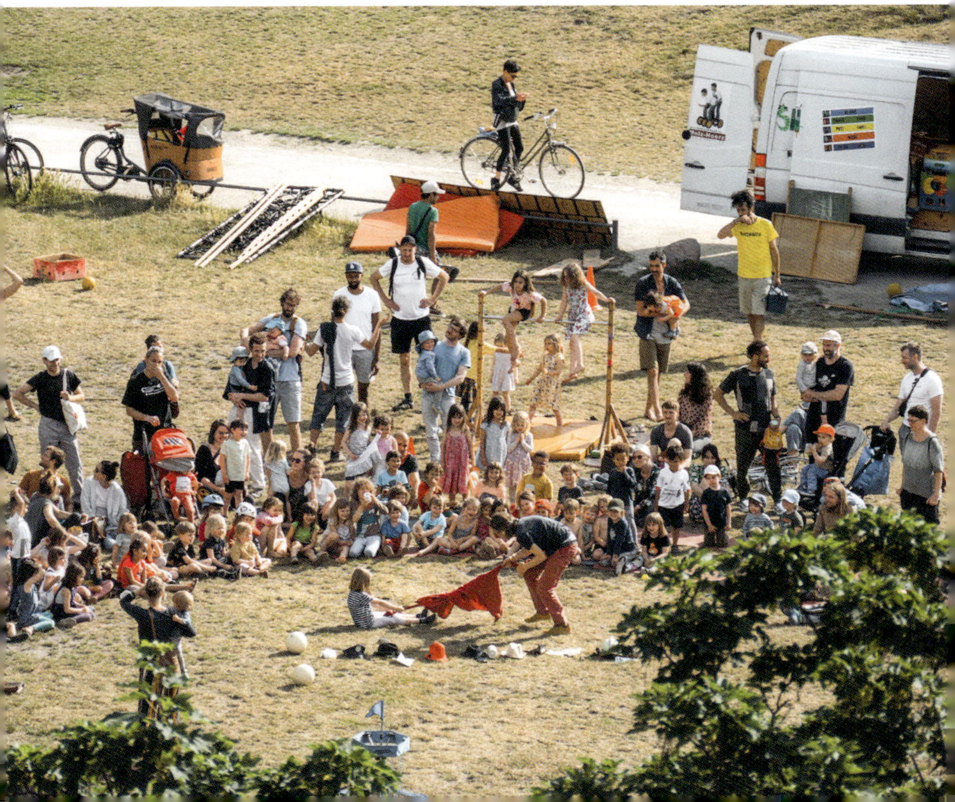

55
DER GLÄSERNE BAUERNHOF

STADTFARM HERZBERGE

Wenn es um nachhaltigen Lebensmittelanbau und kurze Lieferwege geht, ist der kleine Ortsteil Herzberge allen anderen einen Schritt voraus. Die dortige Stadtfarm ist ein urbaner Bauernhof inmitten hoher Wohnblocks und produziert mit Europas größtem AquaTerraPonik-Verfahren jährlich 50 Tonnen Fisch und 30 Tonnen Obst und Gemüse. Hierbei werden die Ausscheidungen aus den Fischbecken auf die Beete gepumpt, wo sie als Dünger dienen. Das Abwasser wird durch die Verrieselung im Boden gefiltert und landet am Ende wieder in den Fischbecken. Ein geniales Kreislaufsystem, das öffentlich eingesehen werden kann. Die Erzeugnisse können vor Ort gekauft werden.
Die Farm befindet sich im Landschaftspark Herzberge, einem grünen Erlebnisort mit Tierweiden, auf denen Schafe und Hochlandrinder grasen, einem Trimm-Dich-Pfad in einem Waldstück, jeder Menge Eidechsen, den buntesten Mosaikbänken, die ihr je gesehen habt, und einem Rundweg, der sich perfekt zum Inlineskaten eignet.

► Nicht verpassen: Die jährliche Schafschur im Frühling gehört mittlerweile zu einem gut besuchten Event und bringt einen Hauch von Landleben in das sonst so graue Herzberge.

Website: www.stadtfarm.de
Nächstgelegene Haltestelle: Ev. Krankenhaus KEH (Tram 16 und 21)
Parkplätze: Gotlindestraße – 52.517921, 13.505662

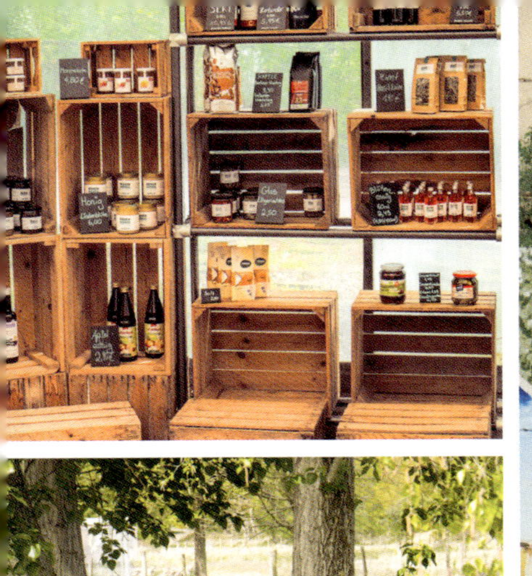

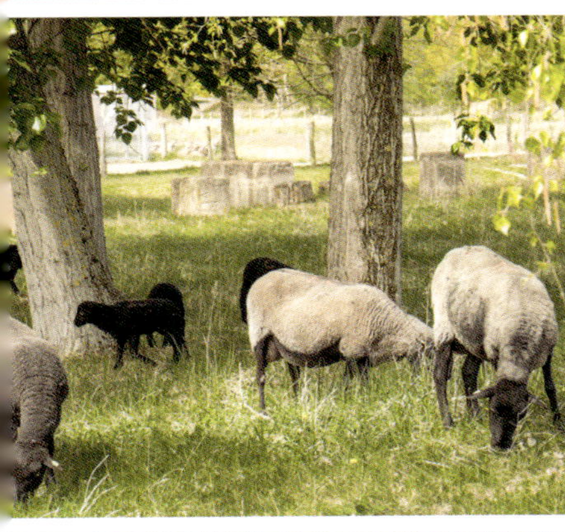

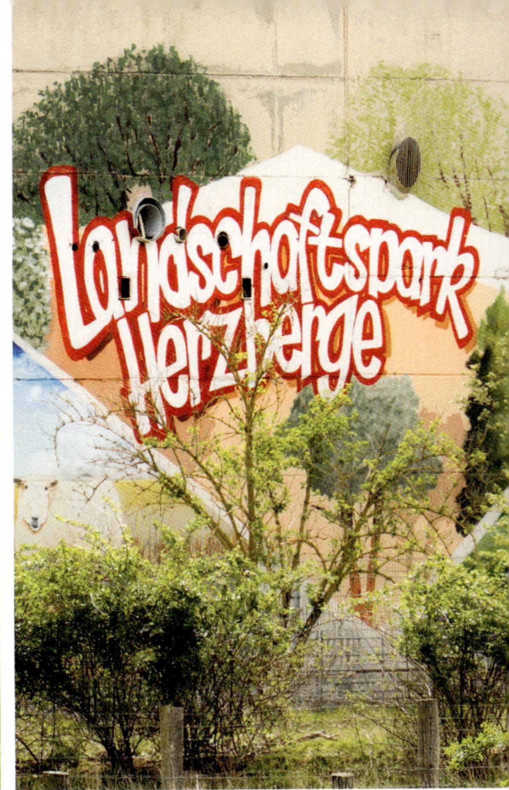
Landschaftspark
Herzberge

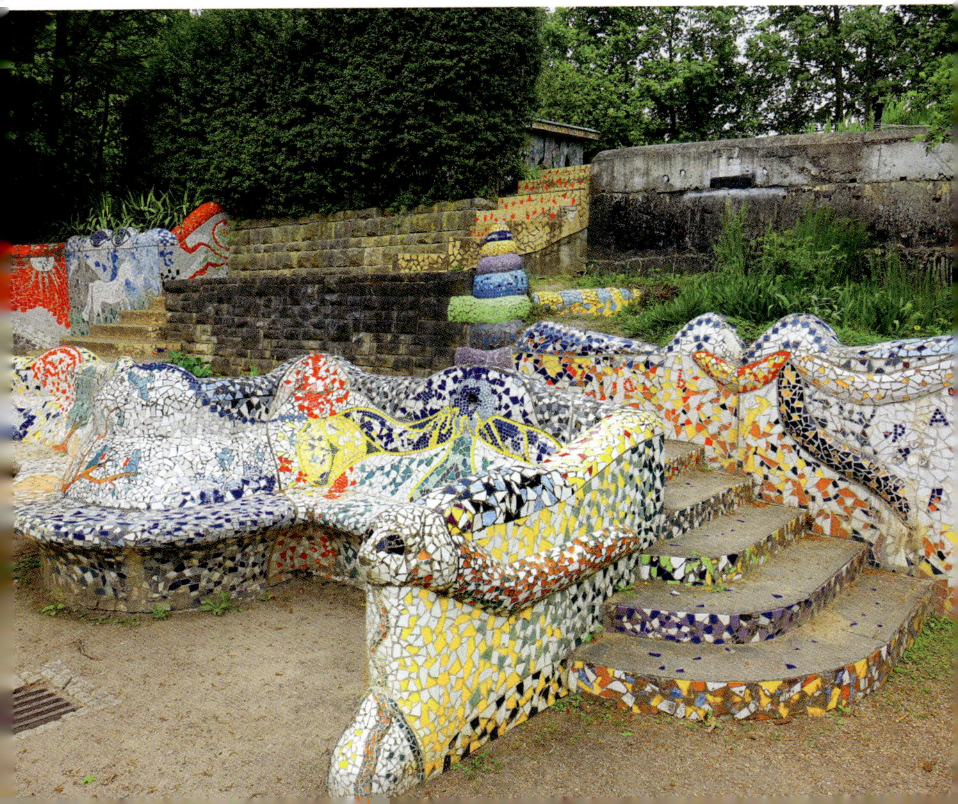

56
WAS? WASSERFALL!
STEINBERGPARK

Was soll es heute sein? Vielleicht ein sprudelnder Wasserfall, im Sturzflug landende Schwäne auf einem See, eine 200 Meter lange Rodelbahn, ein Bolzplatz, die kürzeste Brücke Berlins oder ein blühendes Sumpfgebiet? Den Steinbergpark kennt und schätzt jeder in Reinickendorf, außerhalb Nordberlins weiß kaum jemand etwas von der grünen Oase. Rein optisch könnte man meinen, man befindet sich in einem kleinen Gebirge, denn der Park entstand in einem ehemaligen Waldgebiet auf dem namensgebenden Steinberg. Auf den von Kiefern gesäumten Wegen geht es auf und ab, vorbei an riesigen Findlingen, über die man balancieren kann, und sonnendurchfluteten Lichtungen, an denen es sich herrlich picknicken lässt. Das Highlight ist ein 180 Meter langer Wasserfall, der den Steinberg hinunterläuft und mit neun Stromschnellen gestaltet wurde. Sein unermüdliches Sprudeln zur Sommerzeit ist ein ständiger Begleiter während eines Besuchs in einer der schönsten Parkanlagen der Stadt.

▸ Muckis und Ausdauer sind im Outdoor-Gym am Rande des Steinbergsees gefragt. An 16 Stationen könnt ihr euren ganzen Körper trainieren, an Stangen hangeln und Autoreifen über die Wiese werfen. Mit diesen zielgenauen Geodaten findet ihr den abseits gelegenen Parcours auf Anhieb: 52.596908, 13.306189

Nächstgelegene Haltestelle: Waldhornstr. (Bus 222)
Parkplätze: Waidmannsluster Damm – 52.601426, 13.305141

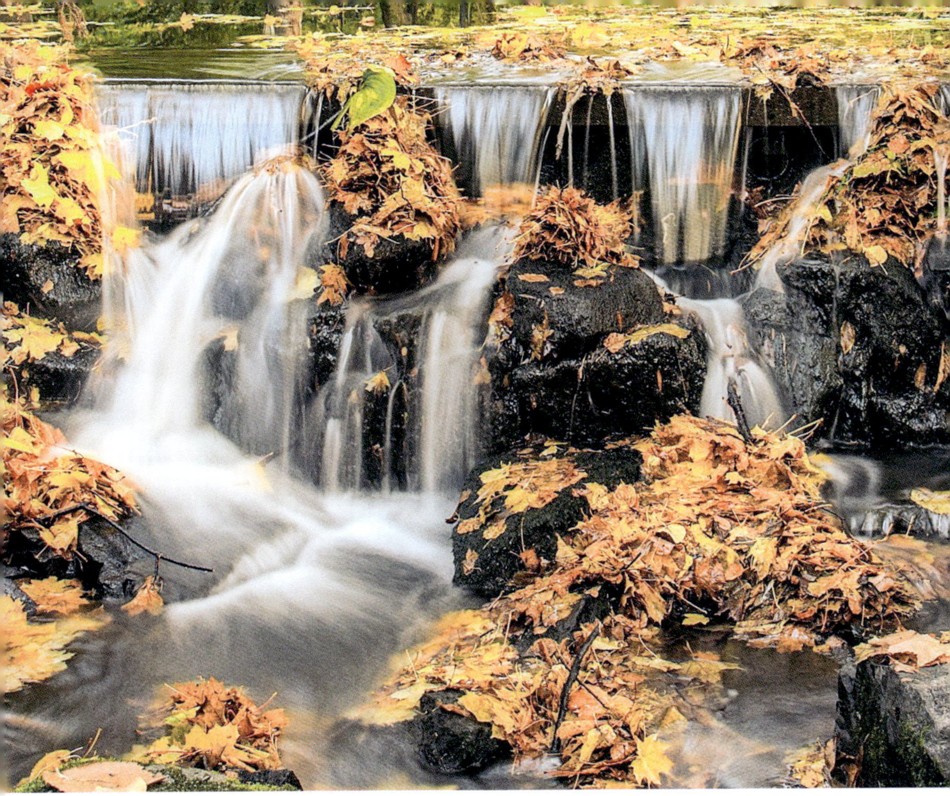

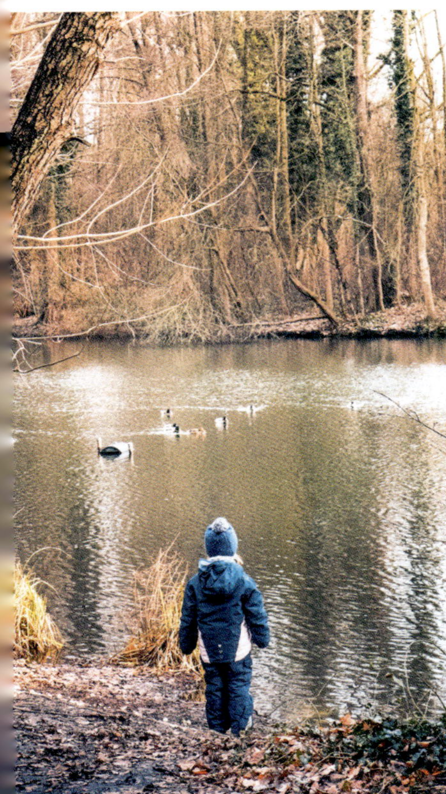

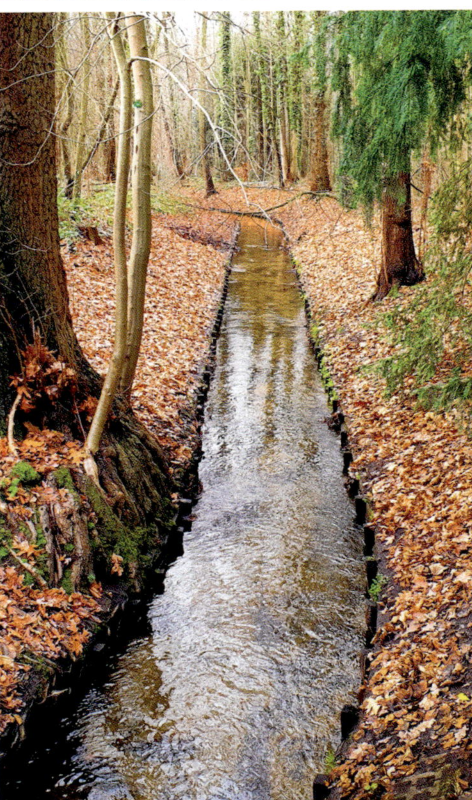

57
KOSTENLOSER WINTERURLAUB
STRAND AM MÜGGELSEE

Wie sieht ein Freibad eigentlich außerhalb der Badesaison aus? Die Frage ist nicht einfach zu beantworten, denn die meisten Bäder sind ab Oktober geschlossen und öffnen erst im Mai wieder. Das Strandbad Müggelsee ist eines der wenigen, das 365 Tage im Jahr geöffnet hat und dazu noch kostenlos ist. Im Sommer ist es hier so wie in jedem Freibad: komplett überfüllt. Aber wenn das Bistro im Spätherbst die Stühle hochstellt und die Strände frei von Handtüchern sind, beginnt die Ruhesaison. Dass das Eingangstor auch im Winter offensteht, scheint sich kaum herumgesprochen zu haben. Dabei erlebt man hier eine Atmosphäre, die haarscharf an einen Strandabschnitt an der Ostsee erinnert – würde man die Müggelberge auf der anderen Uferseite nicht erkennen. Über 50 Großmöwen fühlen sich hier so wohl, dass sie kreischend über das Wasser fliegen und Rotfedern aus dem See schnappen. Jetzt fehlt nur noch ein Fischbrötchen in der Hand und der Kurztrip ans gefühlte Meer ist perfekt!

► Pssst nicht weitererzählen: Ihr seid nur noch 600 Meter von einer geheimen Aussichtsplattform entfernt, auf der ihr einen grandiosen Blick auf den Müggelsee in absoluter Stille bekommt. Mit diesen Geodaten findet ihr sie: 52.438618, 13.677678

Nächstgelegene Haltestelle: Strandbad Müggelsee (Tram 61)
Parkplätze: Fürstenwalder Damm – 52.447235, 13.670401

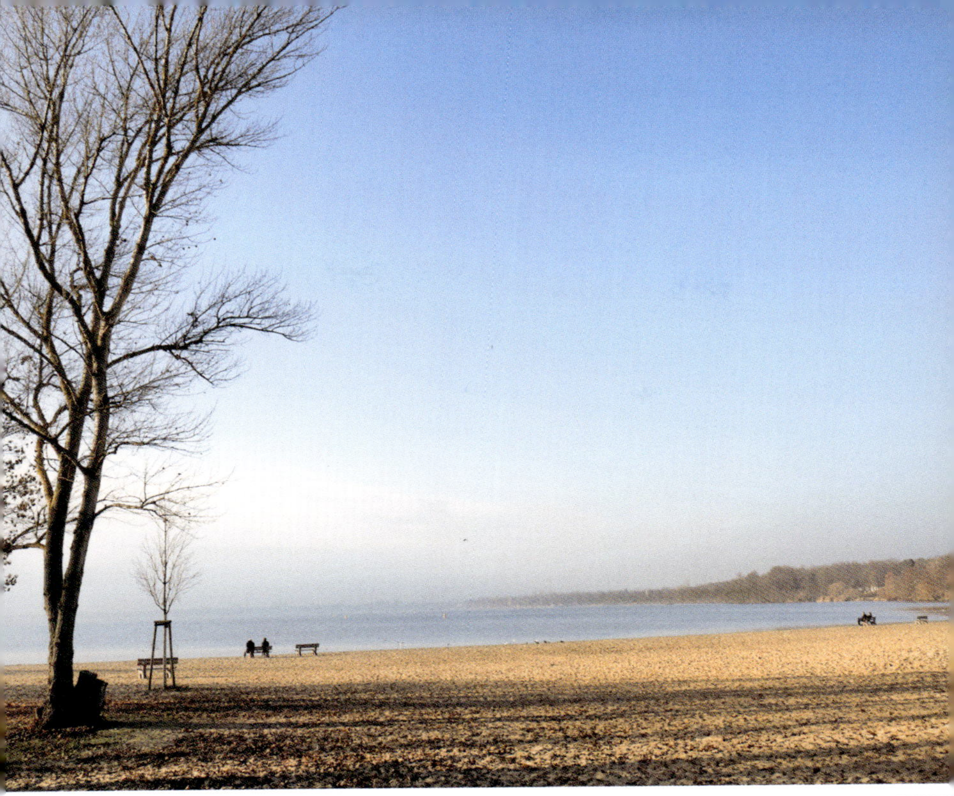

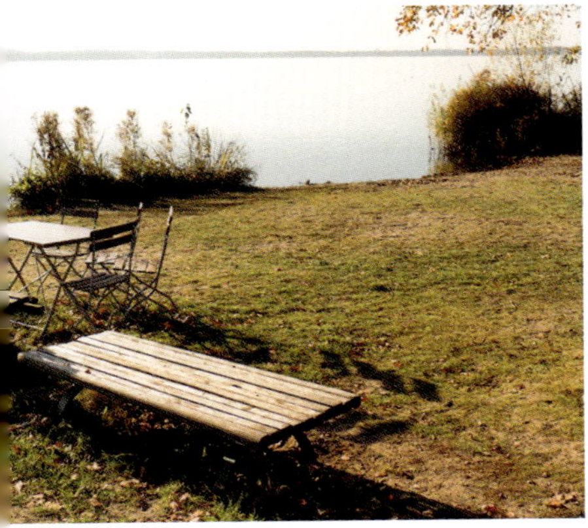

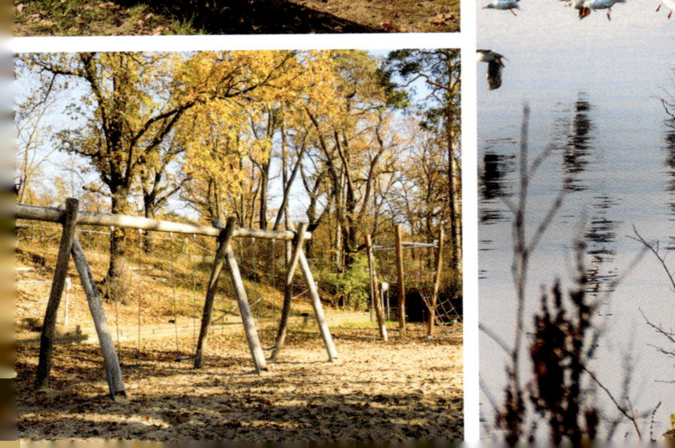
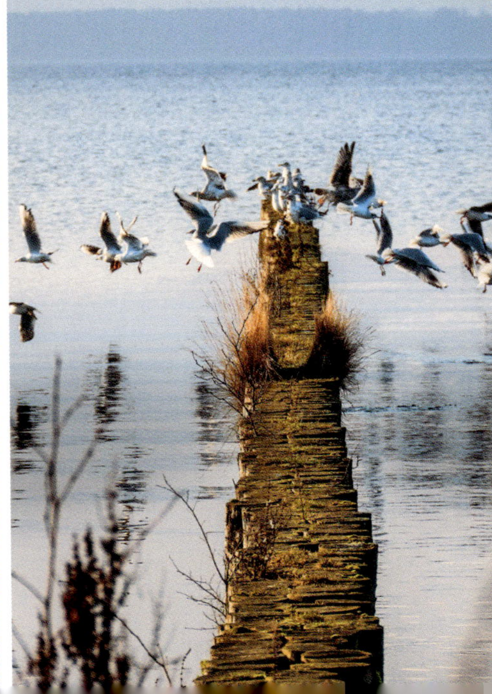

58
GOLD, UNGEHEUER UND EIN SCHLOSS

TEUFELSSEEMOOR

Um das *sagenhafte* Teufelsseemoor ranken sich viele Mythen, die seit Hunderten von Jahren an den Lagerfeuern in Köpenick erzählt werden. Einige berichten von einer Truhe voll Gold, die tief im Moor vergraben sein soll und bis heute nicht gefunden wurde. Andere schwören, dass im Teufelssee ein drei Meter langes Ungeheuer schwimmt. Besonders oft hört man die Geschichte von dem prächtigen Schloss auf den Hügeln der Müggelberge. Der Teufel höchstpersönlich soll es nach einem Streit mit dem Prinzen im Moor versenkt haben. Die Fußspuren des Teufels entdeckt man noch heute. Glaubt ihr nicht? Auf dem langen Holzsteg am See werdet ihr fündig.
Abgesehen von den gruseligen Legenden zählen der See und die artenreiche Landschaft drumherum zu einem der schönsten Naturparadiese, die Berlin zu bieten hat. Der Teufelssee ist umgeben von Sumpfwiesen, in denen sich Blindschleichen und Molche beobachten lassen. Sie stehen auf dem Speiseplan eines Seeadler-Paars, das hier regelmäßig vorbeischaut.

▶ Frühaufsteher werden belohnt: Wer sich zeitig den Wecker stellt, ist hautnah dabei, wenn die Natur erwacht und nachtaktive Raubtiere von ihren Beutezügen zurückkehren. Die beste Sicht auf dieses Spektakel bekommt ihr von der Holzplattform am Südufer (52.418985, 13.629816).

Nächstgelegene Haltestelle: Rübezahl (Bus 169)
Parkplatz: Müggelheimer Damm – 52.424247, 13.630331

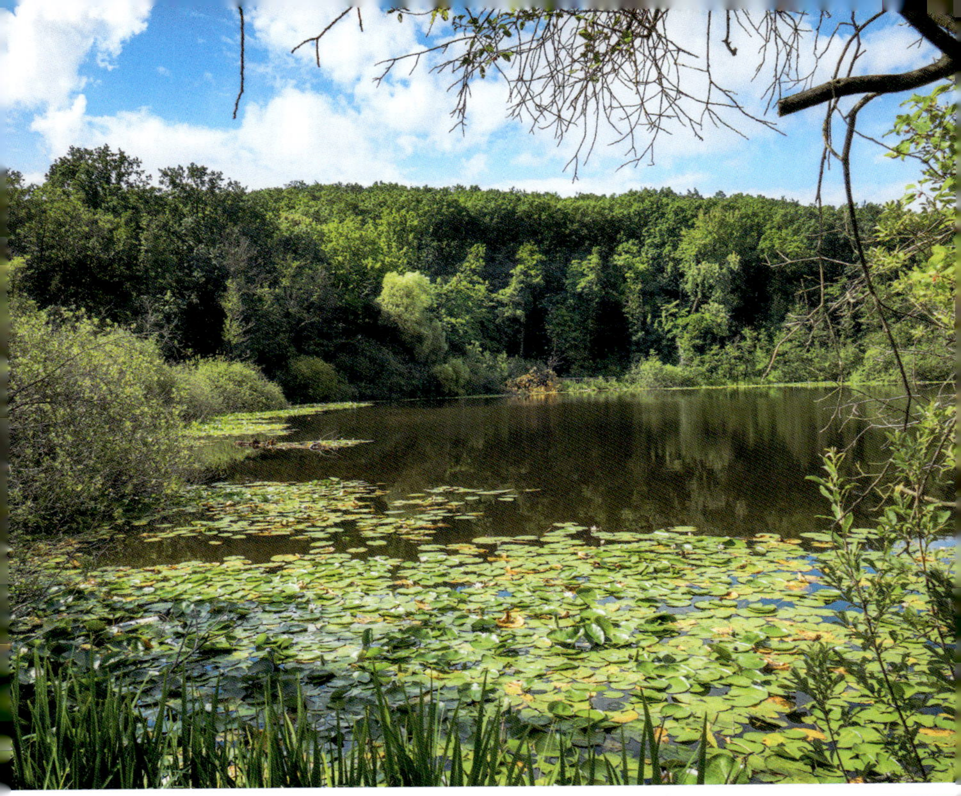

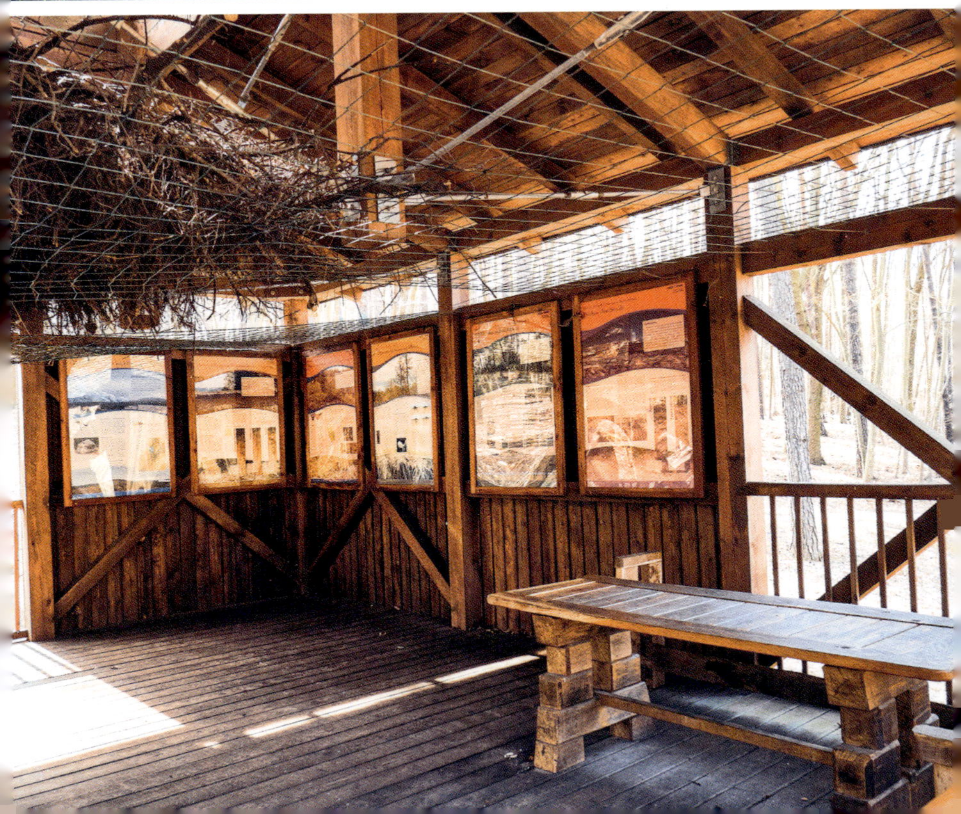

59

ZIEGEN, DIE AUF BÄUME KLETTERN

TIEFWERDER

Kennt ihr die Heerstraße? Diese zehn Kilometer lange Bundesstraße, auf der es trotz fünf Spuren fast täglich zum Stau kommt? Kaum jemand ahnt, dass sich ausgerechnet dort eines der artenreichsten Naturschutzgebiete Berlins finden lässt. Die Tiefwerder Wiesen sind ein natürliches Überschwemmungsgebiet, das von Altarmen der Havel durchzogen und Lebensraum für Biber, Ringelnattern und Graureiher ist. Um das sumpfige Biotop führt ein Holzsteg, von dem man einen spannenden Blick hinab auf bunte Lurche und die seltene Wasserschwertlilie bekommt. Da die Feuchtwiesen für Menschen nicht zugänglich sind, werden Wasserbüffel und Ziegen als natürliche Rasenmäher eingesetzt. Sie bewohnen die Weiden und kommen den Besuchern oft erstaunlich nah. Aber Achtung: Bei den Ziegen handelt es sich um wilde Exemplare, die keine Lust auf Streicheleinheiten haben, sondern lieber auf Bäume klettern.

▸ Geheimtipp: Am Parkplatz führt ein unscheinbarer Weg hinunter zur Havel. Dort findet ihr einen kleinen Stand, an dem fangfrischer Räucherfisch und leckere Fischbrötchen verkauft werden. Öffnungszeiten: Samstag und Sonntag von 10 bis 17 Uhr.

Nächstgelegene Haltestelle: Pichelswerder(Bus M49)
Parkplätze: Heerstraße – 52.511592, 13.206094

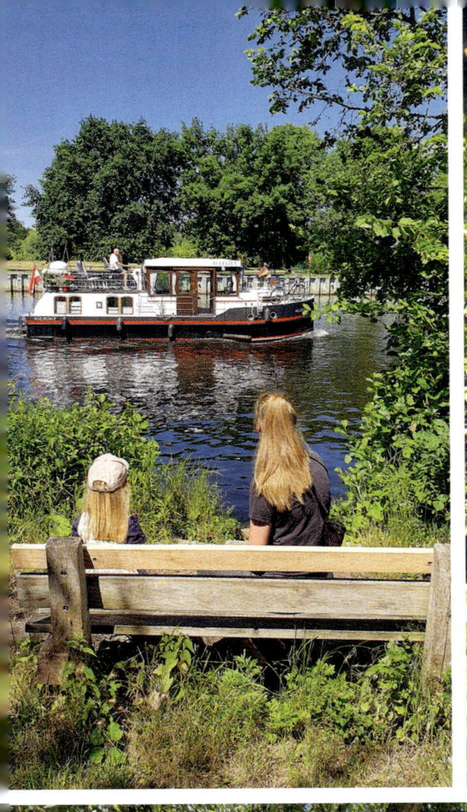

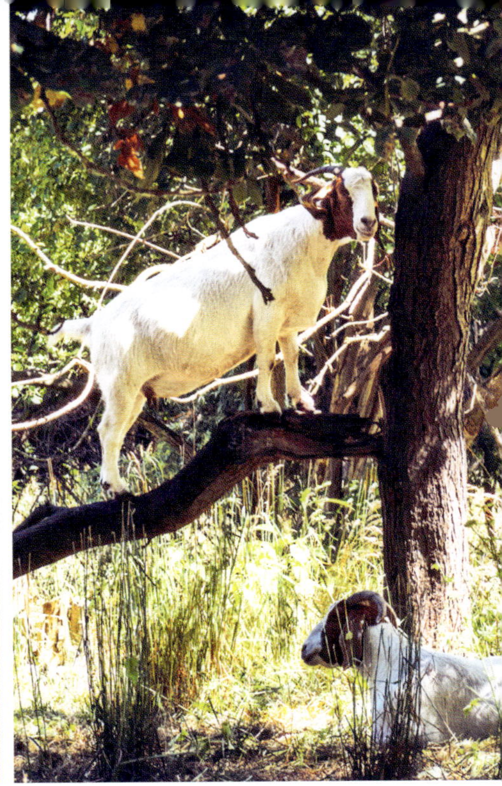

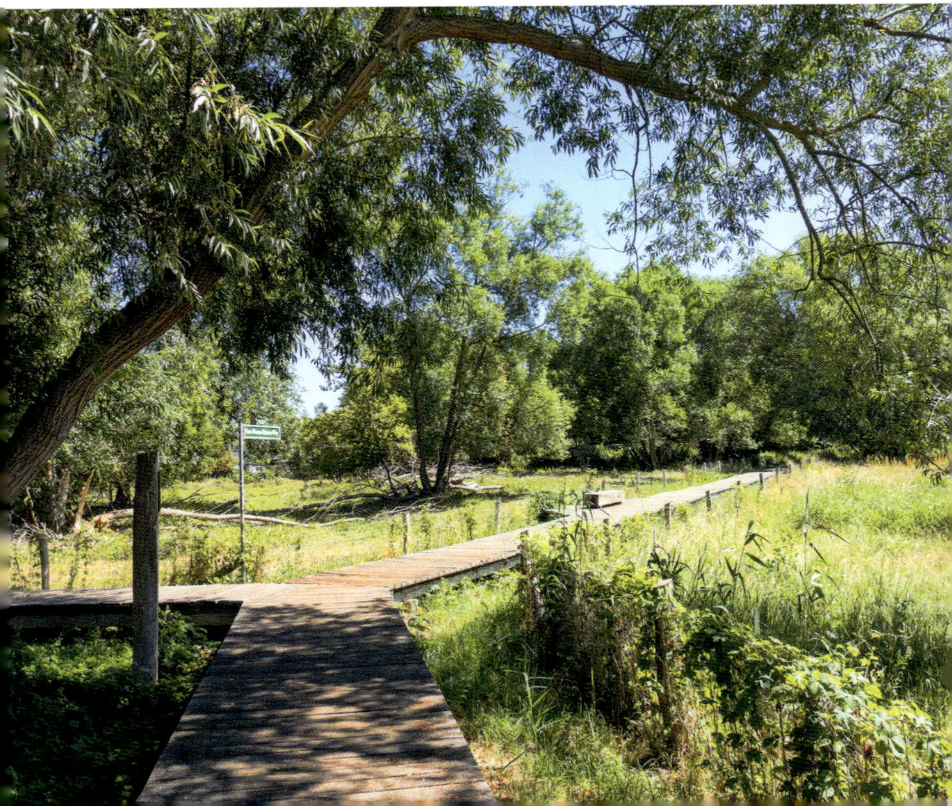

60

TRIMM-DICH-PFAD

FIT AM GRUNEWALDSEE

Seitdem es an fast jeder Ecke einen Calisthenics-Park gibt, scheint der gute alte Trimm-Dich-Pfad völlig aus der Mode gekommen zu sein. Schade, denn vor allem in Gruppen ist er ein kurzweiliger Spaß. Im klassischen Sinn läuft oder joggt man auf einem Rundweg, auf dem sich alle 200 Meter ein simples und robustes Sportgerät befindet. Dabei stärkt man seine Muskulatur und trainiert unter freiem Himmel seine Beweglichkeit und Ausdauer. Den letzten Pfad Berlins findet man im Grunewald, nahe dem historischen Jagdschloss. Anstelle von kaltem Eisen stemmt man Baumstämme, hangelt an Seilen und hüpft über Wurzeln. Der knapp drei Kilometer lange Waldweg ist mit 20 Übungsstationen ausgestattet, die sich an jedes Fitnesslevel anpassen lassen und somit für alle Altersgruppen geeignet sind. Die Geräte sind zwar etwas in die Jahre gekommen, werden aber regelmäßig gewartet. Eine Sporteinheit in und mit der Natur plus die Ruhe des Waldes sind eine tolle Erfahrung und der ideale Ort für einen aktiven Familienausflug.

► Schlemmertipp: Die verbrannten Kalorien holt man sich am besten im Restaurant »Locanda 12 Apostoli« bei einer echt-italienischen Steinofenpizza mit sardischer Tomatensauce wieder zurück.

Nächstgelegene Haltestelle: Hüttenweg (Bus 115; 2 km Fußweg)
Parkplätze: Hüttenweg – 52.466818, 13.251840

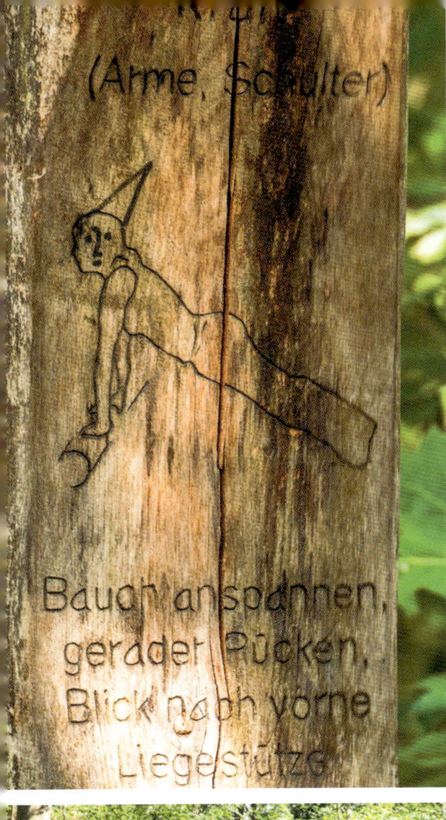
(Arme, Schulter)
Bauch anspannen,
gerader Rücken,
Blick nach vorne
Liegestütze

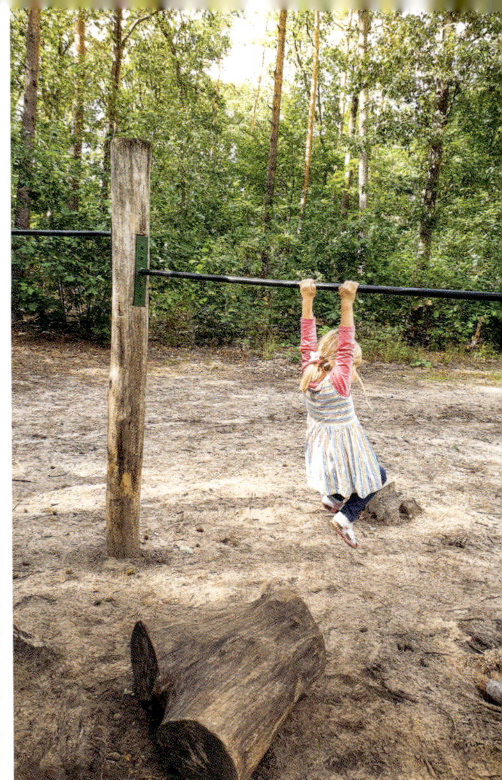

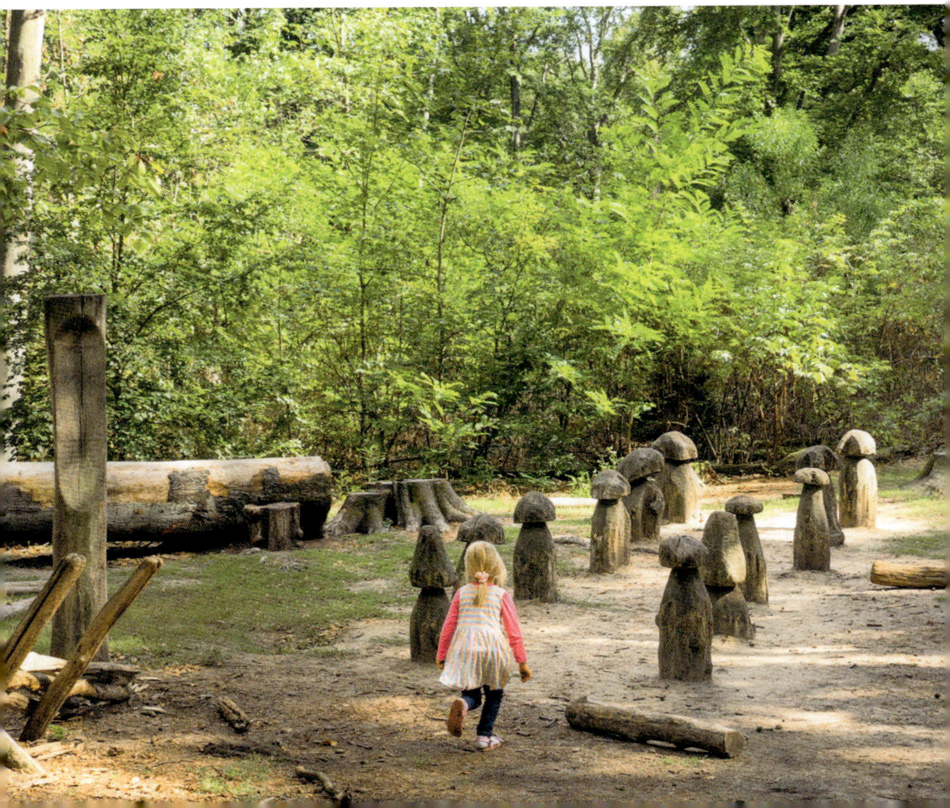

61
EINTOPF ESSEN UND STALL AUSMISTEN

FAMILIENBAUERNHOF VIERFELDERHOF

Gatow gehört zu Berlin, auch wenn es überhaupt nicht danach aussieht. Der Ortsteil ist geprägt von alten Landhäusern, Havelbadewiesen und aktiver Landwirtschaft. Eine stadtweite Besonderheit ist der Vierfelderhof – ein Bio-Bauernhof, der die Besucher am Hofleben teilhaben lässt. Stadtkinder können bei der Stallarbeit helfen, Bäume pflanzen, Nisthilfen bauen oder die Tiere füttern – und von denen gibt es hier reichlich: Ziegen, Hühner, Kaninchen, Gänse, Schafe, Kühe und Schweine. Die Tiere sind nur so lange schüchtern, bis man mit einem Futterkorb aus dem Hofladen am Zaun steht.

Abseits der Tierweiden können Kinder auf einem Spielplatz toben, über Strohballen springen oder auf Traktoren klettern. Das Gelände bietet sehr viel Freiraum zum eigenständigen Erkunden und ist umgeben von gefühlt endlos langen Getreidefeldern.

Während die Kleinen über den Hof flitzen, können sich Eltern auf deftige Eintöpfe und Blechkuchen im Hofcafé freuen. Abschließend deckt man sich im Hofladen mit regionalen Lebensmitteln ein, vieles davon stammt aus eigener Ernte.

► Berlins ländliche Seite erleben: Keine 500 Meter entfernt könnt ihr die alte Gatower Holzmühle besuchen. Anlässlich des alljährlichen Mühlentages am Pfingstmontag führt ein echter Müller durch eine der letzten Bockwindmühlen Berlins.

Website: www.vierfelderhof.de
Nächstgelegene Haltestelle: Annenweg (Bus 334)
Parkplätze: Am Vierfelderhof - 52.482584, 13.172776

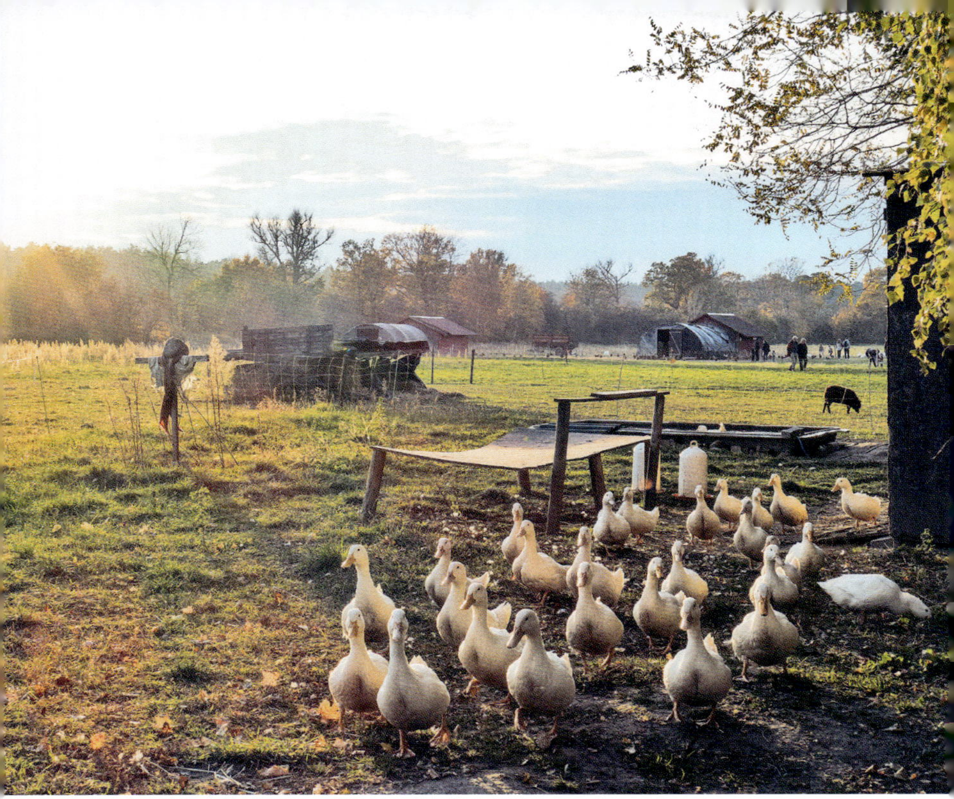

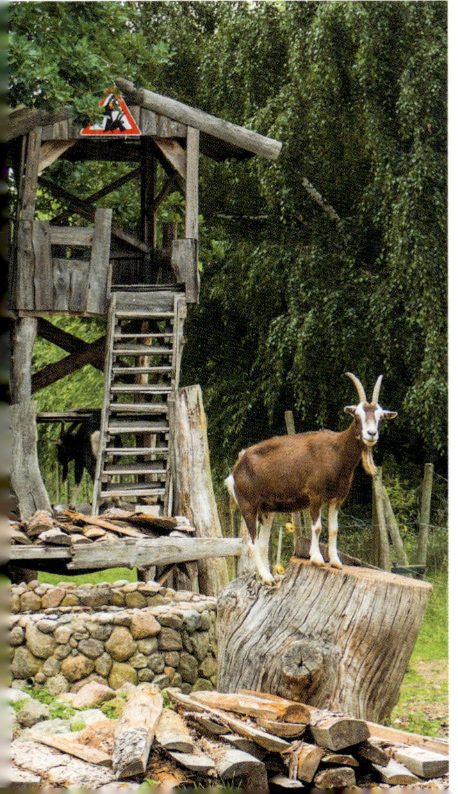

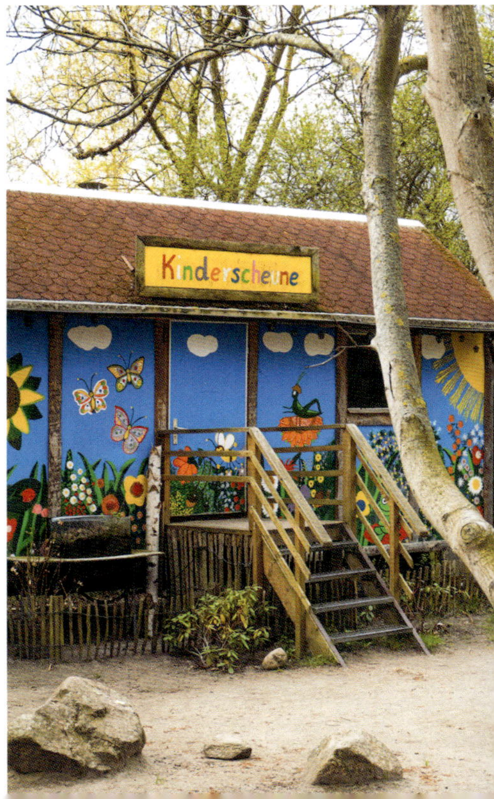
Kinderscheune

62
SPRECHENDE BÄUME
WALD.BERLIN.KLIMA

Die Ausstellung Wald.Berlin.Klima informiert auf einem vier Kilometer langen Rundweg anschaulich über die Folgen des Klimawandels für den Wald, wie er es schafft, unsere Atemluft von Schadstoffen zu befreien, warum er zum größten Wasserlieferanten der Stadt zählt und welche ökologischen Vorteile Mischwälder gegenüber reinen Kiefernwäldern besitzen. Versprochen: Nach dieser Tour seht ihr den Wald mit anderen Augen!
Was zuerst nach trockenem Lehrstoff klingt, stellt sich schnell als spaßiger Familienausflug zum Mitmachen heraus. An 11 Informationsinseln wird nicht nur einfach von Schautafeln abgelesen, sondern getüftelt, zugehört und auf Aussichtstürme gestiegen. Die Lieblingsstation aller Kinder ist das »Waldgeflüster«. Dort lauscht man über Lautsprechern den Bäumen, wenn sie aus ihrem Leben erzählen und sich gegenseitig necken. Aber vorher muss gekurbelt werden! Der Strom kommt hier nämlich nicht aus der Steckdose, sondern wird mit Muskelkraft hergestellt.

▸ Hiermit wird's noch informativer: Die kostenlose App »Wald.Berlin. Klima« spielt entlang des Rundweges automatisch digitale Inhalte ab. Die Audios können auch zu Hause noch genutzt werden, um das erlernte Wissen immer wieder aufzufrischen.

Nächstgelegene Haltestelle: Grunewaldturm (Bus 218)
Parkplätze: Am Grunewaldturm – 52.478430, 13.196972

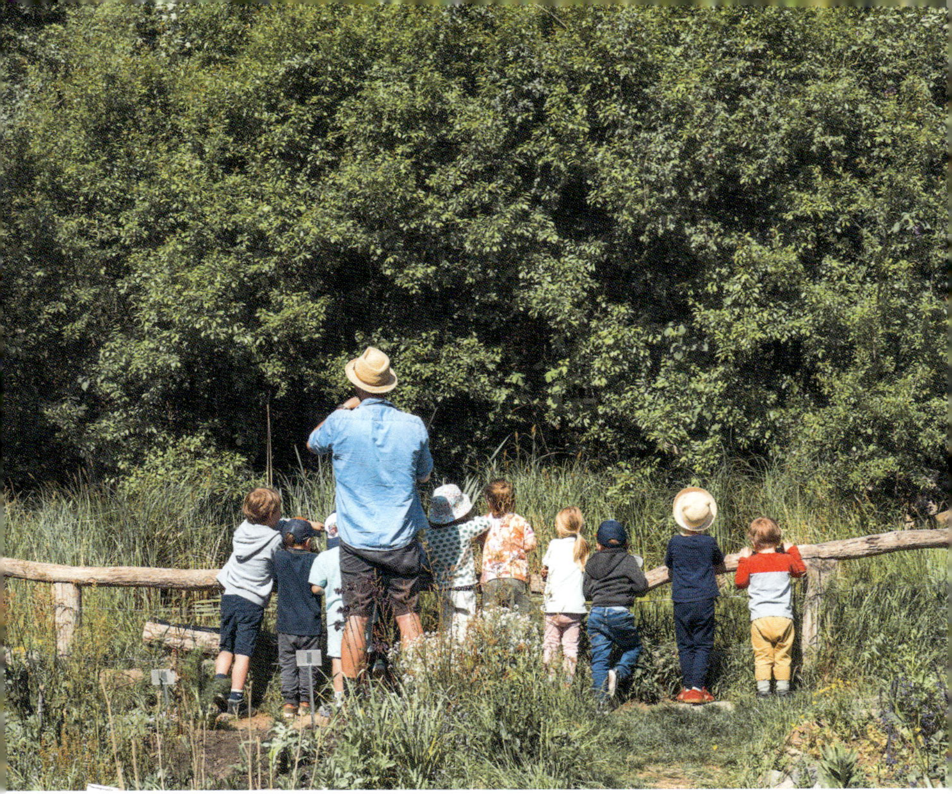

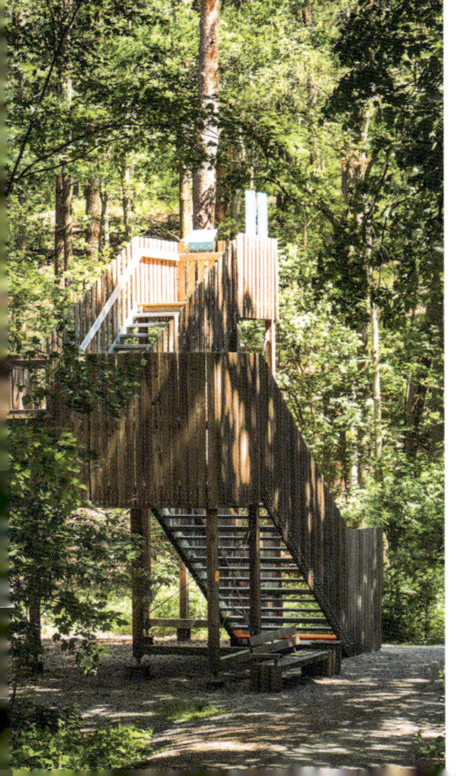

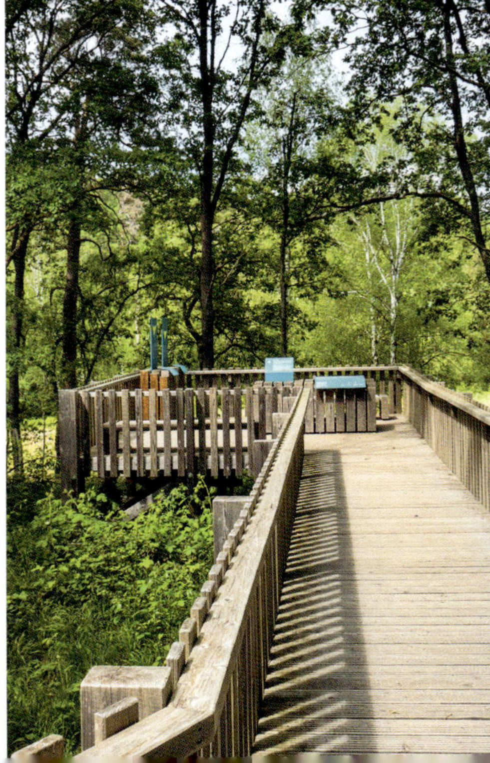

63

TASTEN, HÖREN, RIECHEN

WALDMUSEUM GRUNEWALD

Wie kann so etwas Schönes nur so unbekannt sein? Das kleine Waldmuseum im Grunewald verzaubert seine Gäste schon bevor sie es betreten und schickt selbst die großen Besucher mit jeder Menge neuem Wissen nach Hause. Von außen ist es ein uriges altes Gärtnerhaus mit hölzernen Fensterläden mitten im Wald und könnte glatt als Drehort für einen Märchenfilm herhalten. Sobald man die Tür öffnet, strahlt der angenehme Geruch von Nadelbäumen aus den Räumen, in denen sich viele Exponate rund um das Thema Wald und seine tierischen Bewohner befinden. Hier könnt ihr euer Wissen im Baumarten-Quiz testen und mutig in die dunklen Tastboxen greifen, präparierte Wildtiere aus nächster Nähe bestaunen, Vögel an ihrem Gesang erkennen oder über einen Barfußpfad im Waldgarten laufen.

Aktuelle Öffnungszeiten und Eintrittspreise findet ihr hier:
www.waldmuseum-waldschule.de

▸ Gesunde Erfrischungen gleich nebenan: Der kleine »Saftladen« am S-Bahnhof Grunewald versorgt euch nach einem Museumsbesuch mit frisch gepressten Säften, italienischem Eis und Obst.

Nächstgelegene Haltestelle: S Grunewald (S3 und S7)
Parkplätze: Pappelplatz – 52.487319, 13.254490

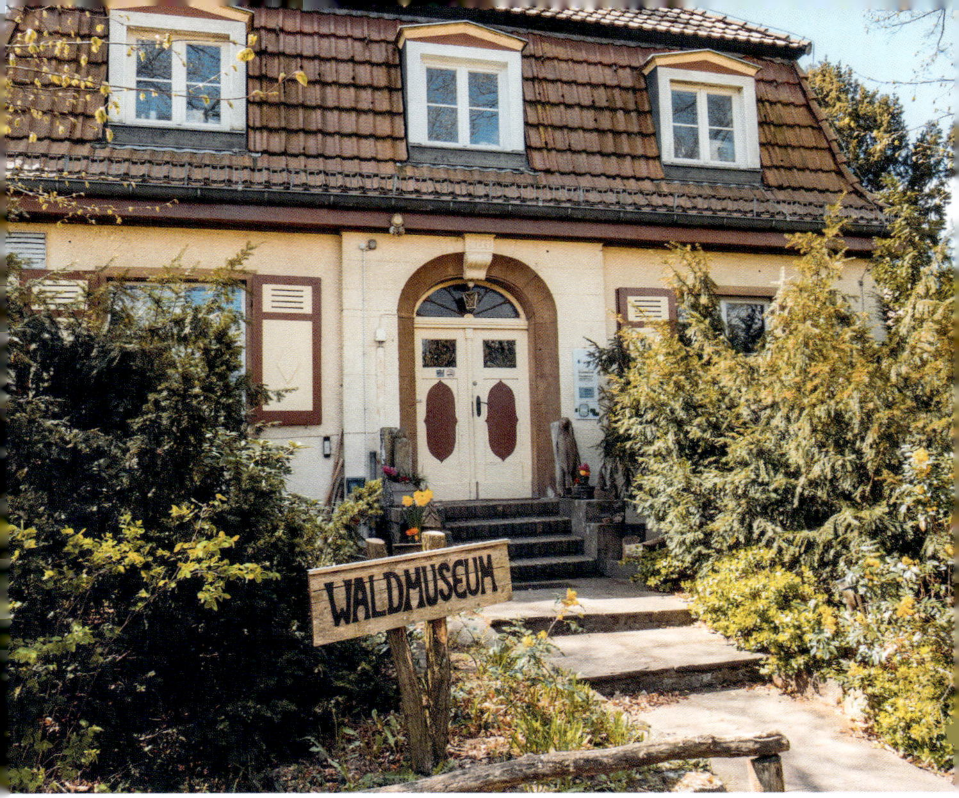

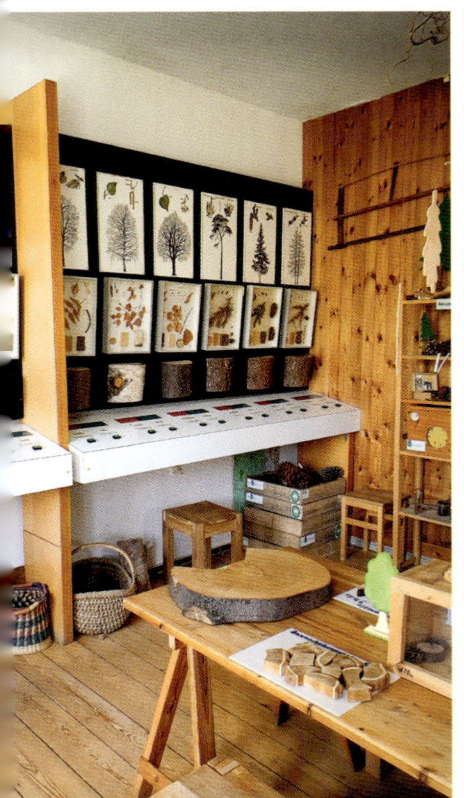

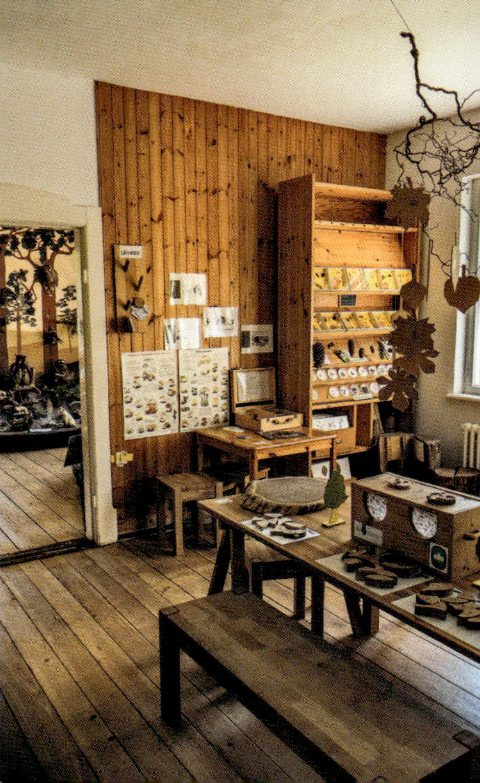

64

NATURMEMORY UND TIERWEITSPRUNG

WALDSCHULE PLÄNTERWALD

Die Waldschule im Plänterwald ist der richtige Ort für kleine und große Naturfreunde, die sich nicht nur gerne in der Natur aufhalten, sondern sie auch verstehen wollen. Das große Holzhaus ist von innen wie ein begehbares Bilderbuch gestaltet, in dem geforscht und gestaunt wird. Getreu dem Motto: »Zeigst du es, so merke ich es mir, lässt du mich teilhaben, dann verstehe ich es« erarbeiten Kinder unter pädagogischer Leitung naturnahe Aufgaben selbstständig. Auf dem Außengelände misst man sich in der Weitsprunggrube mit Wildtieren, musiziert am Waldxylophon, läuft barfuß über den Fühlpfad oder besucht die Ausstellung »Bäume sind mehr«. Auf der Website www.inu-waldschulen.de werdet ihr frühzeitig informiert, wenn es mal wieder mit den Walddetektiven auf Entdeckertour geht oder ein großes Lagerfeuer entzündet wird.

Nächstgelegene Haltestelle: Neue Krugallee/Dammweg (Bus 165 und 265)
Parkplätze: Neue Krugallee – 52.479708, 13.483838

Weitere Waldschulen und Naturerfahrungsräume in Berlin:

WALDSCHULE TEUFELSSEE

Müggelheimer Damm 144, 12559 Berlin

WILDE WELT AM KIENBERG

Befindet sich im Kienbergpark

WALDSCHULE BUCHER FORST

Hobrechtsfelder Chaussee 110, 13125 Berlin

NATURERFAHRUNGSRAUM SPIEROWEG

Cosmarweg 71, 13591 Berlin

NATURERFAHRUNGSRAUM TEMPELSCHLUCHT

Befindet sich auf dem Tempelhofer Feld

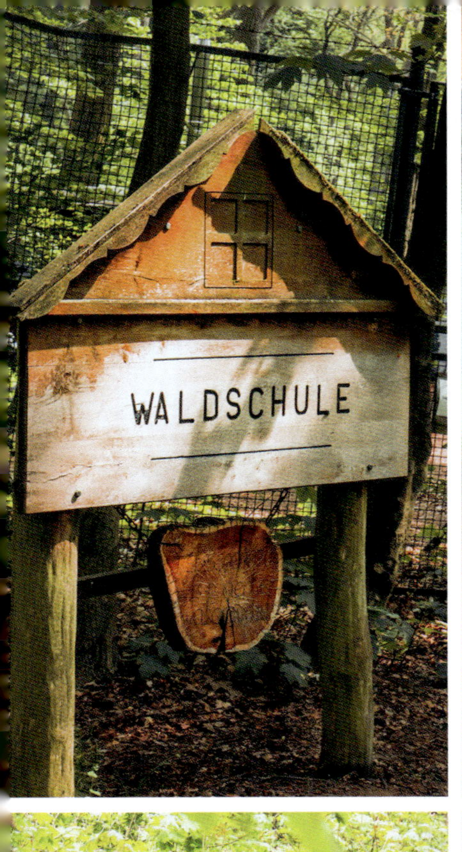
WALDSCHULE

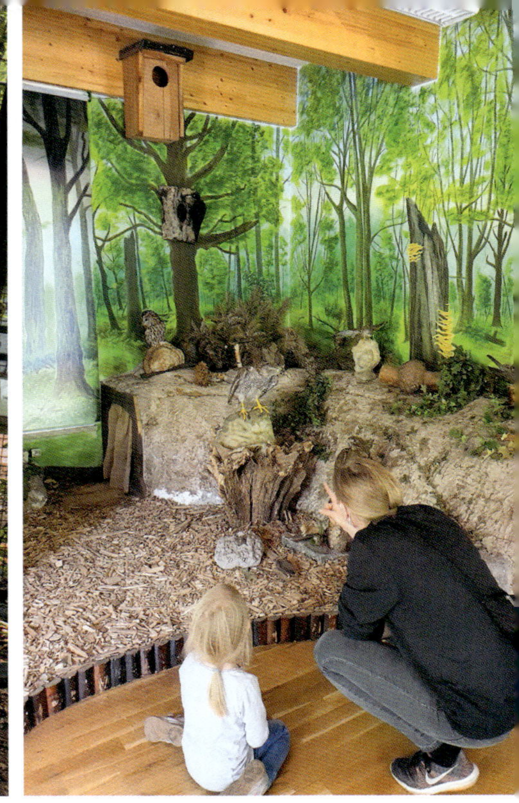

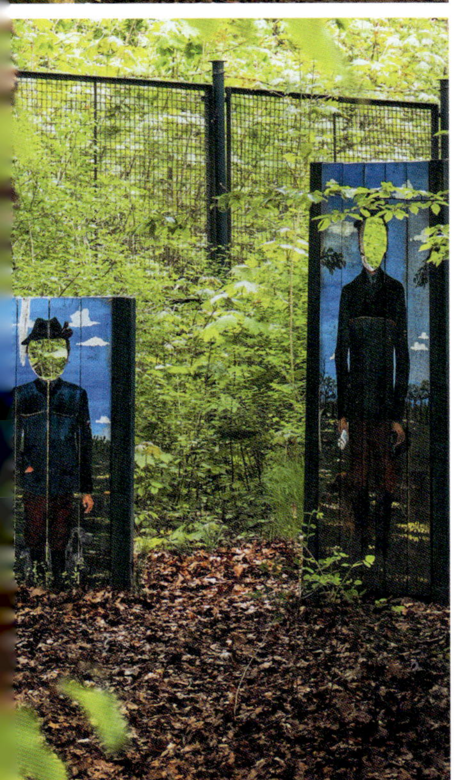

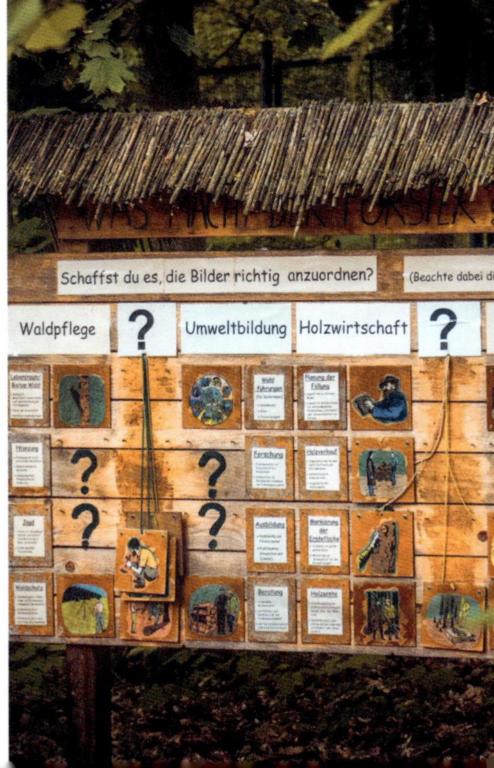
Schaffst du es, die Bilder richtig anzuordnen?
(Beachte dabei die
Waldpflege
?
Umweltbildung
Holzwirtschaft
?

65

DIE SCHÖNSTEN WALDSPIELPLÄTZE

TOBEN, KLETTERN, BALANCIEREN

Waldspielplätze sind rustikale Orte für kleine Abenteurer und bieten oft weitaus mehr Freiraum als normale Spielplätze. Sie befinden sich in einer abgeschirmten Kulisse, umgeben von hohen Bäumen, die an heißen Tagen Schatten spenden. Hier darf mit Steinen gehämmert und Baumstämme umhergeworfen werden. Das Spielen im Wald stärkt die Verbundenheit zur Natur und fordert zu Kreativität auf. Sandkästen und Seilbahnen sind schnell vergessen, wenn man über Holzbalken balanciert und eine Höhle aus Ästen baut. Und das Beste: Ein Besuch kann direkt mit einem langen Spaziergang verbunden werden. Das sind die besten Waldspielplätze Berlins:

1 / WALDSPIELPLATZ PLÄNTERWALD

Treptow-Köpenick - 52.477762, 13.491645

2 / WALDSPIELPLATZ TEUFELSSEE

Treptow-Köpenick - 52.422703, 13.629104

3 / WALDSPIELPLATZ TEGELER FORST

Reinickendorf - 52.596067, 13.223851

4 / WALDSPIELPLATZ KRUMME LANKE

Steglitz-Zehlendorf - 52.449007, 13.228350

5 / WALDSPIELPLATZ SCHILDHORN

Charlottenburg-Wilmersdorf - 52.493477, 13.195053

6 / WALDSPIELPLATZ DÄUMLINGSWEG

Treptow-Köpenick - 52.465808, 13.597914

7 / WALDSPIELPLATZ GOLDFISCHTEICH

Spandau - 52.563189, 13.192734

8 / WALDSPIELPLATZ HERMSDORF

Reinickendorf - 52.609329, 13.283383

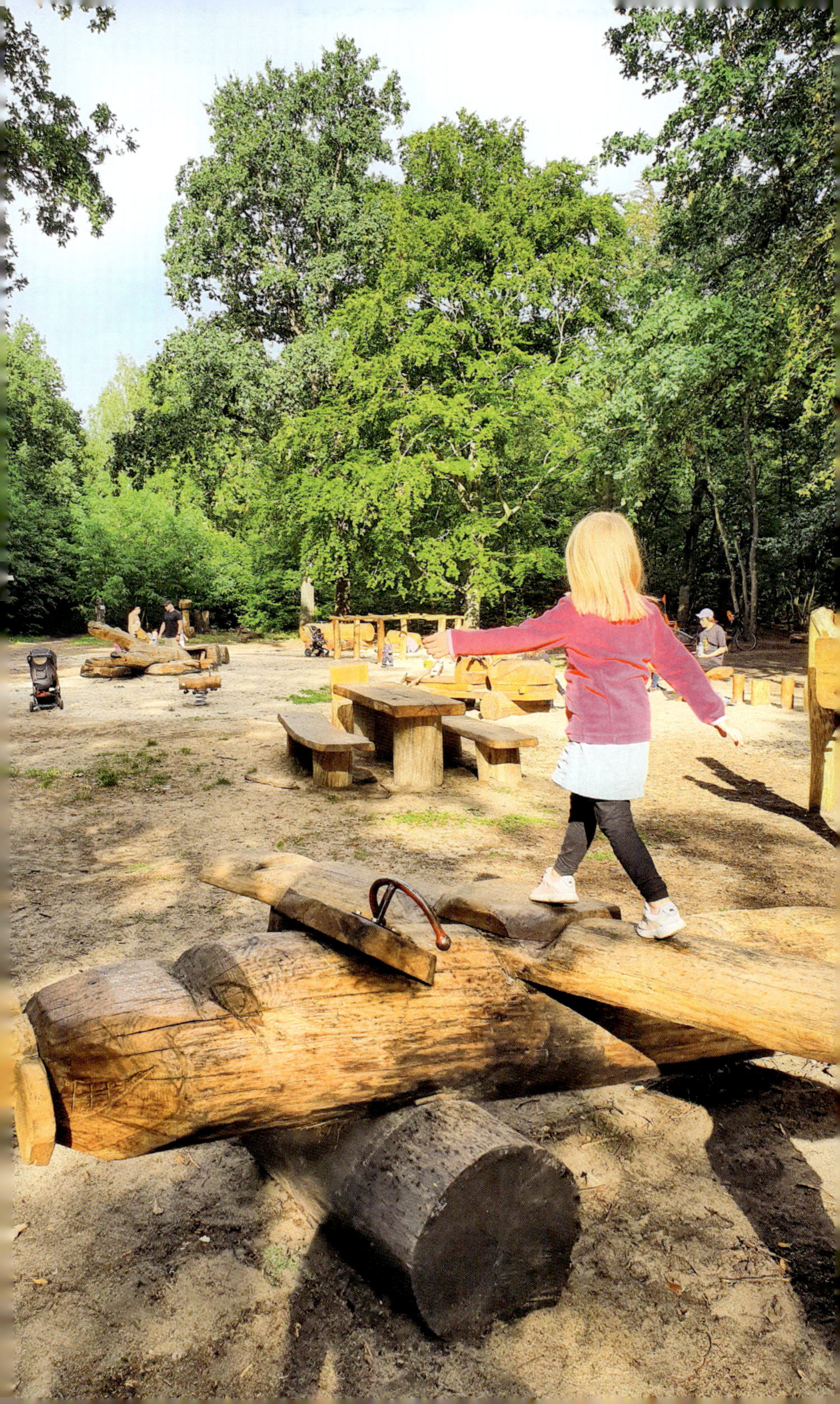

66

2000 QUADRATMETER FÜR ALLE

WELTACKER

Wir sind jetzt acht Milliarden Menschen auf diesem Planeten. Im Gegensatz zur Erde wächst die Population jeden Tag weiter. Das könnte irgendwann zu einem Problem führen, denn um alle zu versorgen, benötigen wir Platz – genau genommen 2000 Quadratmeter pro Mensch. Diese Zahl ergibt sich, wenn man die globale Ackerfläche von 1,5 Milliarden Hektar durch die Zahl der Erdenbürger teilt. Der Weltacker im Botanischen Volkspark Pankow zeigt eine Ackerfläche von 2000 Quadratmetern maßstabsgetreu und schafft ein Bewusstsein dafür, wie lebensnotwendig die Landwirtschaft für uns alle ist. Denn nahezu jede Mahlzeit, Baumwolle für Kleidung, Tabak, Öl, Tierfutter und Kautschuk für Reifen entspringen dem Acker. Der Weltacker zeigt, wie solch eine Fläche funktioniert, welchen Tieren sie Lebensraum bietet, welche Auswirkungen Pestizide haben, wie viel Prozent Ackerfläche ins Ausland importiert werden und welche unvorstellbare Erntemenge am Ende ungenutzt auf dem Müll landet.

▸ Nicht verpassen: Der Botanische Volkspark Pankow ist zwar nicht so bekannt wie andere Parks, doch sein Freizeitangebot, speziell für Familien, ist enorm. Euch erwartet ein Wildtiergehege mit Futterstation, Schaugewächshäuser à la Tropenhaus im Botanischen Garten, die geologische Wand, eine schöne Obstbaumallee und jede Menge Grün.

Nächstgelegene Haltestelle: Botanischer Volkspark (Bus 107)
Parkplätze: Blankenfelder Chaussee – 52.604869, 13.400774

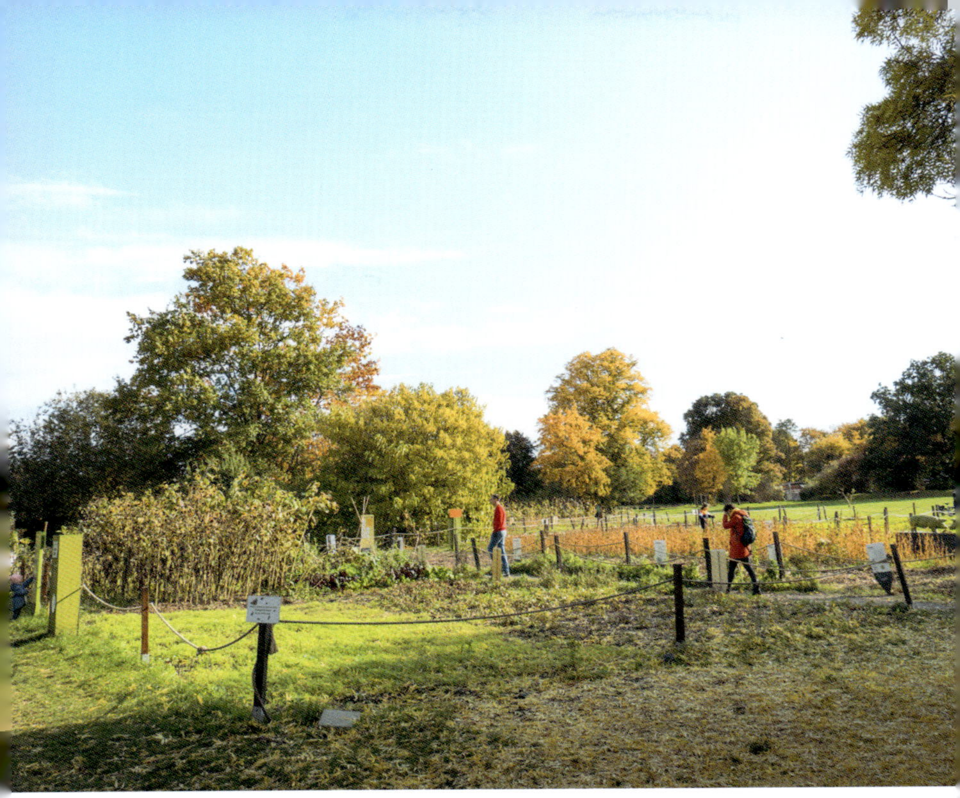

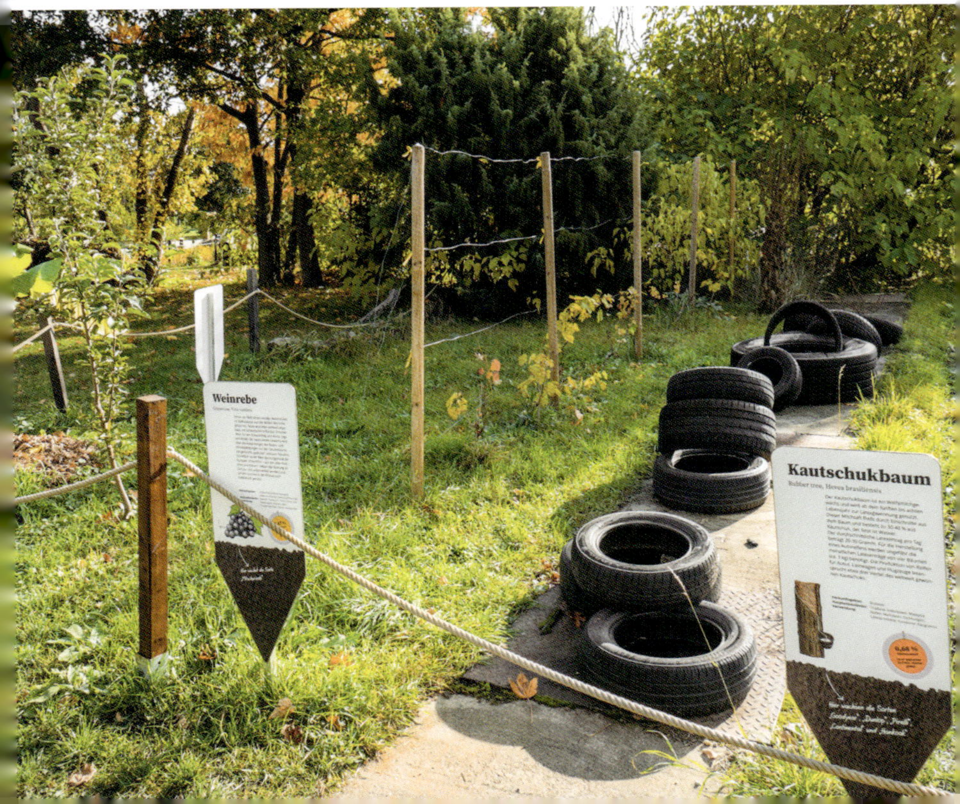

Weinrebe
Kautschukbaum

67

BERGGIPFEL ERKLIMMEN

WERDE ZUM GIPFELSTÜRMER

Zugegeben, unsere Berge sind im Vergleich mit der Zugspitze allenfalls kleine Hügel und in Bayern wird man über unsere Erhebungen nur lachen, doch das stört uns nicht, denn für eine kleine Wanderung eignen sie sich hervorragend! Von ihren Gipfeln schauen wir über die Stadt bis nach Brandenburg und im Winter nutzen wir die steilen Hänge zum Rodeln. Diese Berliner Berge müsst ihr gesehen haben:

EHRENPFORTENBERG

HÖHE: 69 METER

Ein Selfie vor einem echten Gipfelkreuz? Kein Problem! Auf dem Ehrenpfortenberg befindet sich ein drei Meter großes hölzernes Kreuz

Wo? Reinickendorf / Zielgenaue Geodaten: 52.614015, 13.271295

TEMPELHOFER ALPENGIPFEL

HÖHE: 77 METER

Hinter dem scherzhaften Namen steckt ein Müllberg im Freizeitpark Marienfelde. Sein Aufstieg führt an Schafweiden und Rehwiesen vorbei

Wo? Tempelhof-Schöneberg / Zielgenaue Geodaten: 52.401713, 13.366964

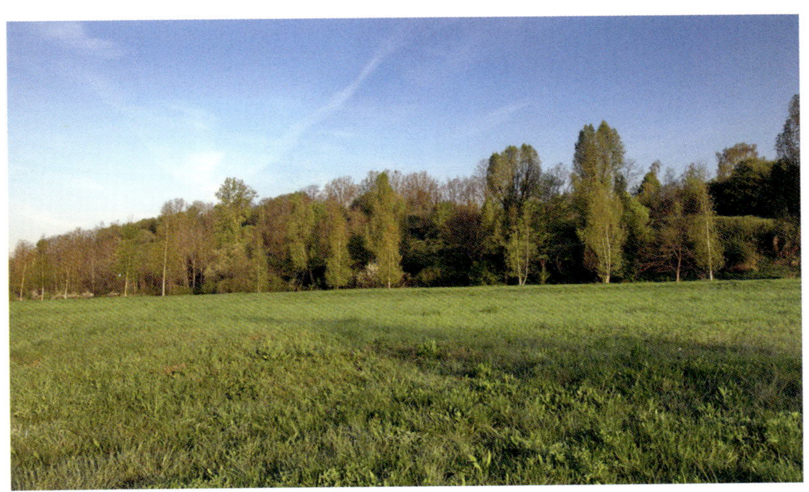

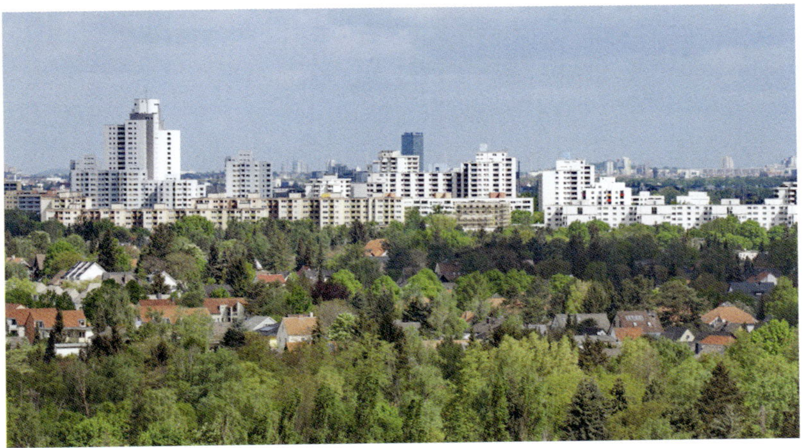

DÖRFERBLICK

HÖHE: 86 METER

Auf dem flachen Plateau hat man einen guten Ausblick auf die nahegelegenen Dörfer in Brandenburg – deshalb auch der Name

Wo? Neukölln / Zielgenaue Geodaten: 52.397326, 13.481062

HAVELBERG

HÖHE: 96 METER

Mountainbiker nennen ihn »Panzerberg‹«, denn auf den steilen Wegen fühlt sich das Rad plötzlich tonnenschwer an

Wo? Steglitz-Zehlendorf / Zielgenaue Geodaten: 52.466073, 13.201416

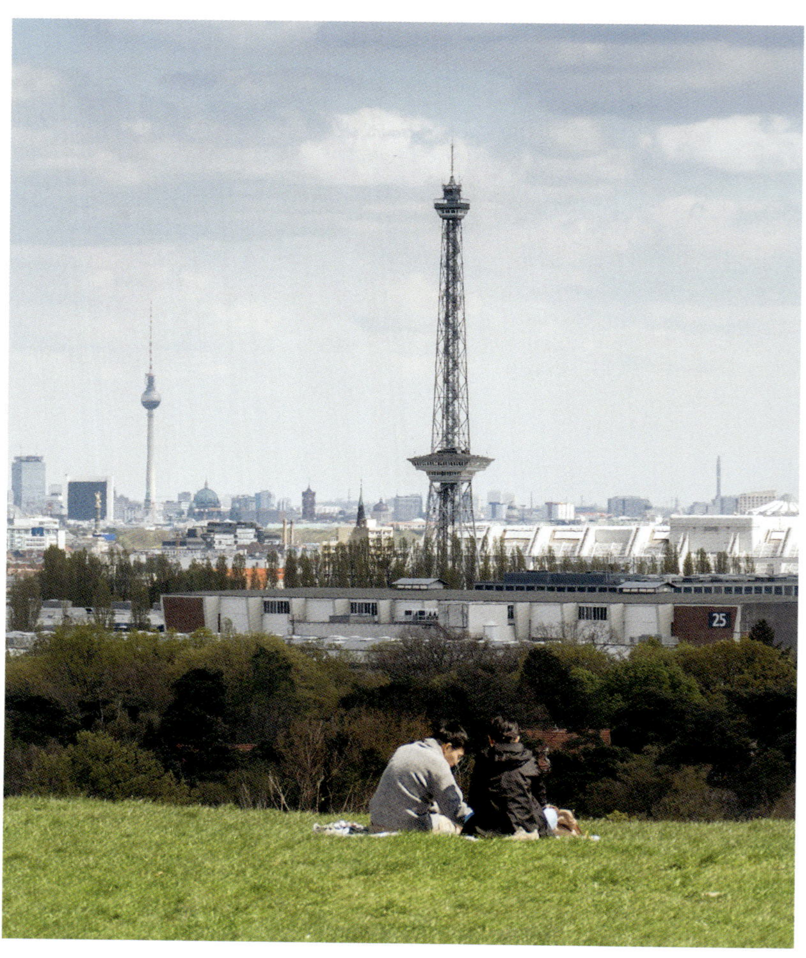

DRACHENBERG

HÖHE: 99 METER

Im Gegensatz zu seinem Nachbarn, dem Teufelsberg, kostet der Aufstieg keinen Eintritt und kann zu jeder Tageszeit erfolgen

Wo? Charlottenburg-Wilmersdorf / Zielgenaue Geodaten: 52.502215, 13.248831

GROSSER MÜGGELBERG

HÖHE: 114,8 METER

Auf dem Müggelberg befindet sich Berlins höchste Downhillstrecke, die für Unterhaltung während des Aufstiegs sorgt

Wo? Treptow-Köpenick / Zielgenaue Geodaten: 52.416525, 13.642596

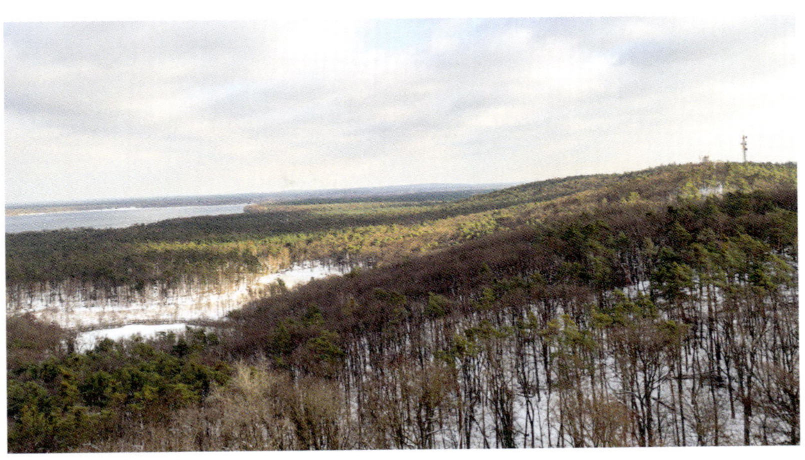

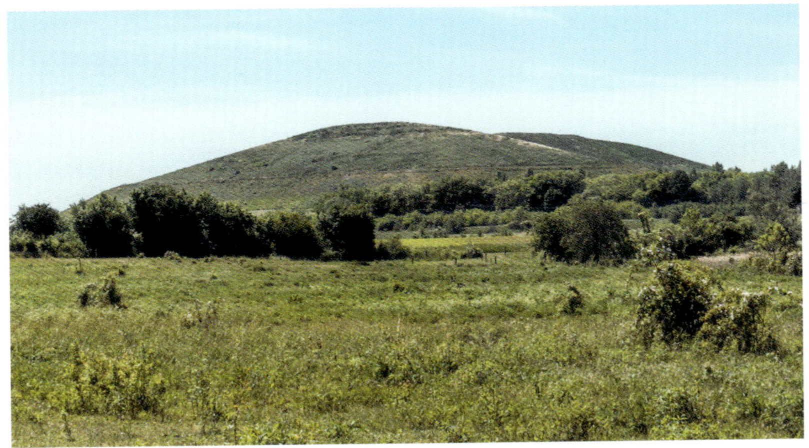

ARKENBERGE

HÖHE: 120,7 METER

Viele denken, der Teufelsberg ist der höchste Berg, doch das stimmt nicht. Eine Neuvermessung machte klar: Keiner ist höher als der Arkenberg

Wo? Pankow / Zielgenaue Geodaten: 52.638102, 13.404787

68 WILDKRÄUTERFÜHRUNGEN MIT ANNE

SO SCHMECKT BERLIN

Bei einem Spaziergang durch Berlin begegnet man allerhand Kräutern und Pflanzen, deren Bedeutung und Verwendung leider nur die wenigsten kennen. Wie schade, oder? Denn oft verbirgt sich hinter dem unscheinbaren »Unkraut« am Wegesrand eine unerwartete Vielfalt. Sie sind die Grundlage für ein leckeres Pesto, dienen als reinigendes Gesichtswasser oder können zu einem wohltuenden Erkältungssirup zusammengebraut werden. Ganz umsonst, ganz natürlich und frei von unnötigen Zusatzstoffen. Anne Schmidt-Luchmann ist eine Expertin auf diesem Gebiet und veranstaltet zusammen mit ihrem Partner Paul Spaziergänge durch den Treptower Park, bei denen man alles über urbane Kräuter erfährt. Anschließend könnt ihr euch bei einem Wildkräuter-Dinner davon überzeugen, wie schmackhaft vermeintliches Unkraut sein kann und auf eine kulinarische Entdeckungsreise gehen.

▸ Mehr als nur lecker: Anne und Paul wissen, dass Wildkräuter nicht nur gut schmecken, und kennen auch alles über ihre heilende und pflegende Wirkung. Auf ihrer Website www.anneskraeuter.de findet ihr Informationen zu den Kursen »Naturkosmetik« und der »Kräuter-Apotheke«.

Anne's Kräuter
Bödikerstraße 30, 10245 Berlin

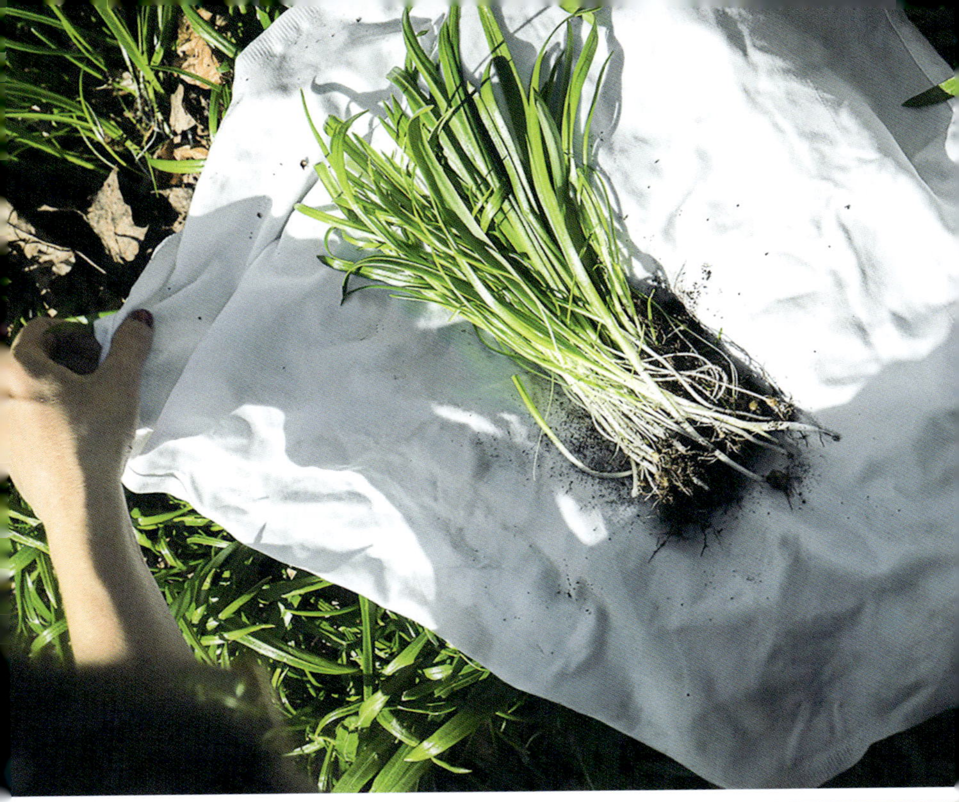

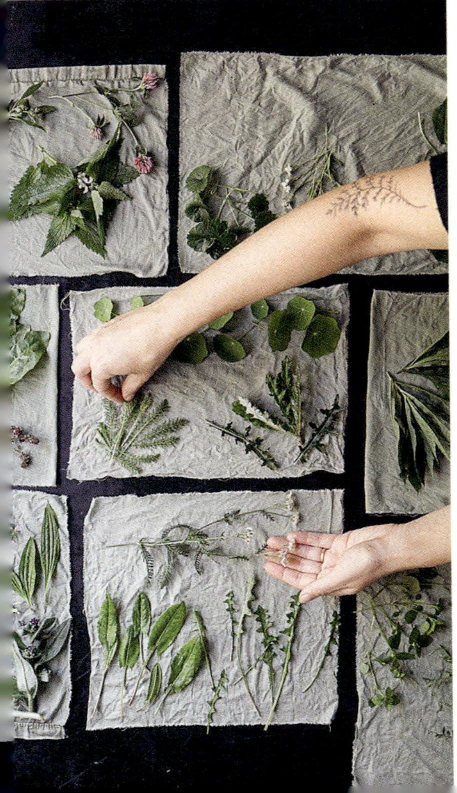

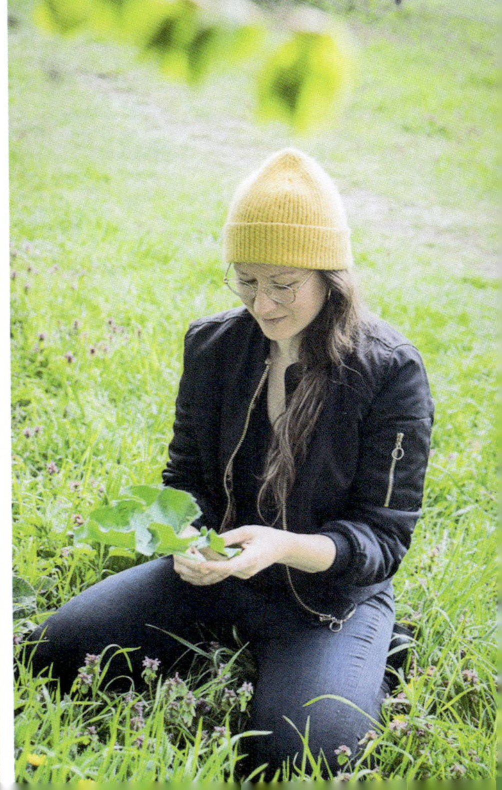

69
WILDTIERE IN BERLIN

... UND WO MAN IHNEN BEGEGNET

Entgegen vieler Meinungen ist die Hauptstadt ein Paradies für Wildtiere, denn hier finden sie Ruhezonen und reichlich Nahrung in den Wohngebieten. 55 Säugetierarten befinden sich auf dem Berliner Boden und etwa 180 Vogelarten in der Luft. Auf den Sandböden stillgelegter Bahnhöfe sonnen sich Reptilien und in den Seen schwimmen zwei Meter große Welse. Man trifft aber auch auf Tiere, die man in der Großstadt nicht erwartet.

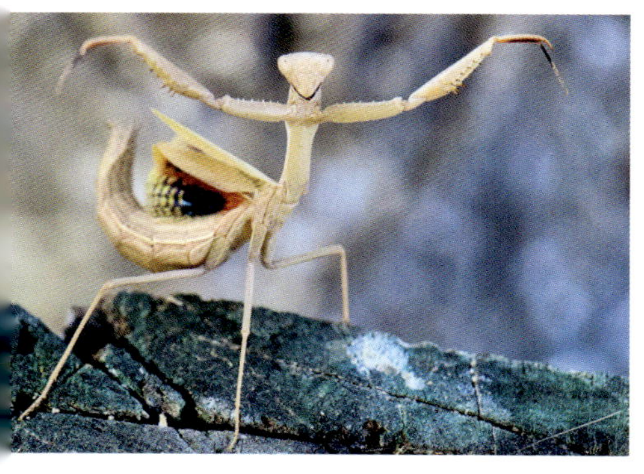

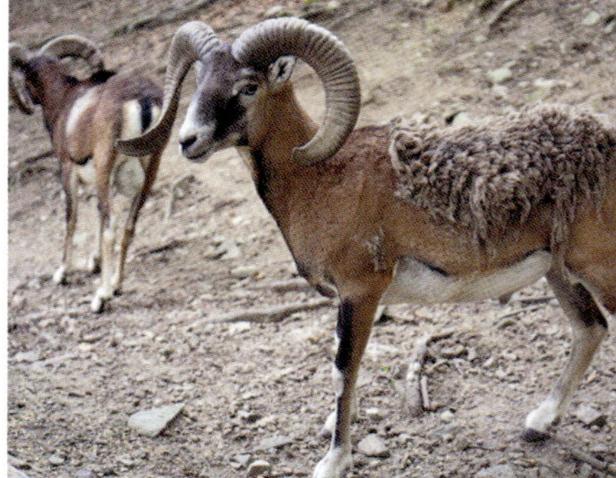

GOTTESANBETERIN

Die Meisterin der Tarnung ist kaum von einem Blatt zu unterscheiden. Am wohlsten fühlt sie sich in Schöneberg

Wo? Natur-Park Südgelände - 52.460949, 13.358342

MUFFLONS

Die Wildschafe stammen aus einem Tierpark und wurden zur Bereicherung der Artenvielfalt ausgesetzt – mit Erfolg, sie vermehrten sich

Wo? Am Schäferberg - 52.417279, 13.126120

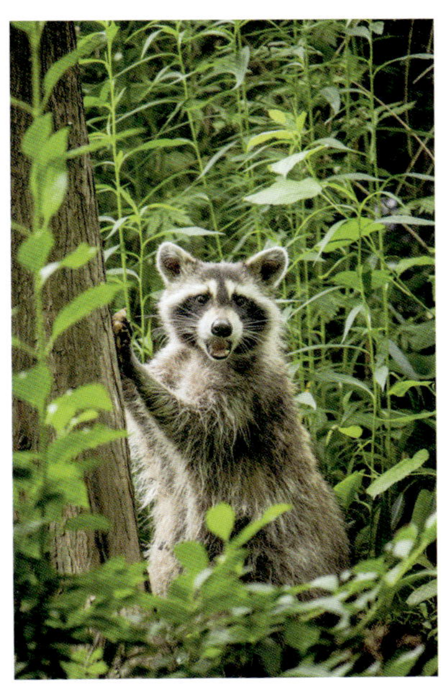

WASCHBÄREN

Die Kleinbären halten sich am liebsten in wasserreichen Biotopen auf und überwintern gerne in Gartenlauben

Wo? Seufzerbrücke – 52.516912, 13.210239 | Rahnsdorf – 52.436670, 13.681019

ROTWANGEN-SCHMUCKSCHILDKRÖTEN

Schildkröten sind in Berlin längst keine Seltenheit mehr. Man findet sie sogar in kleinen Parkgewässern

Wo? Engelbecken – 52.505803, 13.418198 | Nelly-Sachs-Park – 52.498148, 13.367077

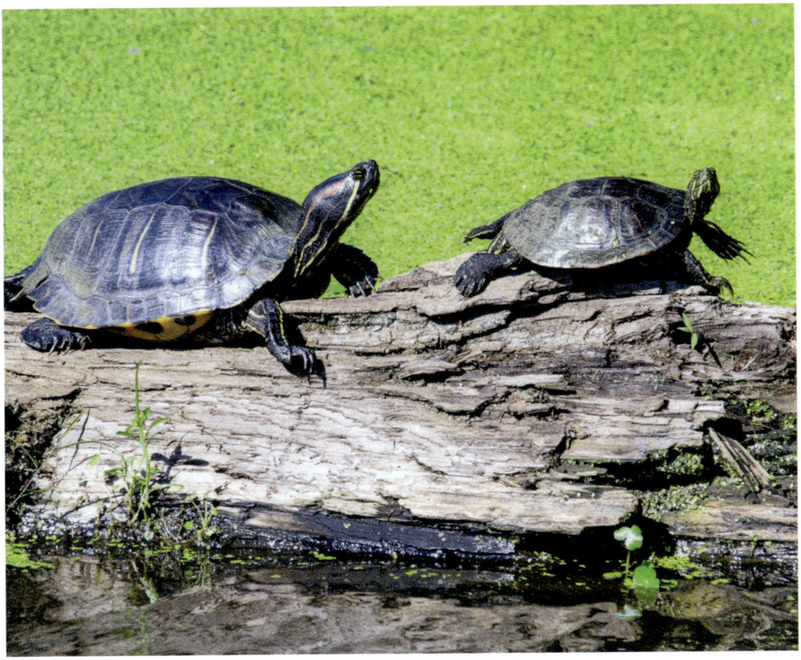

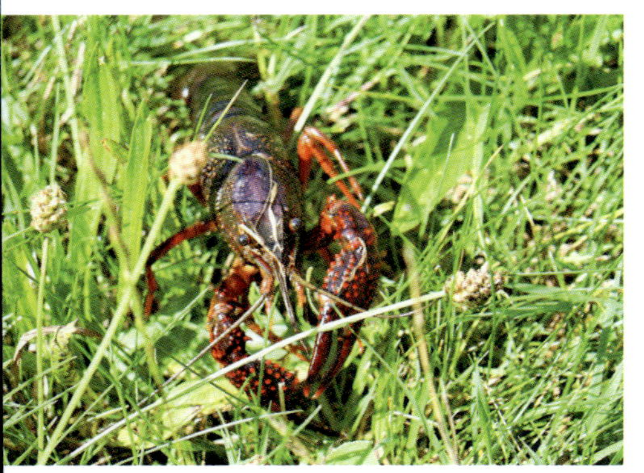

WASSERBÜFFEL

Wasserbüffel leben seit vielen Jahrhunderten nahe dem Menschen und scheuen sich nicht vor Körperkontakt

Wo? Altglienicke – 52.407273, 13.516642 | Hermsdorf – 52.607520, 13.302092

AMERIKANISCHE FLUSSKREBSE

Wie die roten Krebse nach Berlin kamen, ist unklar, doch sie vermehren sich rasant

Wo? Tiergartengewässer – 52.512453, 13.358503 | Britzer Garten – 52.433982, 13.416839

SEEADLER

Mit einer Spannweite von 2,40 Meter kreist er über die Stadt und krallt sich im Sturzflug Fische aus den Seen

Wo? Moorlinse – 52.631907, 13.486112 | Müggelsee – 52.436875, 13.621826

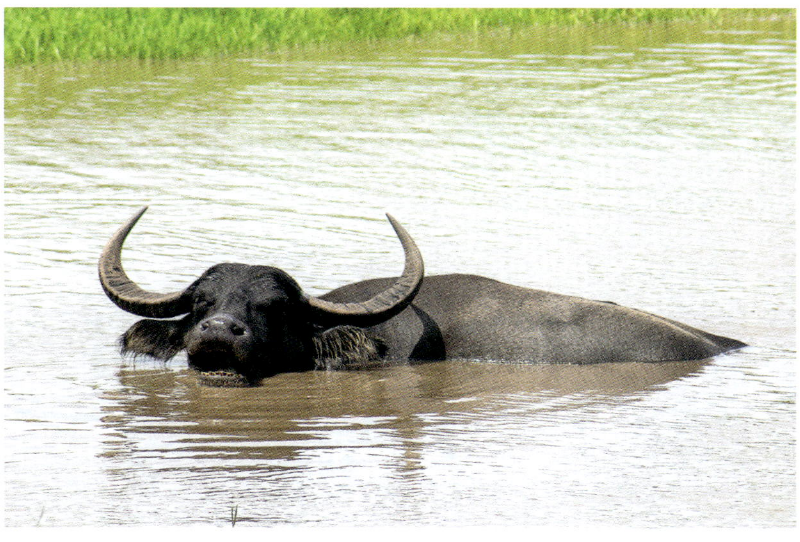

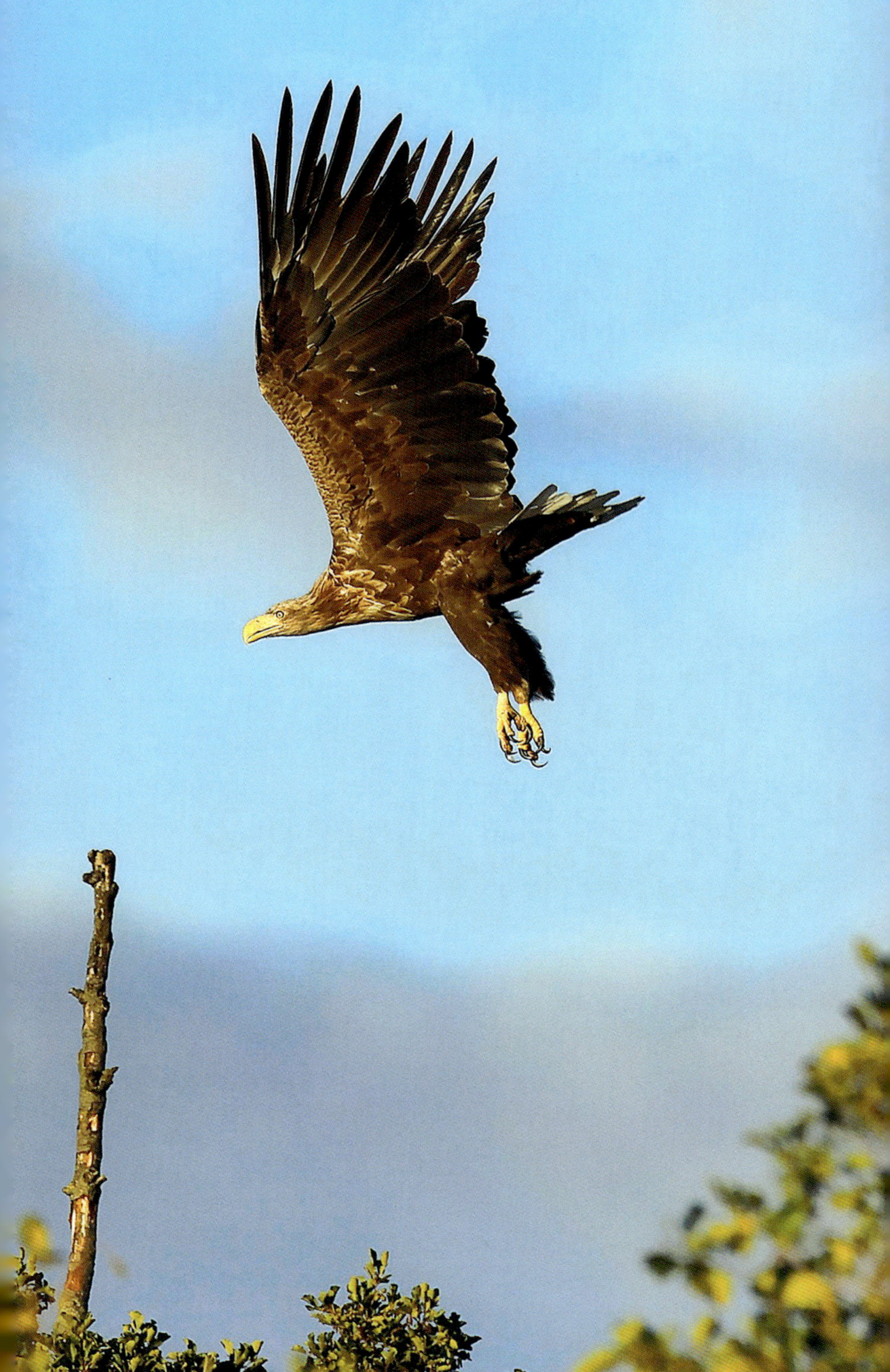

70

WILDE WÜSTEN-ORCHIDEEN

WOLTERSDORFER DÜNENZUG

Dort, wo sich Berlin nicht mehr nach einer Großstadt anfühlt, fühlen sich Naturmenschen am wohlsten. Einer dieser Orte ist der Woltersdorfer Dünenzug im verträumten Wilhelmshagen. Die Landschaft entstand durch Windverwehungen in der letzten Eiszeit und zählt zu den trockensten Gebieten Berlins. Aufgrund der sandigen Hügel, die bis zu 70 Meter in die Höhe ragen, solltet ihr das Fahrrad im Ortskern anschließen und festes Schuhwerk tragen. Vom höchsten Punkt schaut man über die Baumkronen hinweg bis zur Turmspitze einer Dorfkirche.

Besonders sehenswert ist es zwischen Mai und Juli, wenn die Trespen-Trockenrasen in den schönsten Lila- und Gelbtönen blühen. Bei Botanikern ist das Biotop für den hohen Artenreichtum an wilden Orchideen bekannt.

Der südliche Teil der Dünenlandschaft besteht aus feinsandigen Bergen und ist gut geeignet für kleine Abenteurer, die Eidechsen und Schmetterlinge beobachten möchten. Je nördlicher man wandert, desto grüner wird es und aus kahlen Dünen werden saftige Wiesen und haushohe Kiefern.

▸ Schlemmertipp: Nach der Dünenwanderung könnt ihr in der »Müggelseefischerei« wieder zu Kräften kommen. Bei einem der letzten Fischer Berlins gibt es Räucherfisch und Fischbrötchen mit Blick aufs Wasser.

Nächstgelegene Haltestelle: Wilhelmshagen (S3 und Bus 161)
Parkplätze: Schönblicker Straße – 52.438187, 13.719938

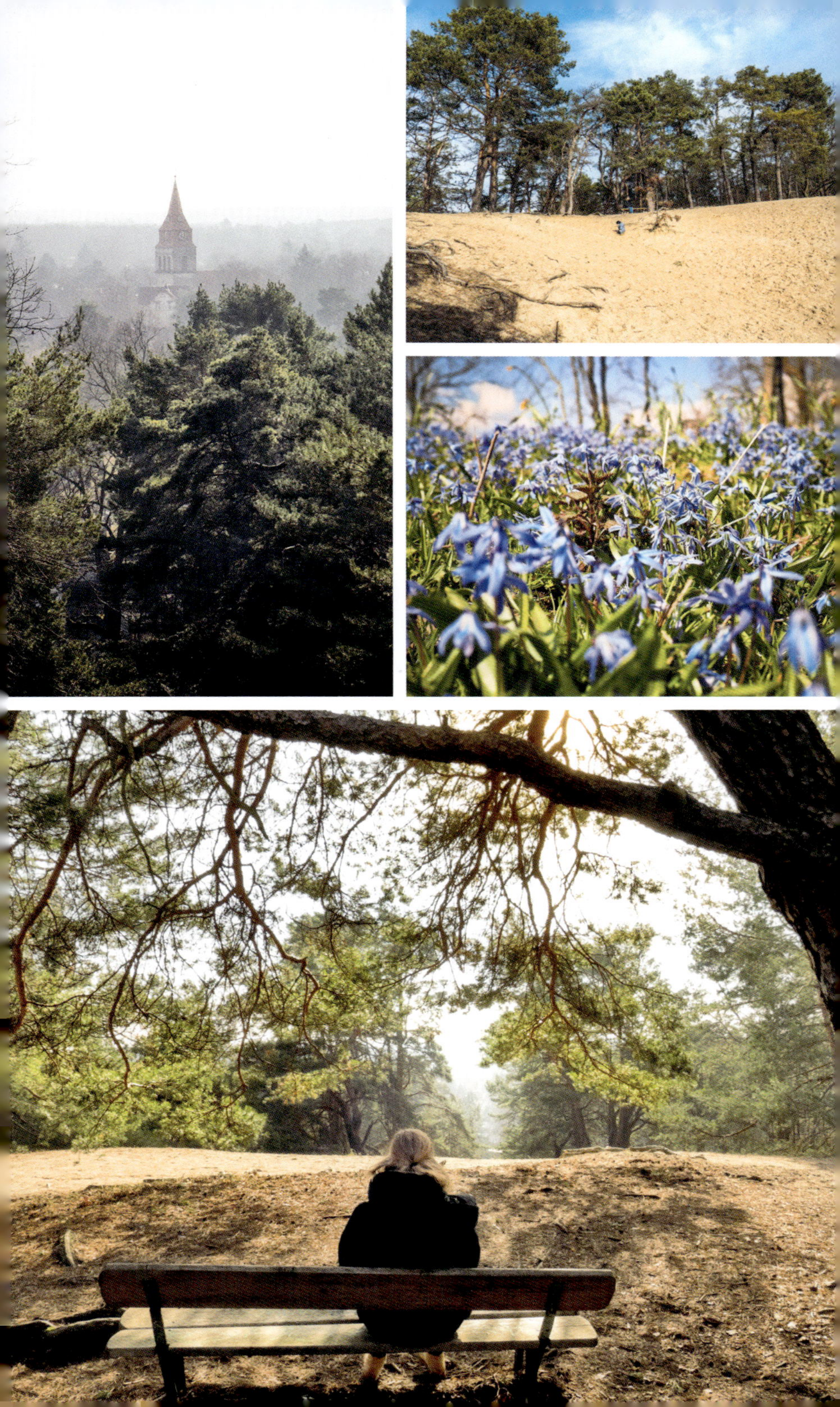

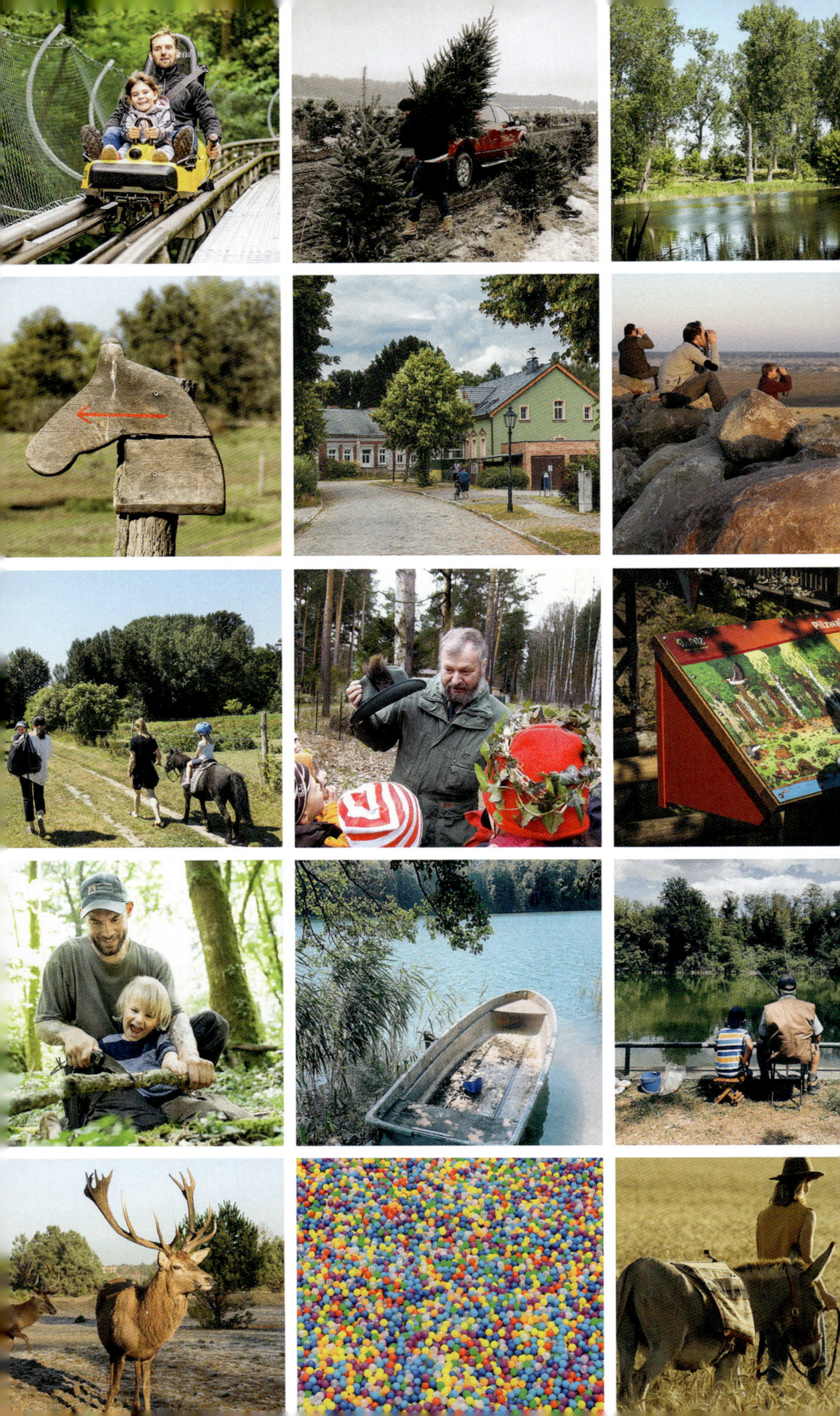

VOR DEN TOREN DER STADT

AUSFLUGSZIELE IM BERLINER UMLAND

Ach, was haben wir Berliner doch für ein Glück mit Brandenburg als unserem Nachbarn! Selbst aus dem Stadtzentrum dauert es kaum länger als eine Dreiviertelstunde, um den Trubel hinter sich zu lassen und in eine komplett andere Welt einzutauchen. Die rund 3000 Seen, die historischen Kulturlandschaften samt den geschichtsträchtigen Schlössern und Altstädten sowie die traumhaft schönen Wälder, durch die Wölfe und Elche schleichen, machen Brandenburg zu einem der schönsten Gebiete Deutschlands.

ABENTEUERLAND BRANDENBURG

Für uns Hauptstädter bedeutet das vor allem eines: Warum in die Ferne ziehen, wenn das Gute so nah liegt? Brandenburg besticht aber nicht nur durch die viel zitierte Abgeschiedenheit und unberührte Natur, sondern bietet auch eine Menge abenteuerlicher Freizeitaktivitäten, die spaßige Tagesausflüge garantieren.

Die vorgestellten Ausflugsziele schicken euch mit 40 Stundenkilometern durch die Waldschneise der Rauener Berge und zu handzahmen Büffeln auf die Weiden des Mühlenbecker Lands, zeigen aber auch, wie man sich das Mittagessen eigenhändig in türkisfarbenen Seen fängt und wo man mit Eseln durch einen Naturpark wandern kann.

71
80.000 KRANICHE

BEEINDRUCKENDE VOGELZÜGE BEOBACHTEN

Wer einmal miterlebt hat, wie mehrere Tausend Kraniche mit schmetternden Trompetenrufen am Himmel vorbeiziehen, wird diesen Anblick wohl nie wieder vergessen. Dieses Naturschauspiel findet jedes Jahr ab dem Spätsommer bis in den Oktober hinein auf brandenburgischem Gebiet statt und ihr könnt hautnah dabei sein. Am Rande bekannter Rastgebiete gewähren euch Vogelbeobachtungstürme freien Eintritt und bieten einen Platz in der ersten Reihe, wenn sich Kraniche, Graugänse oder Singschwäne versammeln, um sich auf den langen Flug Richtung Süden vorzubereiten. In der Vergangenheit konnten mehr als 80.000 Kraniche an nur einem einzigen Rastplatz gezählt werden. Dass sich die Zugvögel ausgerechnet in Brandenburg so wohlfühlen, liegt an den zahlreichen flachen Gewässern und Getreidefeldern, wo sie sich Energiereserven für die Weiterreise anfuttern können.

1 / VOGELBEOBACHTUNGSTURM UTERSHORST IM HAVELLÄNDISCHEN LUCH

Zielgenaue Geodaten: 52.640474, 12.855262

2 / VOGELBEOBACHTUNGSHÜTTE AN DEN LINUMER TEICHEN

Zielgenaue Geodaten: 52.771345, 12.883137

3 / VOGELTURM AM HEINZ SIELMANN NATUR-ERLEBNISZENTRUM WANNINCHEN

Zielgenaue Geodaten: 51.787905, 13.772528

4 / VOGELBEOBACHTUNGSTURM AM STRENG BEI NETZEN

Zielgenaue Geodaten: 52.357314, 12.688223

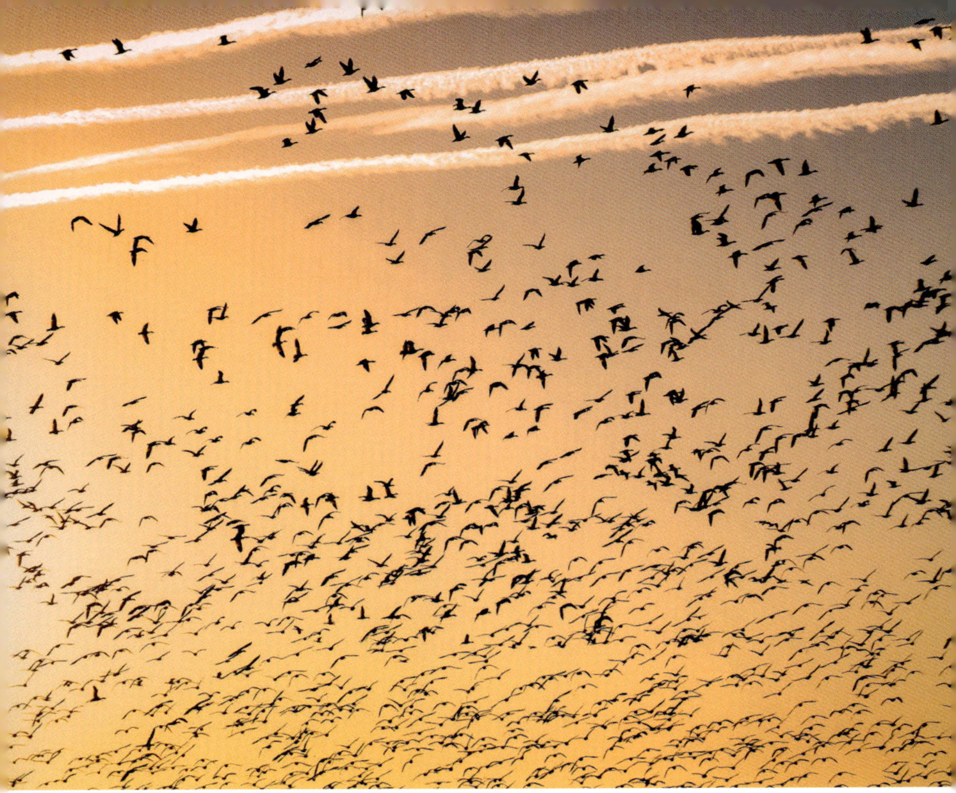

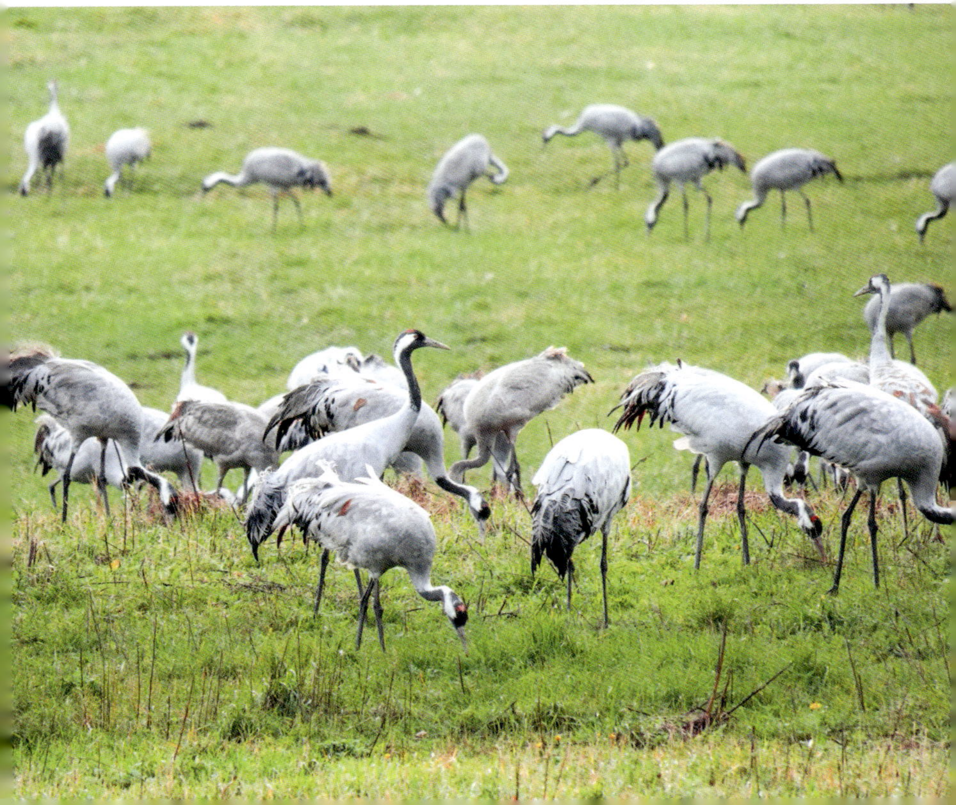

72

ADVENTURE GOLF AUF PIRATE'S ISLAND

GOLFCLUB PRENDEN

Kurz zusammengefasst könnte man sagen, Adventure Golf ist so etwas wie Minigolf, nur in groß. Doch während eine Runde Minigolf ein netter Spaß für zwischendurch ist, ist eine Partie Adventure Golf XXL auf Pirate's Island in Prenden ein echtes Abenteuer!
Die über 3000 Quadratmeter große Anlage ist in Form einer Piratenwelt gestaltet. Im Zentrum erhebt sich ein riesiges Piratenschiff, in dem sich eine Indoor-Schwarzlichtbahn mit Soundeffekten befindet. Gespielt wird auf 18 abwechslungsreichen Bahnen, die eine Länge von bis zu 15 Metern haben und im Gegensatz zum Minigolf betreten werden dürfen. Während eures Spiels gelangt ihr auf das Deck des Piratenschiffs, müsst den Golfball durch eine Kanone oder das Maul eines Hais schießen und das Wasser mit Hilfe eines Wasserfloßes überqueren, das sich nur mit Muskelkraft bewegen lässt.
Adventure Golf ist für Spieler jeden Alters ohne Vorkenntnisse geeignet und schon alleine wegen der Riesenkrake, dem Gorillakäfig oder den vielen Piratenfiguren ein großes Vergnügen für Kinder.

Golfclub Berlin Prenden
Adresse: Waldweg 3, 16348 Prenden (bei Wandlitz)
Website: www.golfplatz-prenden.de

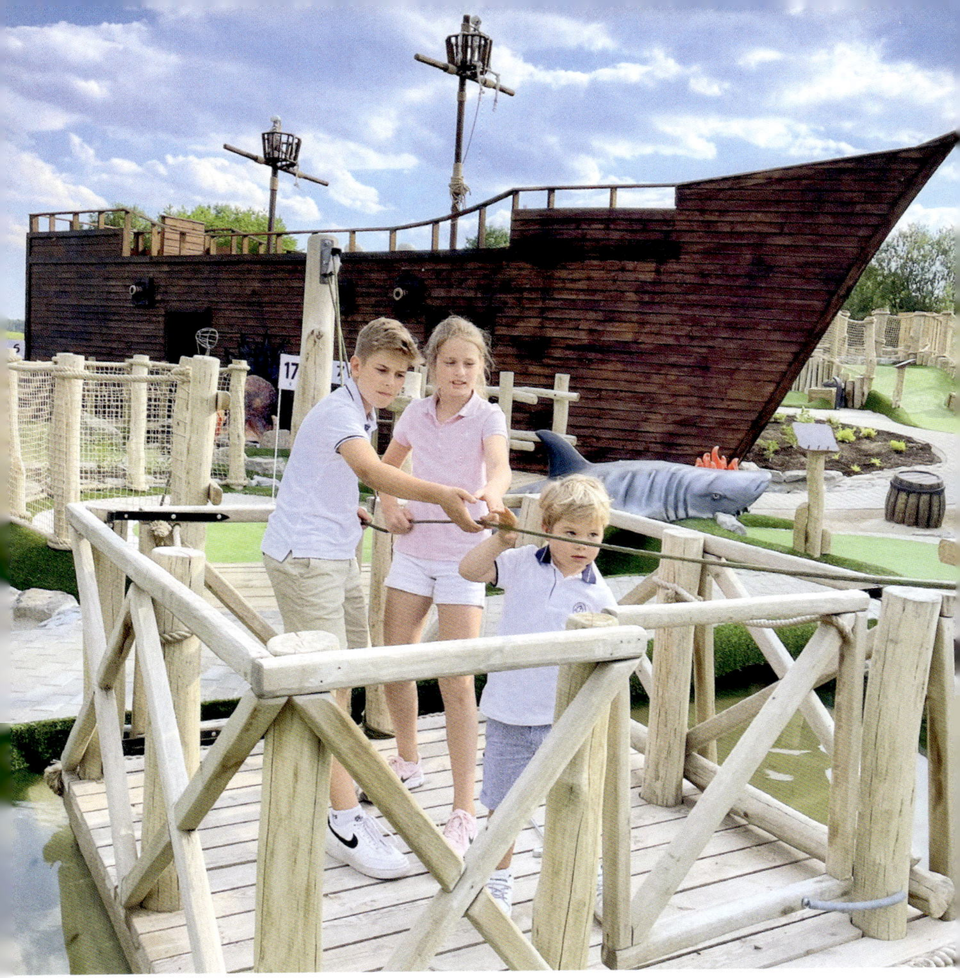

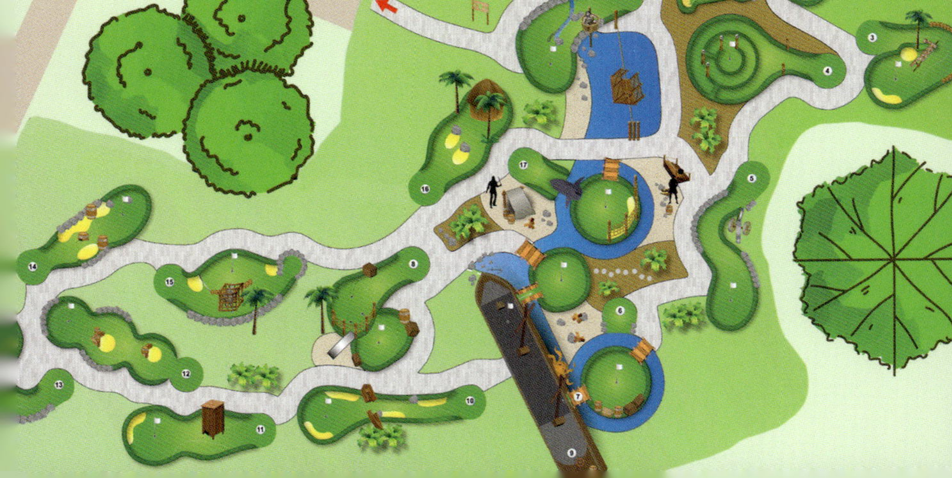
ISLAND
ADVENTURE GOLF BERLIN

73
HUNDERTPROZENTIGE FANGGARANTIE

ANGELANLAGEN

Die einen lieben es, zu angeln, die anderen finden es gähnend langweilig. Angeln mit Kindern ist ein prägendes Erlebnis und zeigt ihnen, wie man auf traditionelle Weise, vom Bestücken der Köder bis zum Ausnehmen der Fische, an sein Mittagessen kommen kann. Doch was ist, wenn die Fische einfach nicht anbeißen wollen und die Laune sinkt? Der große Vorteil einer Angelanlage ist ein nahezu garantiertes Fangerlebnis. Bei den meisten Anlagen zahlt man nämlich das Gewicht des gefangenen Fisches, weswegen ihr von einem vollen Eimer ausgehen könnt. Ein weiterer Pluspunkt vieler Anlagen ist, dass Angelequipment bereitgestellt wird und Anfänger Tipps für einen erfolgreichen Tag am Wasser bekommen.

Das sind die besten Angelanlagen im Berliner Umland:

1 / FISCHZUCHT ZIPPELSFÖRDE

Rheinshagener Weg 10, 16827 Zippelsförde
Website: www.fz-zippelsfoerde.de

2 / ANGELTEICH MÄRTENSMÜHLE

Lindenallee, 14947 Nuthe-Urstromtal
Website: www.angelteich-mmuehle.de

3 / FORELLENANLAGE KLEIN WALL

Klein Wall, 15537 Grünheide (Mark)
Website: www.klein-wall.de

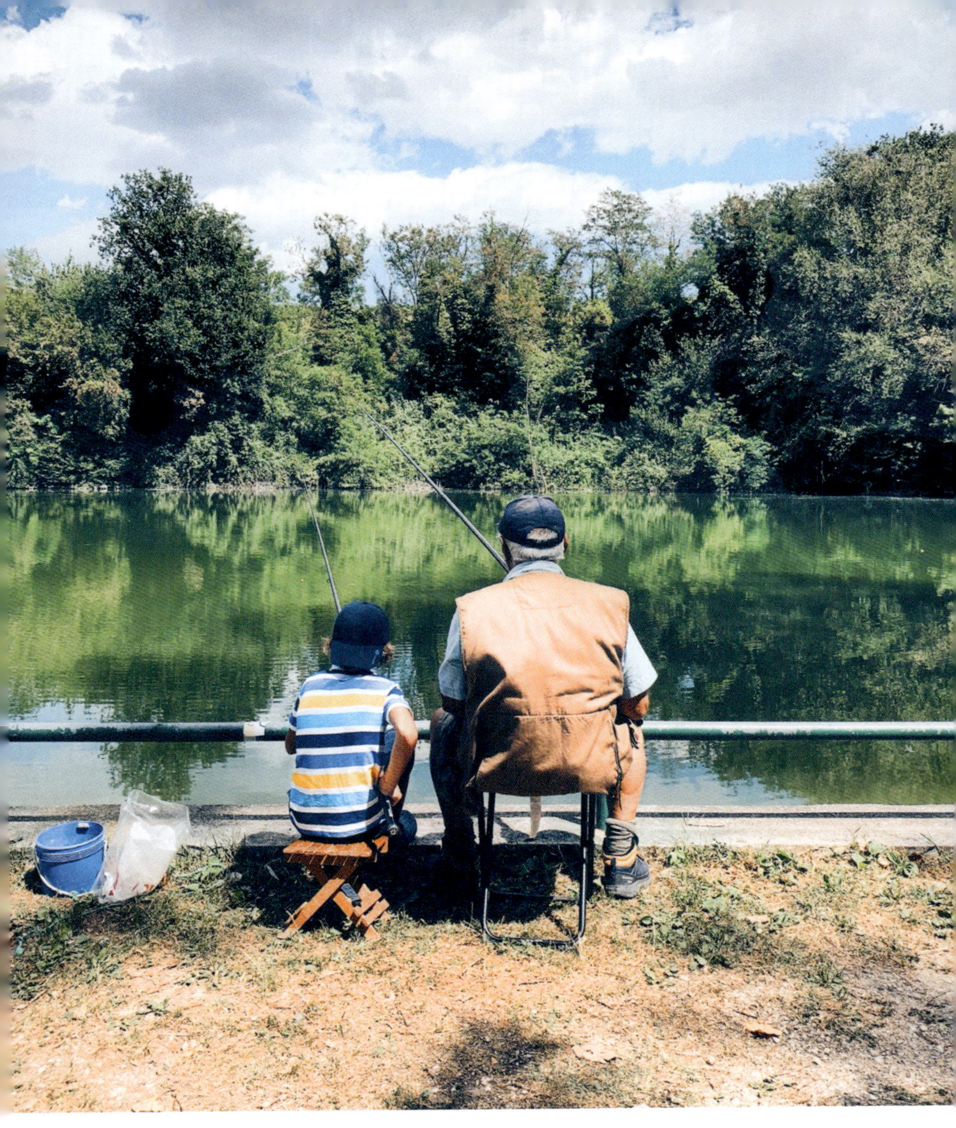

4 / ANGELPARK NEUE MÜHLE

Neue Mühle 3, 14776 Brandenburg an der Havel
Website: www.angelpark-neue-muehle.de

5 / TEICHWIRTSCHAFT THALBERG

Liebenwerdaer Str. 39, 04924 Bad Liebenwerda
Website: www.teichwirtschaft-thalberg.de

74

WANDERN, KLETTERN, GEISTER JAGEN

EIN TAG IM BRIESETAL

Rund um die Briese, einem Nebenfluss der Havel, erstrecken sich Erlenbruchwälder, Moorwiesen und überraschend viele Freizeitaktivitäten. Um in die mystisch-schöne Märchenwelt des Briesetals mit Kindern abzutauchen, wählt man am besten den nur vier Kilometer langen Rundweg mit Start im Dorfkern Briese (52.704793, 13.302991). Dort erwartet euch ein spannender Naturlehrpfad voller Naturspiele und Rätsel. Seid kreativ bei der Suche nach dem Buchengeist und haltet immer die Augen offen, an jeder Ecke lauern Lurche, Waldfrösche und auch der fleißige Biber ist sicherlich die ganze Zeit in eurer Nähe. Wichtig: Überquert die Hubertusbrücke und folgt dort wieder dem Wanderweg bis ins Dorf zurück, ansonsten verlängert sich der Rundweg um weitere vier Kilometer.

Nach dem beseelten Waldbaden wachsen kleine Besucher im Mini-Monkey-Kletterpark über sich hinaus. Die Anlage ist speziell auf die Fähigkeiten kleiner Kinder zugeschnitten und sorgt mit über 20 Hindernissen auf einer Strecke von 150 Metern für jede Menge Kletterspaß. Gleich daneben könnt ihr euren Wissensdurst in der Waldschule Briesetal stillen. Der Naturerlebnisgarten mit Binnendüne, beheiztem Waldzimmer, Bastelraum und Spielmöglichkeiten ist ein grünes Klassenzimmer, geführt von zwei sympathischen und geduldigen Betreibern, die Antworten auf all eure Fragen haben.

Nächstgelegene Haltestelle: S-Bahnhof Birkenwerder (S1 und S8, 2 km Fußweg)
Parkplätze: Parkplatz an der Waldschule – 52.703670, 13.300896

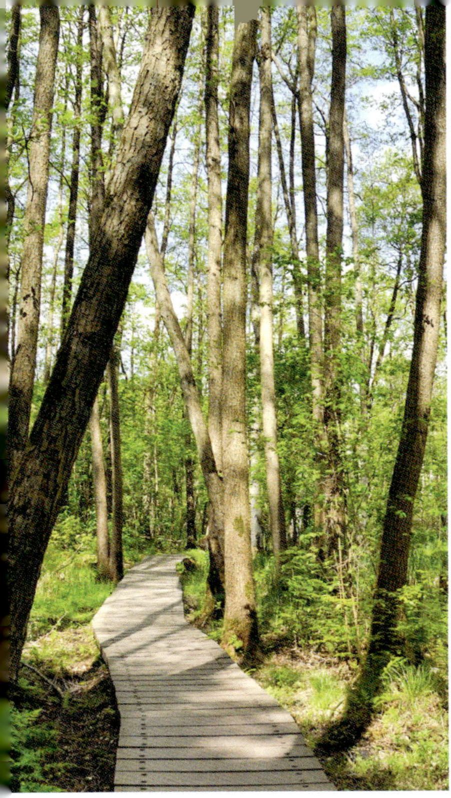

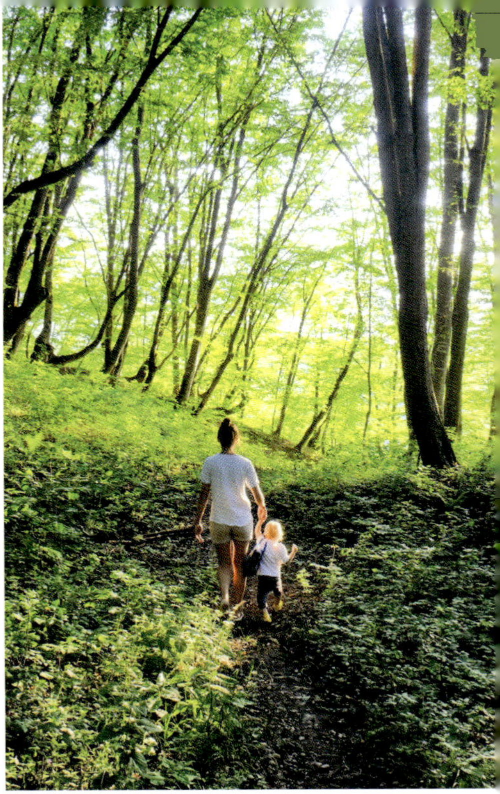

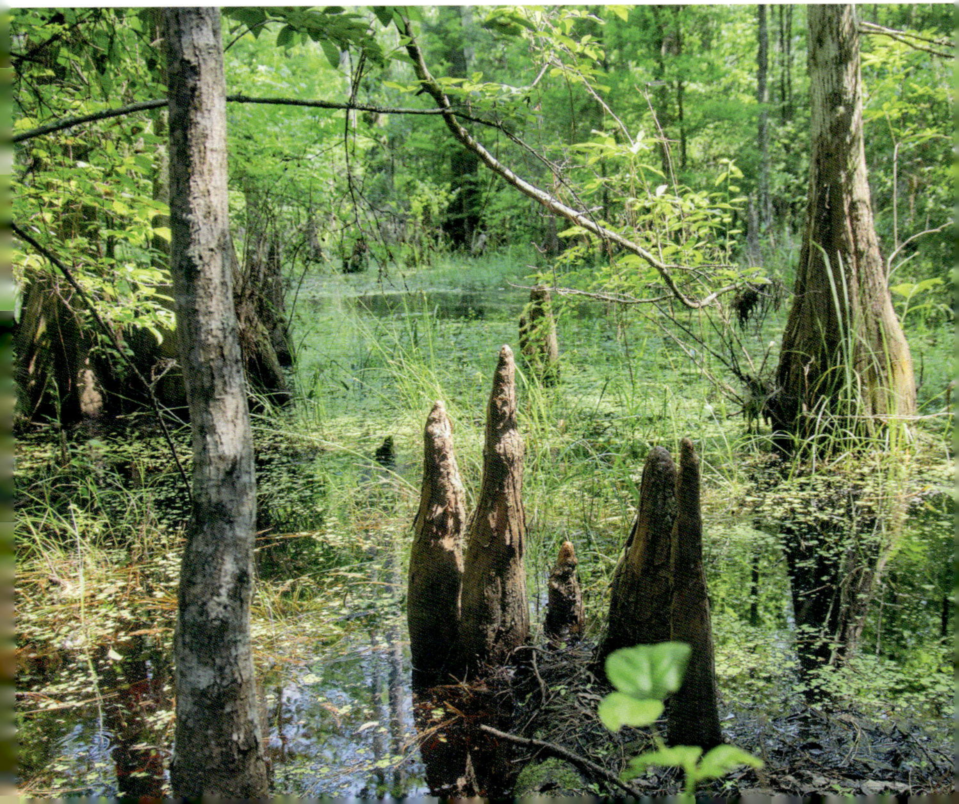

75

ZWÖLF STUNDEN IN CHORIN

KÄLBER, KLOSTER, KÖPPER

Die Gemeinde Chorin besticht durch ihre landschaftliche Schönheit, regionale Kulinarik und eine mittelalterliche Atmosphäre. Ein Tagestrip eignet sich für Naturliebhaber, die eine aktive Erholung in einer nahezu unberührten Kulisse suchen und dabei gerne für sich alleine sind. Die Anreise dauert kaum länger als die Fahrt von Spandau nach Köpenick, dennoch liegt Chorin gefühlt in einer anderen Welt.

STATION 1

DAS KLOSTER CHORIN

Nächstgelegene Haltestelle: Chorin, Kloster (Bus 912)

Als »des Landes schönster Schmuck« bezeichnet, zählt das Kloster zum Höhepunkt der Region. Hier könnt ihr Tiere beobachten, die sich hinter den alten Klostermauern angesiedelt haben, und in das Leben der Mönche im Mittelalter eintauchen

STATION 2

MIT ALPAKAS WANDERN

Nächstgelegene Haltestelle: Serwest, Wendestelle (Bus 912)

Auf dem Serwester Hof könnt ihr an einer Alpakawanderung teilnehmen und alles über die intelligente Kamelart lernen. Danach erkundet ihr noch den Hof und füttert Kängurus

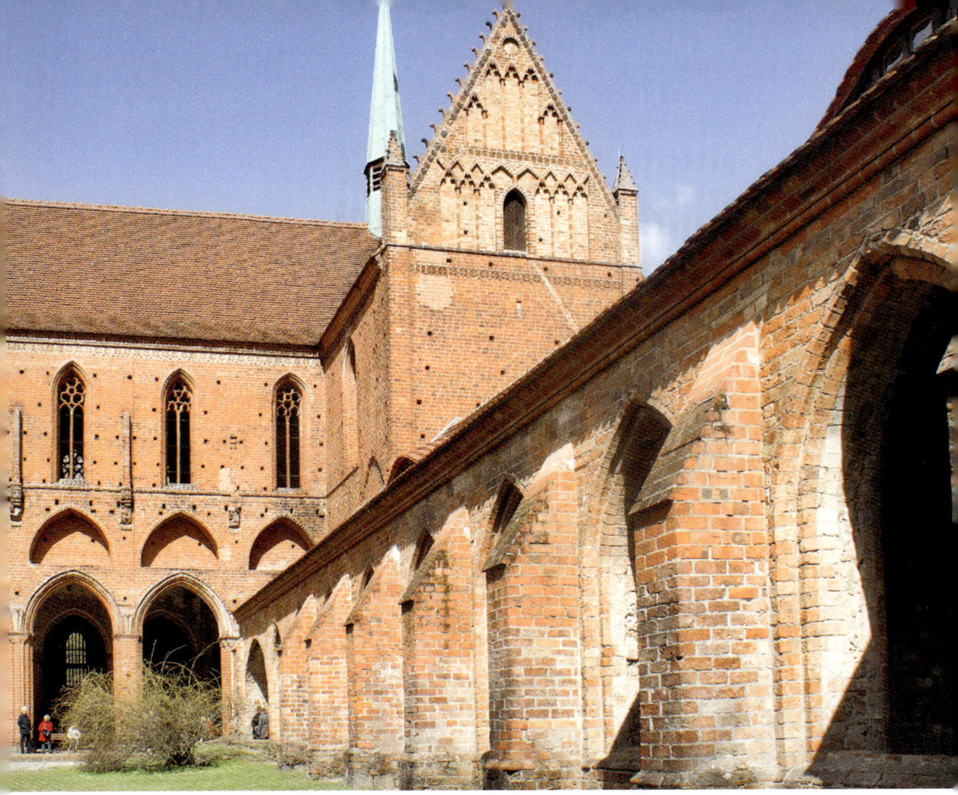

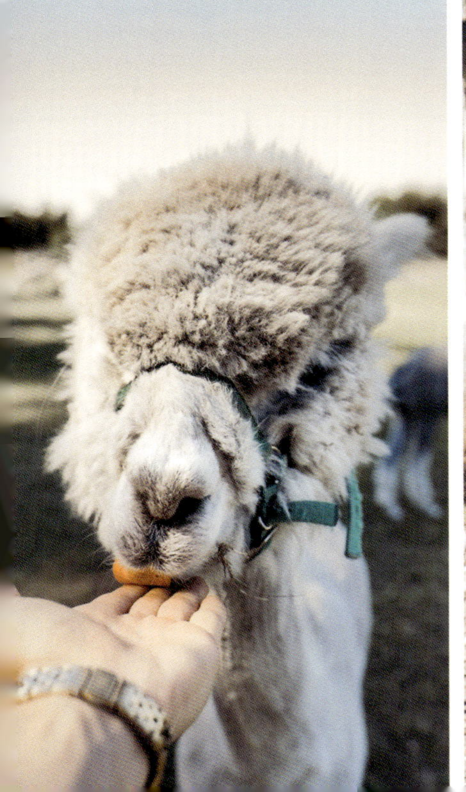

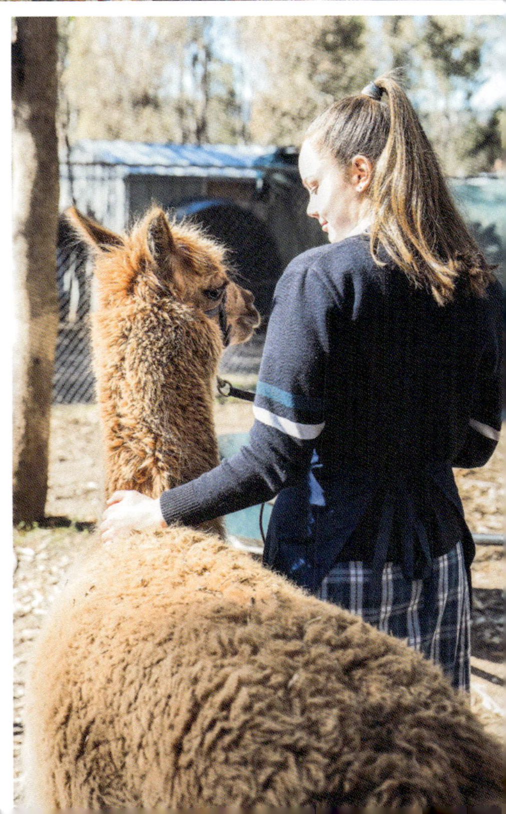

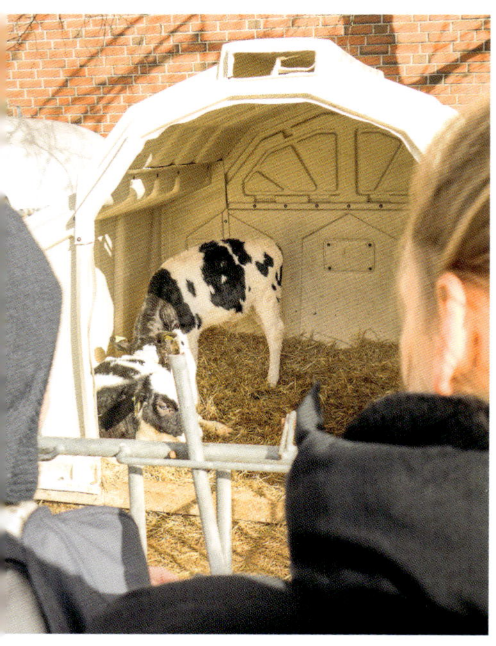

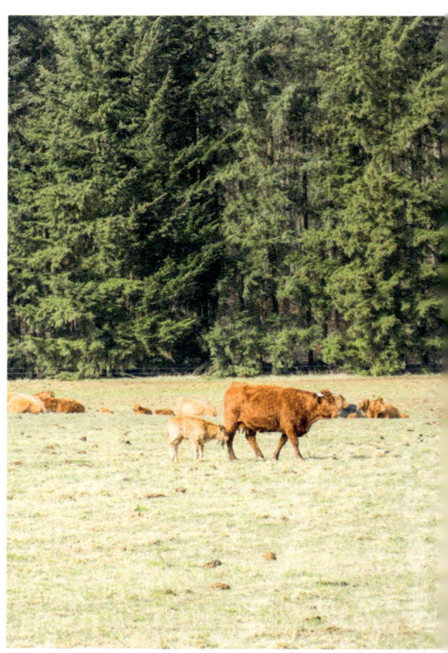

STATION 3

KÄLBER STREICHELN UND LECKERES ESSEN GENIESSEN

Nächstgelegene Haltestelle: Brodowin, Dorf (Bus 912)

Getreu dem Motto: »Morgens geerntet, mittags im Laden!« könnt ihr euch im Ökodorf Brodowin mit frischen Lebensmitteln eindecken. Auf dem Hof kommt ihr den Kälbern ganz nah und könnt einen Blick in die gläserne Meierei werfen

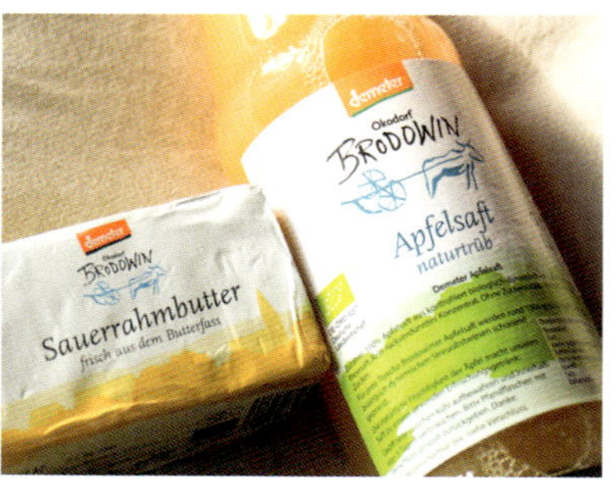

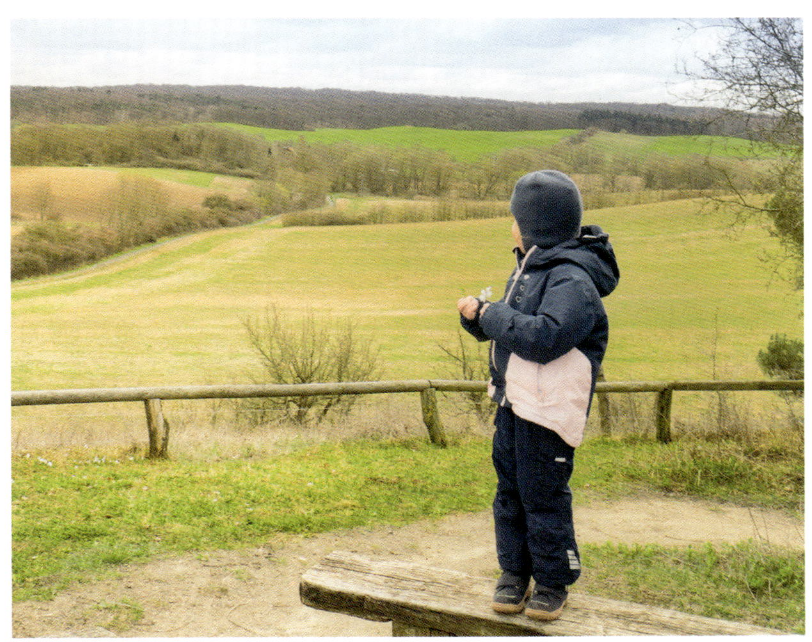

STATION 4

ÜBER BERGE UND SEEN

Keine nahegelegene Haltestelle. Parkplätze direkt am Berg

Auf dem Weg zur letzten Station kommt ihr am Kleinen Rummelsberg vorbei. Nutzt die letzten Reserven für den Aufstieg und gönnt euch den Ausblick auf Landschaften und Dörfer Chorins. Danach geht es zur gegenüberliegenden Badestelle Pehlitzwerder am Parsteinsee, wo euch glasklares Wasser erwartet

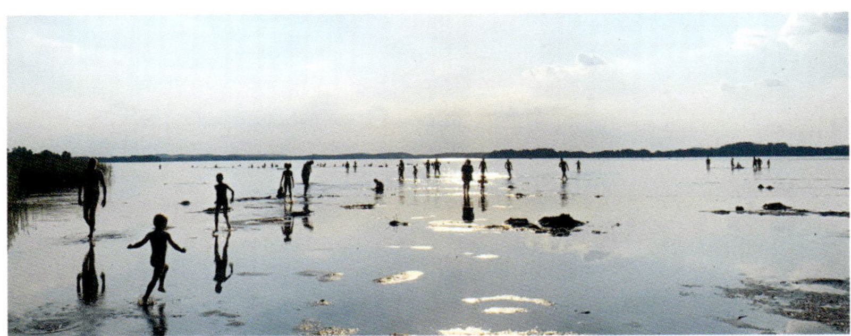

76

EIN TAG IN WANDLITZ

MUSEUM, DORF, SEE

Nur acht Kilometer hinter der Stadtgrenze erwartet euch ein herrlicher Tagesausflug inmitten ländlicher Beschaulichkeit und türkisfarbener Seen. Das kleine Bauerndorf Wandlitz, in der gleichnamigen Gemeinde Wandlitz, findet in Reiseführern kaum Erwähnung, obwohl es genau das Richtige ist für aktive Familien mit Wissensdrang, Appetit auf Erdbeerkuchen und Lust auf einen Inselbesuch.

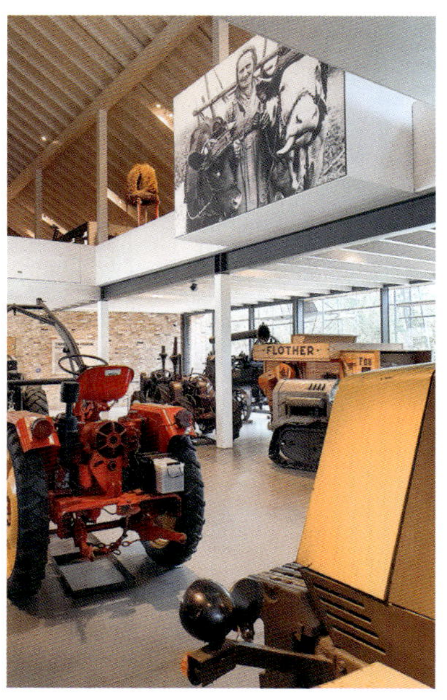

STATION 1
SO WAR DAS ALSO

Nächstgelegene Haltestelle: Barnim Panorama (Bus 902)

Nach dem Besuch im Agrarmuseum »Barnim Panorama« weiß man alles über die Anfänge und Gegenwart der heimischen Landwirtschaft. In sechs Themenräumen und einem Außenbereich mit großem Baumhaus könnt ihr auf alten und modernen Traktoren sitzen, an Multimediashows teilnehmen und Relikte des bäuerlichen Alltags vor vielen Hundert Jahren erleben.

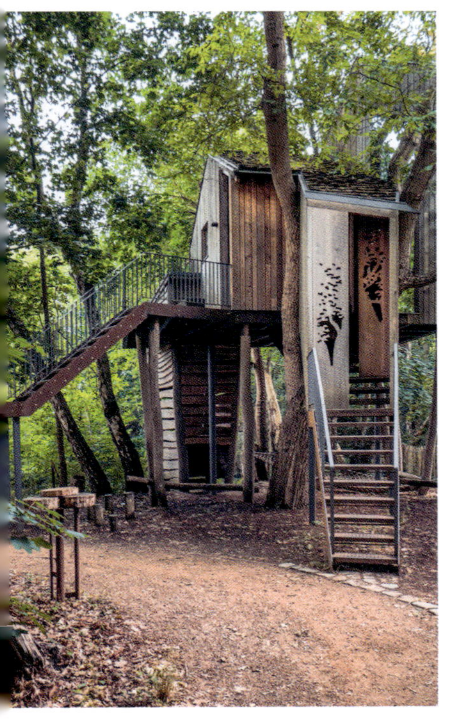

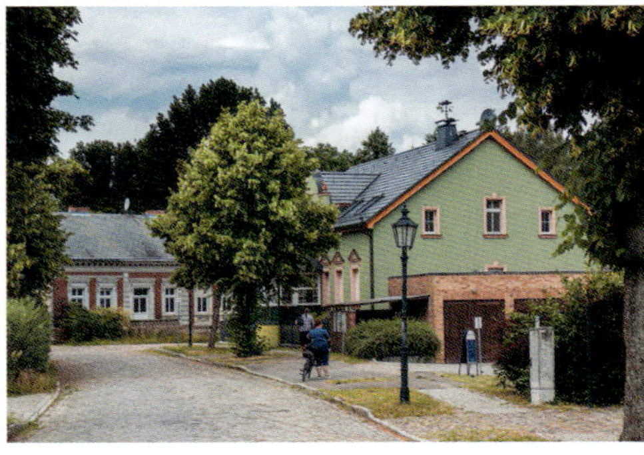

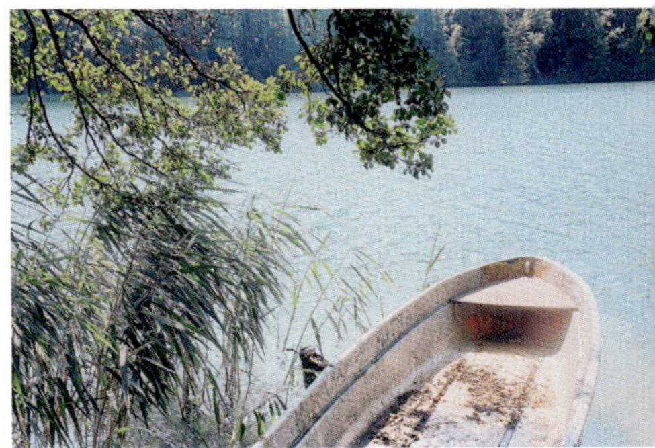

STATION 2

EIN ENTSCHLEUNIGTER DORFBUMMEL

Direkt am Ausgang des Agrarmuseums

Mit dem neu erlangten Wissen geht es die Breitscheidstraße hinauf zum alten Dorfkern, der einen aus der Zeit gefallenen Charme versprüht. Neben ganz viel Ruhe und historischen Bauernhäusern gibt es den Hofladen von Bauer Gerstel, in dem man sich mit selbstgemachter Marmelade oder frischen Kräutern eindecken kann.

STATION 3

GLASKLAR UND TÜRKIS

Zielgenaue Geodaten: 52.747357, 13.495302

Drei Kilometer entfernt liegt der Liepnitzsee, der regelmäßig auf Platz 1 der schönsten Seen Brandenburgs landet. Mit einem Boot aus der Verleihstation am Strandbad paddelt ihr über türkisfarbenes Wasser und legt auf der Insel Großer Werder an. Dort könnt ihr Tischtennis spielen und den beliebten Erdbeerkuchen im Gartenlokal »Insulaner Klause« verputzen.

77
FALKENHOF & WALDHAUS

WALD-JAGD-NATURERLEBNIS E. V.

Der Verein Wald-Jagd-Naturerlebnis hat sich zum Ziel gesetzt, der zunehmenden Naturentfremdung von Kindern und Jugendlichen mit Hilfe waldpädagogischer Angebote entgegenzuwirken. Ihren Sitz haben sie mitten in einem Landschaftsschutzgebiet bei Potsdam, wo sie in einem geschützten Raum, umgeben von Mooren und Waldseen, die Besucher empfangen. Dank des vielfältigen Mitmach-Programms gelingt der Lerneffekt hier spielerisch und lässt den aktiven Ausflug im Grünen zu einem lehrreichen Tag mit Spaßgarantie werden.

Das Waldhaus bietet unter anderem folgende Angebote:

- Sinnesspiele, mit Naturmaterialien basteln, Laubhütten bauen
- Kindergeburtstage
- Wildtierstation
- Aussichtsplattform und Observatorium

Zum Verein gehört auch der Falkenhof Potsdam. Er beherbergt eine Wildtierauffang- und Wiederauswilderungsstation für geschützte Tierarten sowie eine Aufzuchtstation für Schreiadler. Man erreicht den Hof nach einem 20-minütigen Spaziergang durch einen Erholungswald, vorbei am Kleinen Ravensberg, von dem aus ihr einen schönen Ausblick habt.

Auch der Falkenhof Potsdam hält für euch ein tolles Angebot bereit:

- Greifvogelvorführungen
- Streichelzoo
- Jagdausstellung
- Kindergeburtstage und Feierlichkeiten

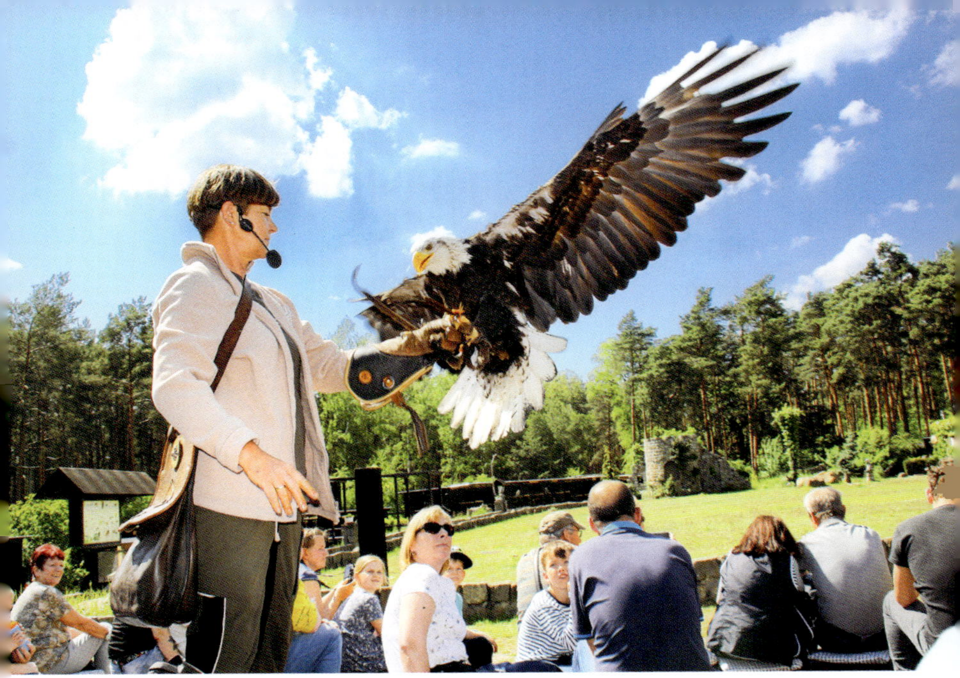

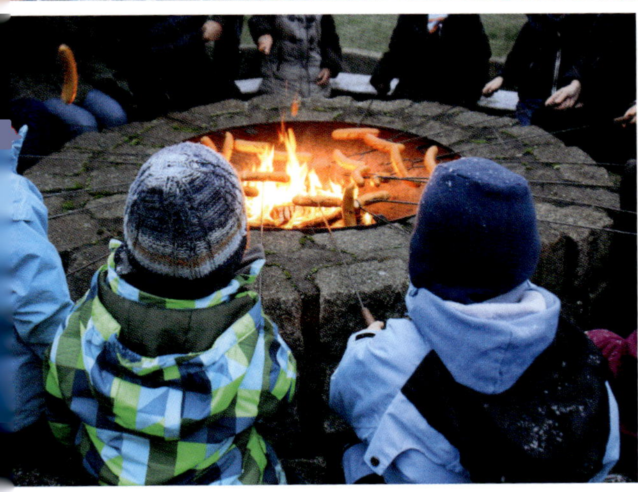

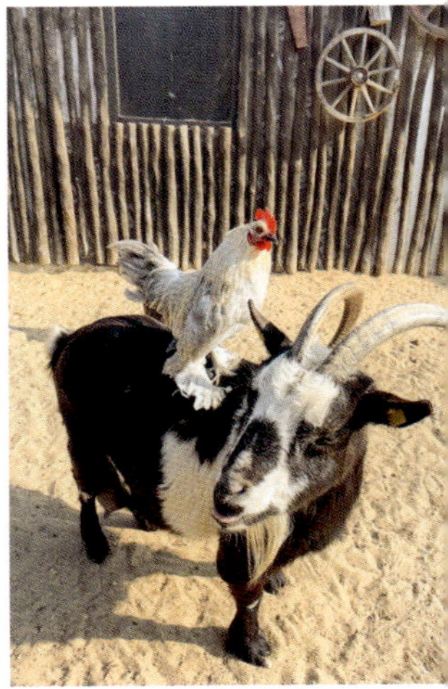

Waldhaus Großer Ravensberg

www.waldhaus-potsdam.de

Nächstgelegene Haltestelle: Potsdam-Rehbrücke (Tram 91 und Bus 611)

Parkplätze: Caputher Heuweg – 52.356805, 13.090578

78

DIE FROSCHKÖNIGRALLYE

AUF TOUR MIT ULLI UNKE

Ulli Unke, eine Rotbauchunke und Wappentier des Naturparks Barnim, nimmt euch mit auf eine abwechslungsreiche Rallye durch den historischen Teil der Stadt Biesenthal und um den Großen Wukensee. Während andere Unken nur durch Teiche schwimmen und auf Insektenjagd gehen, führt Ulli Unke die Besucher seines geliebten Biesenthals durch die spannende Geschichte seiner Familie. Bei der Rundwanderung entdeckt ihr nicht nur die Schönheiten des Ortes, sondern müsst an zehn märchenhaften Stationen Halt machen. Das Ziel der Froschkönig-Rallye ist es nämlich, mit Hilfe einer Karte die zehn beschriebenen Orte zu finden und einem passenden Foto zuzuordnen. Beschrieben ist die Strecke in einer Broschüre, die ihr gratis in der Touristinformation auf dem Marktplatz in Biesenthal erhaltet oder einfach auf der Gästeseite des Tourismusverbands www.machmalgrün.de herunterladen könnt. Ob eure Lösungen richtig sind, erfahrt ihr am Ende der Tour, wenn ihr wieder die Touristinformation erreicht habt. Für die Sieger gibt es sogar einen kleinen Preis.

Start und Ziel: Marktplatz Biesenthal
Länge: 7 km, Dauer: per Rad ca. 1 Stunde; zu Fuß ca. 2,5 Stunden

► Wie beendet man einen lauf-intensiven Ausflug am besten?
Natürlich mit einem guten Essen. Auf dem Marktplatz findet ihr Einkehrmöglichkeiten für jeden Geschmack. Wer es süß mag, der wird im »Café Auszeit« glücklich, wenn es lieber deftig sein darf, dann macht es euch im Gasthof »Zur alten Eiche« gemütlich.

Nächstgelegene Haltestelle: Markt (Bus 896 und 909)
Parkplätze: Öffentlicher Parkplatz – 52.764883, 13.630619

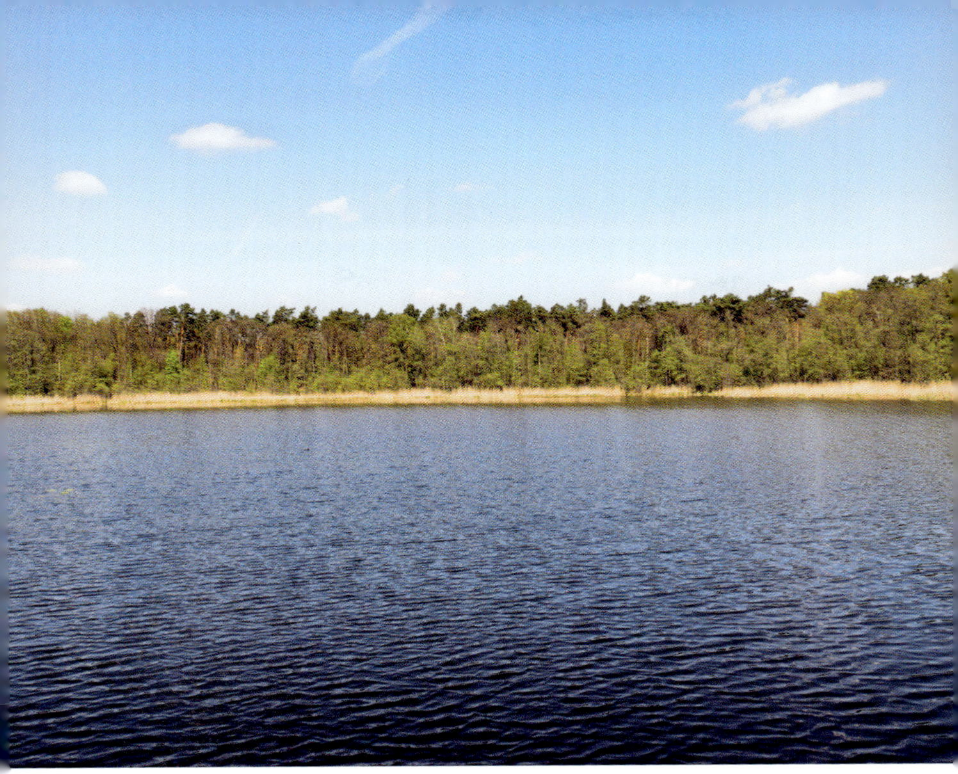

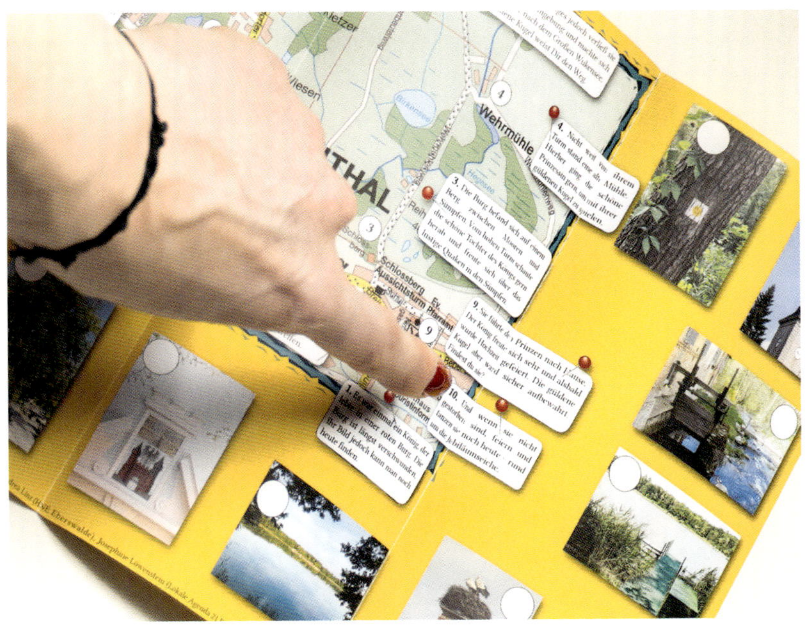
Wehrmühle
THAL
Schlossberg
Aussichtsturm
Birkensee
Hegesee
Pfarramt
4. Nicht weit von ihrem Turm stand eine alte Mühle. Hierher ging die schöne Prinzessin gern, um mit ihrer güldenen Kugel zu spielen.
3. Die Burg befand sich auf einem Berg zwischen Mooren und Sümpfen. Vom hohen Turm schaute die schöne Tochter des Königs gern herab und freute sich über das lustige Quaken in den Sümpfen.
9. Sie führte den Prinzen nach Hause. Der König freute sich sehr und alsbald wurde Hochzeit gefeiert. Die güldene Kugel aber ward sicher aufbewahrt. Findest du sie?
10. Und wenn sie nicht gestorben sind, feiern und tanzen sie noch heute rund um die Jubiläumseiche.
1. Es war einmal ein König, der
einer roten Burg. Die
Burg ist längst verschwunden,
ihr Bild jedoch kann man noch
heute finden.

79
MIT ESELN WANDERN

HEIDESEE ESEL

Wandern ist bekanntlich eine echte Wohltat für den Körper und befreit den Kopf von negativen Gedanken. Umso wichtiger ist es, dass man bei diesem Erlebnis den richtigen Begleiter an seiner Seite hat. Jemanden mit Neugier und Sanftmut, unermüdlicher Stärke und Gelassenheit, selbst bei großer Gefahr. Beim Wandern mit einem Esel wird man auf all diese Charaktereigenschaften treffen und schnell merken, dass an dem Klischee vom lahmen, sturen Esel absolut nichts dran ist.
Dieses unvergessliche Abenteuer ermöglicht euch das Team vom »Heidesee Esel« im Herzen des Naturparks Dahme-Heideseen. Auf ihrem Hof in Streganz lernt ihr die Tiere und die sympathischen Besitzer kennen und könnt nach einer ausführlichen Einweisung ohne Begleitung mit den Eseln auf Wanderschaft gehen. Ihr könnt von einem 2,5-stündigen Spaziergang bis hin zu ganztägigen Trekkingtouren wählen. Eure Picknickdecke und der Proviant befinden sich dabei gut verstaut in den Tragetaschen der Esel.
Euer Wanderweg ist bewusst frei von Lärm und Trubel gewählt und führt euch, Seite an Seite mit den schlauen Tieren, durch die abgeschiedene Natur Brandenburgs.

Heidesee Esel
Adresse: Streganzer Dorfstraße 12a, 15754 Heidesee
Website: www.heidesee-esel.de

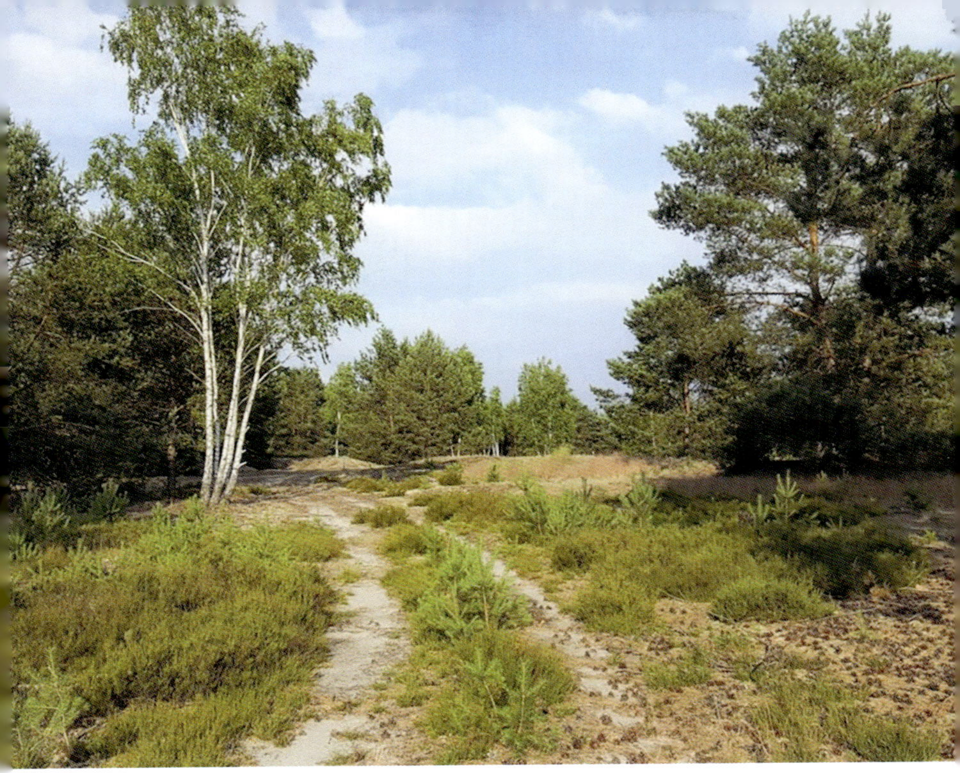

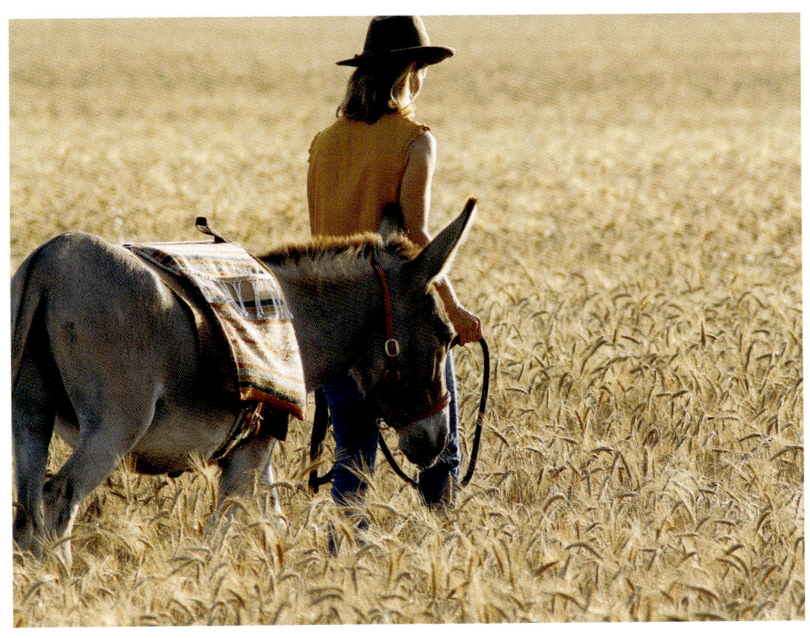

80 ZAHME BÜFFEL UND WILDE PFERDE

DER LÖWENZAHNPFAD

Zum 30-jährigen Jubiläum der beliebten TV-Sendung »Löwenzahn« eröffnete der Naturpark Barnim in Zusammenarbeit mit dem ZDF einen 4,5 Kilometer langen Entdeckerpfad am Berliner Stadtrand. Trotz des berühmten Namensgebers blieb der Besucheransturm bis heute aus. Es scheint, als wüsste kaum jemand von der Existenz dieses Biotops mit Lerncharakter – schade eigentlich!
Das Schöne an dem Pfad ist, dass er sich auf die Natur beschränkt und nicht mit unpassenden Installationen oder Sportgeräten ausgestattet wurde, wie man es andernorts erlebt. Euch erwarten kindgerechte Schautafeln sowie einige Mitmach-Stationen. So könnt ihr zum Beispiel mit Hilfe einer Forscherkiste experimentieren oder auf dem Entdeckerturm die zahlreichen Wasservögel und wilden Konikpferde beobachten. Auch die Geschichte über die zotteligen Rasenmäher ist sehr interessant. Um die Mahd der feuchten Sumpfwiesen kümmert sich nämlich eine Herde Wasserbüffel, denen ihr am Ende der Tour überraschend nah kommt. Da das Gebiet von Wasserläufen umgeben ist, führt ein kurzer Teil des Rundweges mitten über die Weide – und ausgerechnet in diesem Bereich halten sie sich besonders gerne auf.

► Ins Schwitzen gekommen? Nur 600 Meter entfernt liegt der Kiessee Schildow, der sich Dank seichtem Seezugang ideal für Kinder eignet. Neben einer Spielwiese, Tischtennisplatten und Volleyballfeldern, gibt es Snacks und Getränke.

Nächstgelegene Haltestelle: Mühlenbeck-Mönchmühle (S8 und Bus 806)
Parkplätze: Blankenfelder Straße – 52.655891, 13.388736

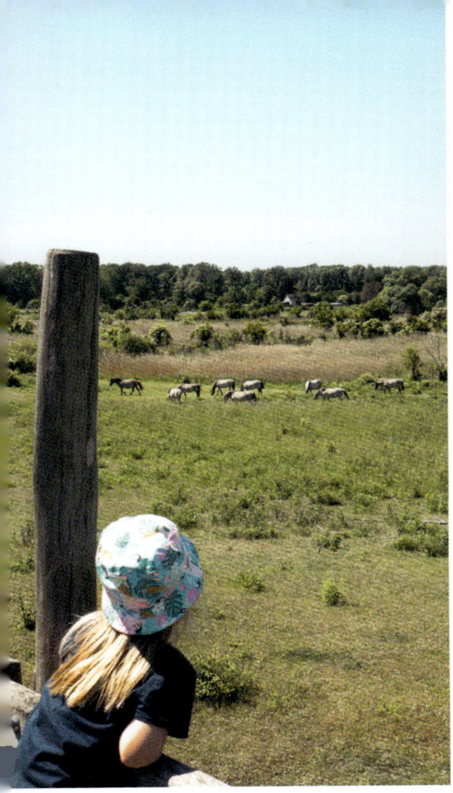

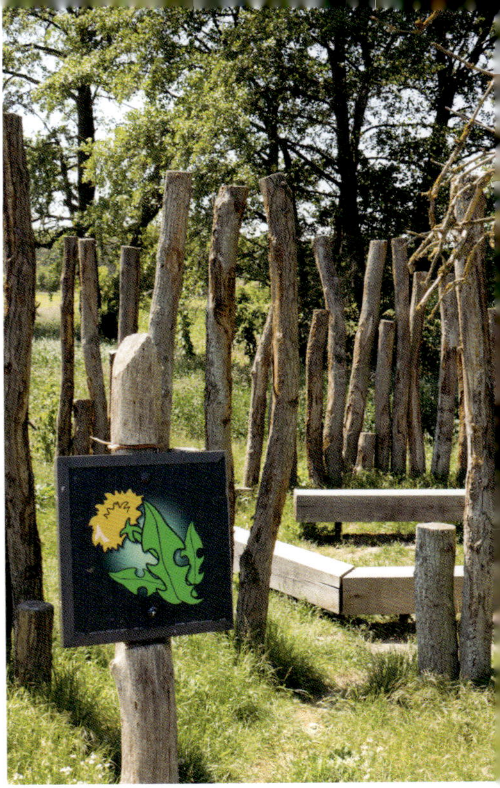

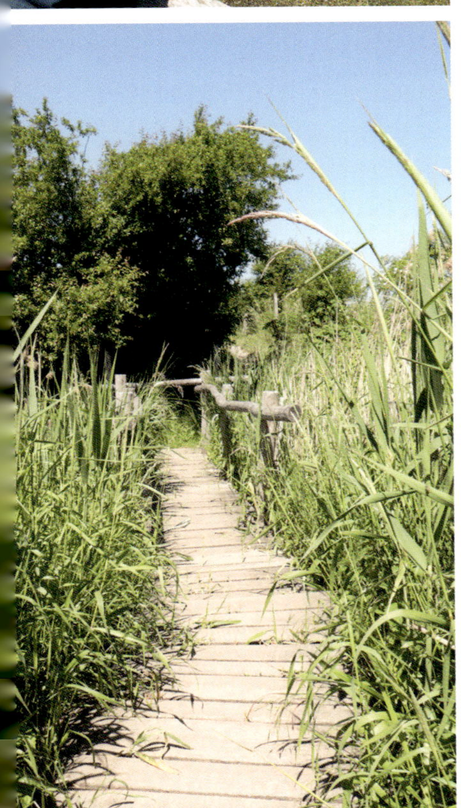

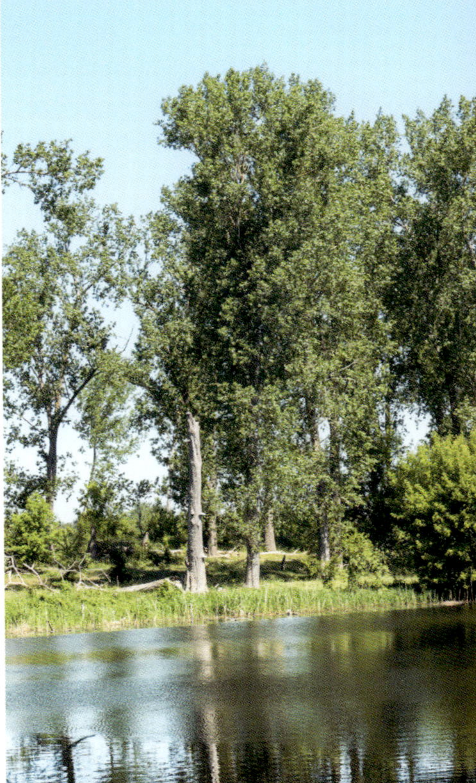

81 OBERFÖRSTER KLAUS UND DACKEL WALDI

MIT JÄGERLATEIN UND JAGDHORN

Fachlich kompetent, doch weit entfernt von trockenem Lernstoff, nie albern, aber mit der richtigen Prise Jägerhumor: Wer mal mit einem wahren Experten durch den Wald wandern und dabei endlich all die Fragen beantwortet bekommen möchte, auf die man selbst keine Antwort hat, der sollte an einer der geführten Touren von Oberförster Klaus teilnehmen. Der Beiname »Oberförster« ist nicht etwa ein pfiffiger Schachzug, um den Teilnehmern Expertise vorzugaukeln. Klaus Brucker ist ein waschechter Oberförster und hat neben der forstlichen Ausbildung auch einen pädagogischen Abschluss sowie jahrzehntelange Erfahrung in der Waldpädagogik. Er führt seit seinem zwölften Lebensjahr Wanderungen und teilt sein Insider-Wissen liebend gerne. Sein Steckenpferd sind die Försterwanderungen mit Kindern, die er mit lustigen Gedichten, einem Ständchen mit dem Jagdhorn, jeder Menge Geduld und seinem treuen Begleiter, dem Dackel Waldi, zu unterhaltsamen Touren durch die brandenburgische Natur veranstaltet.

Informationen zu den verschiedenen Führungen, Preisen und Impressionen aus vergangenen Wanderungen, findet ihr auf seiner Website: www.waldwanderungen.de

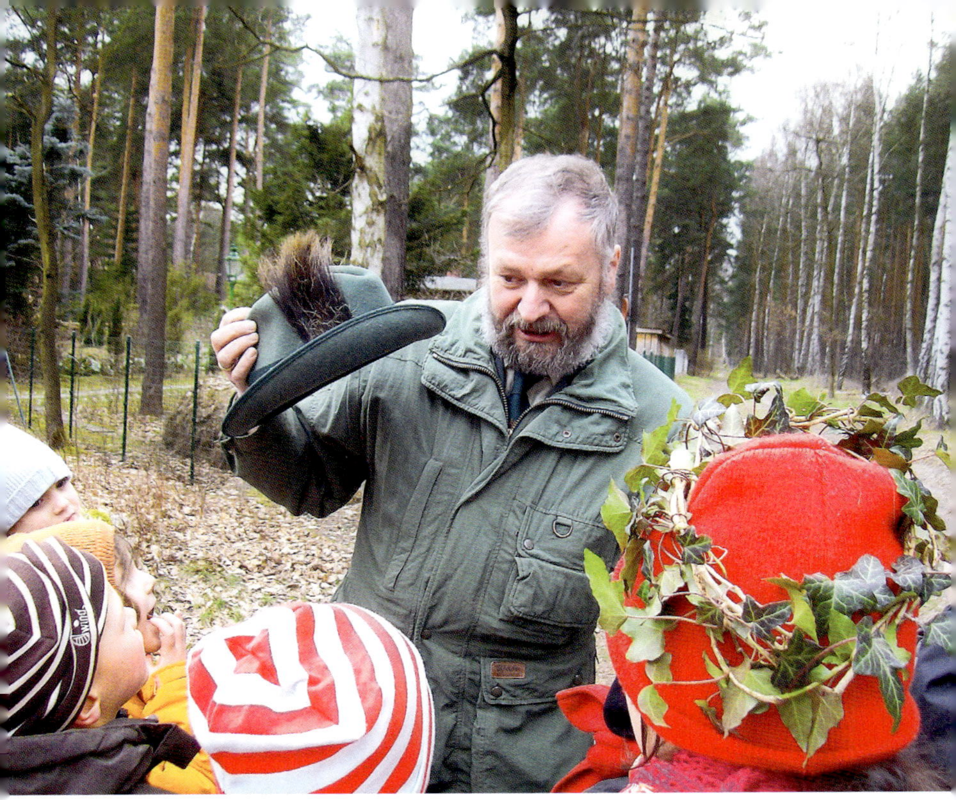

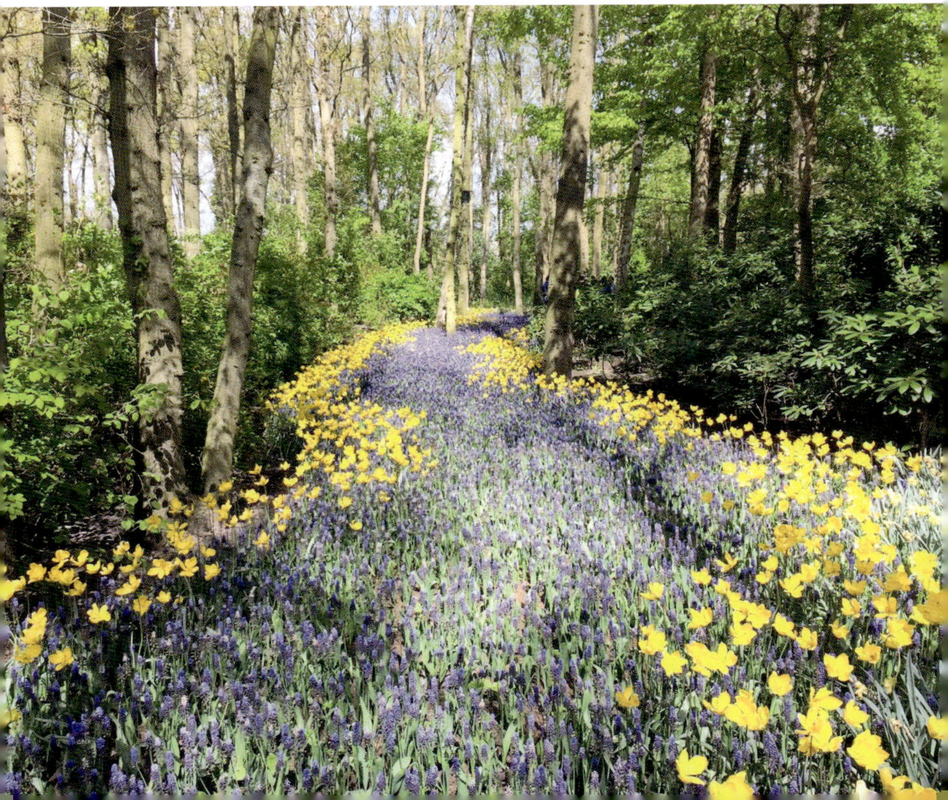

82
MIT 40 STUNDEN-KILOMETERN IM ALPINE COASTER

SCHARMÜTZELBOB

Ein weißer Winter steht bei Kindern für stundenlangen Rodelspaß. Doch was tun, wenn es einfach nicht schneit? In Bad Saarow ist es völlig egal, was die Wettervorhersage verspricht, dort wird das ganze Jahr über gerodelt, ob bei 30 Grad oder an bitterkalten Tagen.
Der Scharmützelbob ist eine Ganzjahresrodelbahn mitten im Wald und nur knapp eine halbe Stunde von Berlin entfernt. Nach einer kurzen Einweisung geht es im Alpine Coaster, so lautet der Name eures Bobs, per Lift in die luftigen Höhen der Rauener Berge. Über den Bremshebel steuert ihr die Geschwindigkeit und habt selbst in der Hand, ob ihr gemütlich zwischen den hohen Bäumen des Waldes hinunter tuckert oder mit einer Spitzengeschwindigkeit von bis zu 40 Stundenkilometern bergab saust. Nach der ersten Abfahrt geht es ohne auszusteigen wieder bergauf, denn man bezahlt für zwei Touren am Stück.
Neben der rasanten Fahrt im Bob gibt es auf dem Gelände noch einen Indoor-Spielplatz mit Kletterparcour, Hüpfburg, Bullriding und vielen weiteren Spielgeräten sowie eine Outdoor-Murmelbahn, eine Goldwaschanlage und den Abenteuerspielplatz mit einer 20 Meter langen Seilbahn.

Kinder ab 3 Jahren dürfen bei einem Erwachsenen mitfahren
Kinder ab 8 Jahren und Erwachsene können allein oder zu zweit fahren

Website: www.scharmuetzelbob.de
Nächstgelegene Haltestelle: Petersdorf, Am Fuchsbau (Bus 414)
Parkplätze: Großer Parkplatz direkt an der Rodelbahn

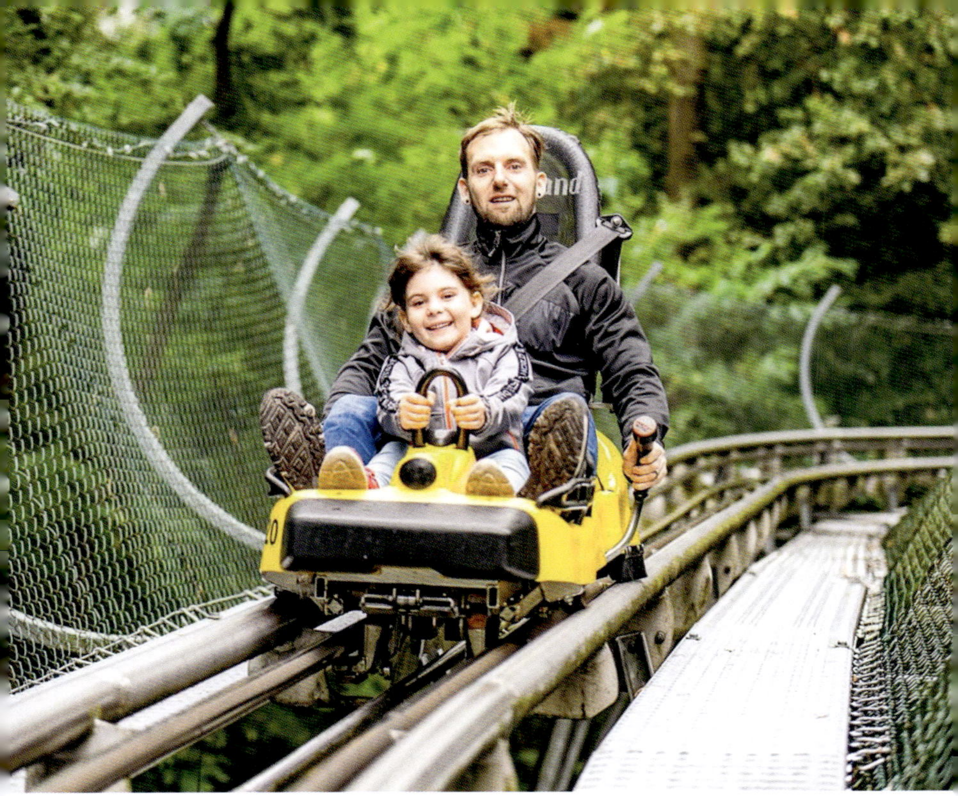

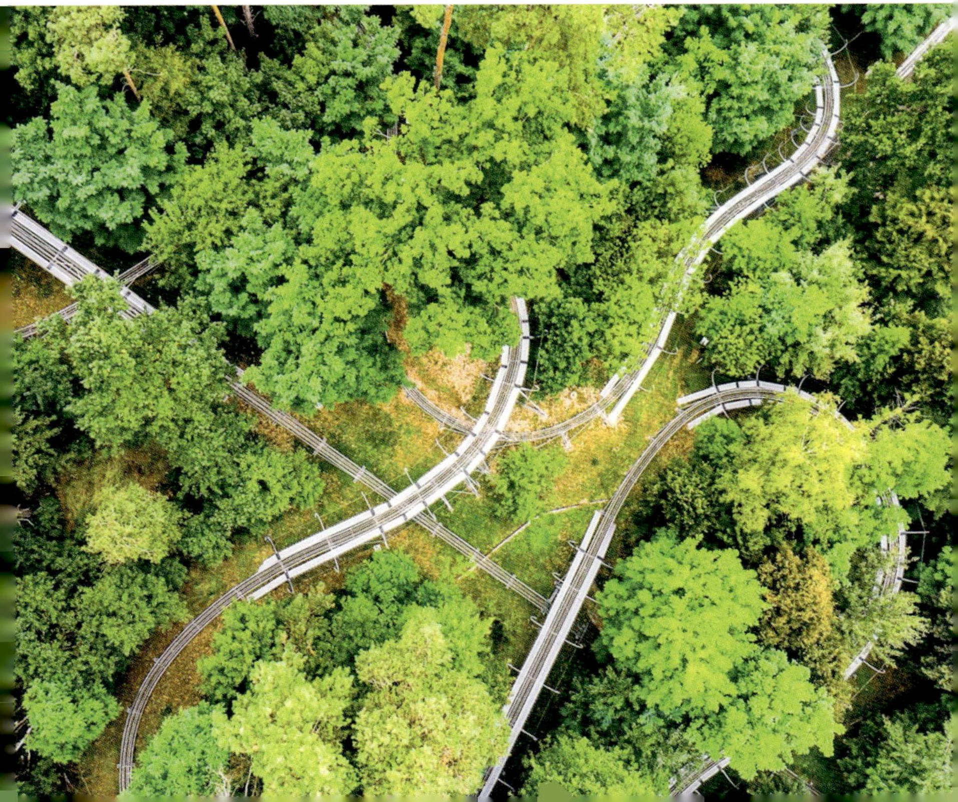

83 PONYREITEN OHNE GUIDE

SCHLOSS DIEDERSDORF

Wie heißt es doch so schön: Das Paradies der Erde liegt auf dem Rücken der Pferde. Vielen Stadtkindern bleibt die Erfahrung vom eigenen Pferd, mit dem man über die Felder galoppiert, jedoch verwehrt. Kaum jemand in Berlin verfügt über so viel Weideland, um sich ein Pferd halten zu können, und auch die monatlichen Unterhaltskosten sind nicht zu unterschätzen. Doch wer ein wenig Fahrzeit in Kauf nimmt, der kann seinem Kind dennoch den Traum vom Reiten erfüllen. Etwa vier Kilometer hinter der südlichen Stadtgrenze befindet sich das Schloss Diedersdorf und sein über 200 Jahre alter Gutshof. Die Mitarbeiter des dortigen Reiterhofs geben euch nach kurzer Einweisung die Zügel eines ihrer Ponys in die Hände, mit denen ihr alleine auf einem Rundweg über Felder und entlang abgelegener Wälder und Wassergräben spazieren könnt.

▸ Nach dem Ausritt darf getobt werden: Auf dem Gutshof findet ihr das Spielschloss-Diedersdorf, ein 500 Quadratmeter großer Indoorspielplatz auf vier Etagen mit einer Super-Hüpf-Blase und Go-Kart Vermietung.

Website: www.reiterhof-am-schlossdiedersdorf.de
Nächstgelegene Haltestelle: Diedersdorf (TF), Friedhof (Bus 704 und 720)
Parkplätze: Großer Parkplatz im Dorf – 52.342403, 13.355219

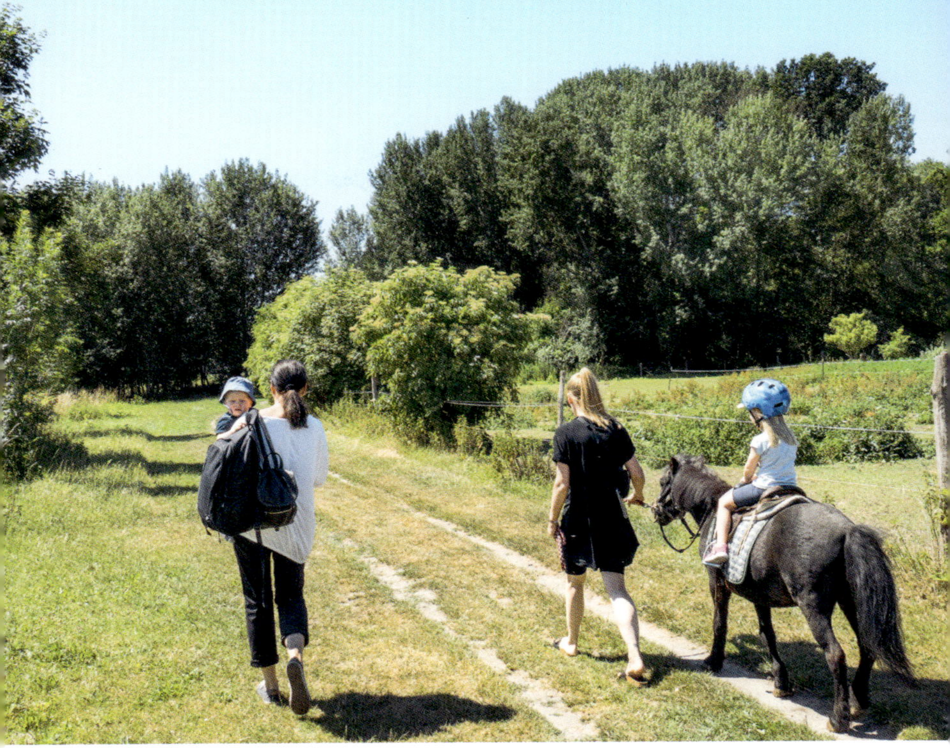

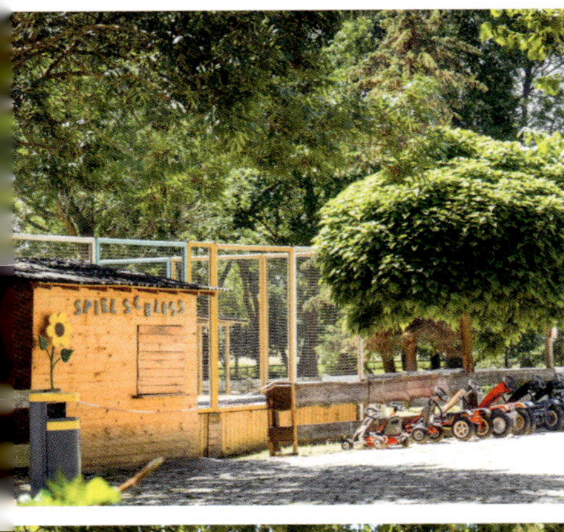
SPIEL SCHLOSS

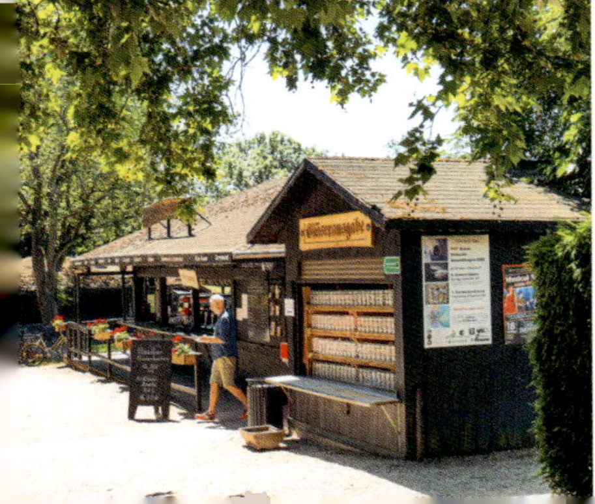

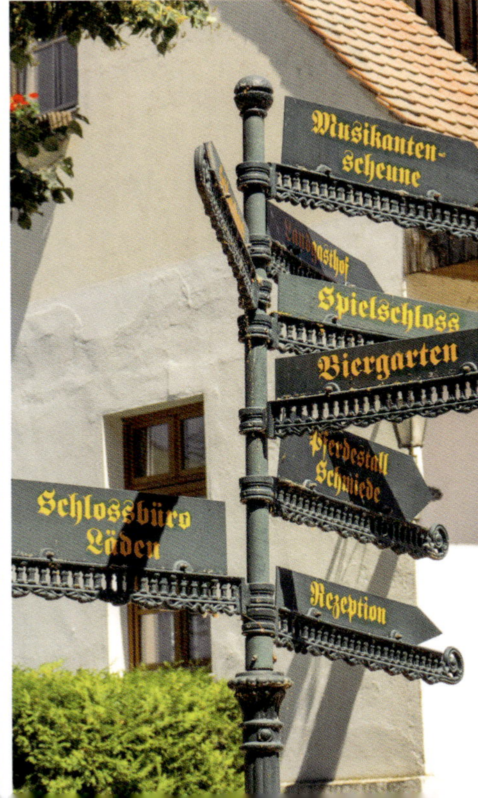
Musikanten-
scheune
Spielschloss
Biergarten
Pferdestall
Schmiede
Schlossbüro
Läden
Rezeption

84
WO ES LILA BLÜHT

SCHÖNOWER HEIDE

Eine Wildwanderung zwischen Hirschen, dem Gesang der Heidelerche und lilafarbenen Teppichen aus Heidekraut – das alles können Berliner schon einen Kilometer hinter der nördlichen Stadtgrenze erleben. Die Schönower Heide wurde bis 1991 als Truppenübungsplatz genutzt und ist aufgrund möglicher Munitionsbelastung streckenweise nicht begehbar. Nutzt man den fünf Kilometer langen Wildwanderweg, gibt es aber nichts zu befürchten. Er führt um ein 140 Hektar großes Gehege, in dem Damwild, Mufflons und über 60 Brutvogelarten leben. Während sich die Hirsche, auf eine Futtergabe hoffend, an den Zäunen versammeln, erlebt man die Mufflons in ihrem natürlichen Verhalten: menschenscheu und in Gruppen durchs Dickicht flitzend. Auf dem Rundweg kommt man an zwei Aussichtsplateaus vorbei: ein Beobachtungsturm mit Blick auf einen Sumpf, in dem sich Wildtiere suhlen, und ein überdachter Aussichtsberg mit Sitzbank und Holztisch.

Hier ist eine Liste der Flora und Fauna, die euch in der Schönower Heide erwartet:

FLORA

Scharfer Mauerpfeffer, Sandstrohblume, Wacholder, Zitterpappel, Silbergras, Kleines Habichtskraut, Besenheide

FAUNA

Koniks, Wildbienen, Rehe, Wildschweine, Dachse, Zauneidechsen, Waldschnepfe, Fitis, Heidelibellen

Nächstgelegene Haltestelle: Schönow, Zepernicker Straße (Bus 891 und 900)
Parkplätze: Schönwalder Chaussee – 52.679579, 13.517775

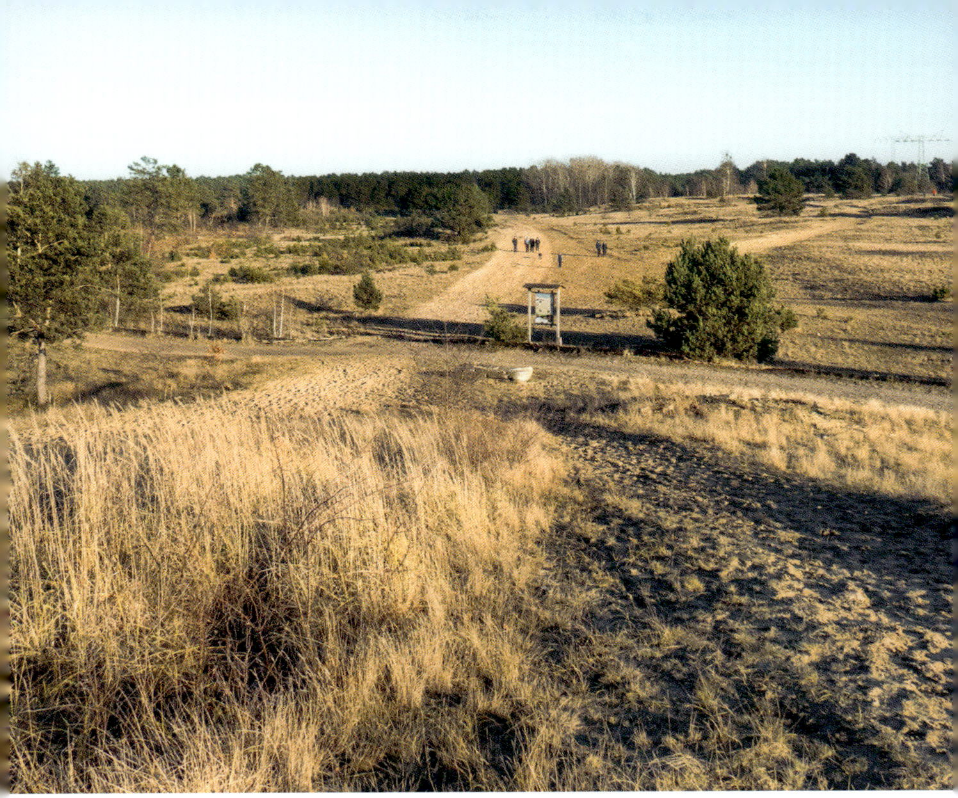

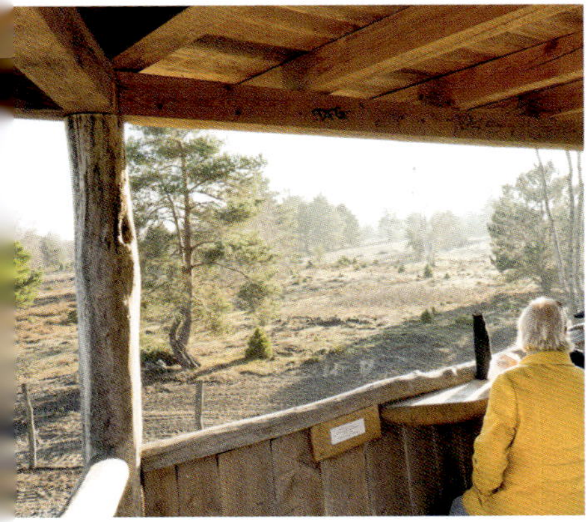

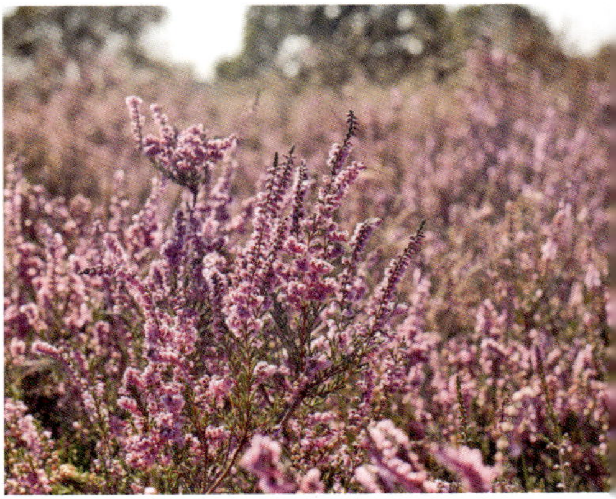

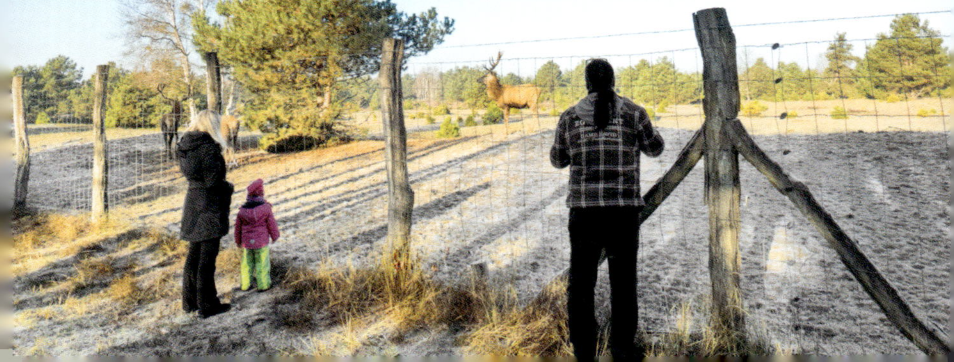

85

HIER ERNTET IHR NOCH SELBST

SELBSTPFLÜCKFELDER

An den Geschmack von selbst gepflücktem Obst reicht auch die beste Qualität aus dem Supermarkt nicht heran. Die einfachste Art, an die vitaminreichen Köstlichkeiten in großen Mengen zu kommen, sind die Selbstpflückfelder vor den Toren der Stadt. Dort könnt ihr unter freiem Himmel ernten, bis der Korb platzt, und das Beste dabei: Naschen ist ausdrücklich erlaubt!

1 / OBSTGUT MÜLLER

Obstsorten: Kirsche, Erdbeere, Pflaume und verschiedene Apfelsorten
Zusätzlich: Hofladen / Hoffeste / Wildfleischverkauf / Spargel
www.obstgut-franz-mueller.de |
Dorfstraße 1, 15345 Altlandsberg

2 / NEUMANNS ERNTEGARTEN

Obstsorten: Weintraube, Himbeere, Erdbeere, Kirsche, Stachelbeere, Rote und Schwarze Johannisbeere, Aroniabeere, Pflaume, Apfel, Birne
Zusätzlich: Schulungen für Hobbygärtner / Bauernhof / Hofladen
www.hofladen-potsdam.de |
Am Heineberg 2, 14469 Potsdam

3 / OBSTHOF LIENERT

Obst- und Gemüsesorten: Kirsche, Apfel, Birne, Aprikose, Pfirsich, Pflaume, Tomate, Kürbis
Zusätzlich: Hofladen / Hoffeste / Bistro / Veranstaltungsräume
www.hofladen-lienert.de |
Neue Chaussee 20, 14641 Wustermark

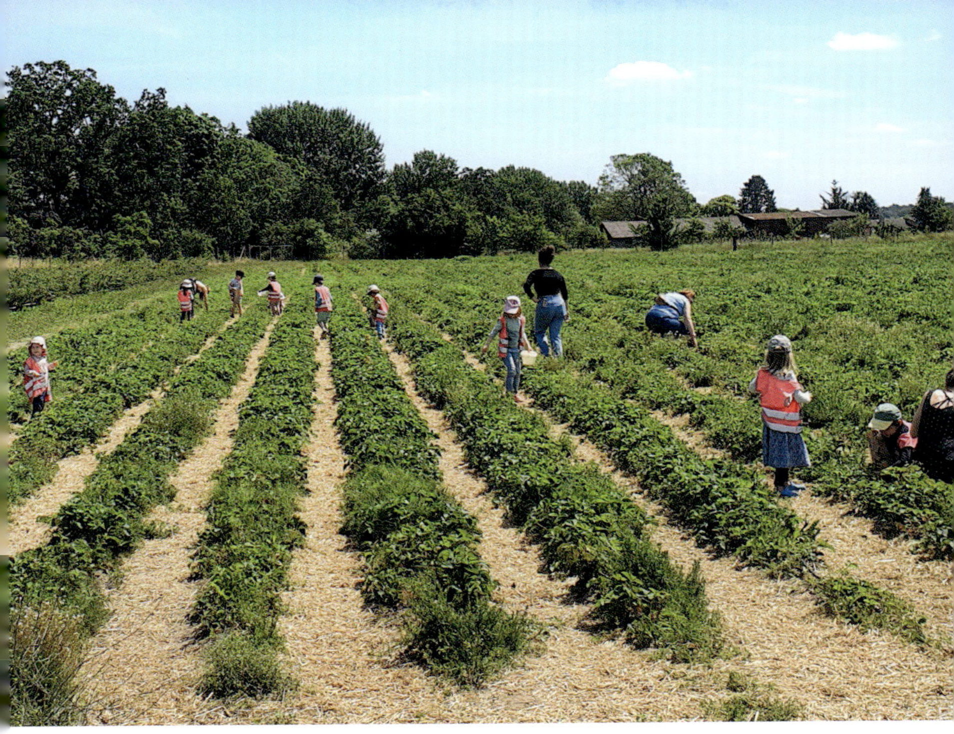

4 / SCHWANTELAND SELBSTERNTE

Obstsorten: Erdbeere, Apfel, Heidelbeere
Zusätzlich: Smoothie-Verkauf / Deutschlands größte Chicorée-produktion
www.sl-gartenbau.de |
Perwenitzer Chaussee 2, 16727 Oberkrämer

5 / ERLEBNISHOF KLAISTOW

Obstsorten: Erdbeere, Heidelbeere
Zusätzlich: Spielplatz / Naturwildgehege / Jeep-Parcours / Kletterwald
www.spargelhof-klaistow.de |
Glindower Str. 28, 14547 Beelitz

6 / OBSTHOF DEUTSCHER

Obstsorten: Apfel, Bauernpflaume, Birne
Zusätzlich: Apfelpatenschaft / Erntedankfest
www.obsthof-deutscher.de |
Am Plötzhorn 1, 14542 Werder

7 / OBSTHOF LINDICKE

Obstsorten: Süß- und Sauer-kirsche, Apfel, Birne
Zusätzlich: Hofladen mit regionalen Lebensmitteln / Hoffeste
www.obsthof-lindicke.de |
Am Plessower Eck 1, 14542 Werder

86 VATER & KIND SURVIVALKURS

DAS SCHWEISST ZUSAMMEN!

Zwei Fragen an die Väter: 1) Wann habt ihr das letzte Mal bewusst jegliche Ablenkungen beiseitegelegt und euch ausschließlich auf euer Kind konzentriert? 2) Wann habt ihr euch eigentlich das letzte Mal mit der Natur verbunden gefühlt? Der Alltag einer Familie ist durchgetaktet und bietet kaum Freiraum für stundenlanges Ausprobieren im kindlichen, langsamen Tempo oder um einfach mal dem Rascheln der Blätter im Wind zu lauschen.
Stellt euch vor, ihr nehmt euch zwei ganze Tage Zeit für eure Vater-Kind-Beziehung, ohne Ablenkung, ohne Termine, fern von eurem gewohnten Umfeld und das alles unter freiem Himmel. Der Vater & Kind Survivalkurs der Wildnisschule-Lupus lässt alte Instinkte und das Wissen der Naturvölker in euch wieder zum Leben erwecken und schickt euch auf eine ganz besondere Reise zu euch selbst. Unter der Anleitung erfahrener Wildnispädagogen und in Gesellschaft anderer Väter und Kinder werdet ihr eigenhändig Feuer machen, traditionelle Jagd- und Sammeltechniken erlernen und in selbstgebauten Schutzbauten übernachten. Die intensive Zeit mit und in der Natur lässt euch nicht nur längst verlernte Fähigkeiten und überlebenswichtiges Wissen wiederentdecken, sondern eure Beziehung auf kraftvolle Weise vertiefen.

Weitere Kursangebote der Wildnisschule-Lupus:
- Wildnis Familiencamp
- Bogenbaukurs mit einem Profi-Bogenbauer
- Outdoor-Erste-Hilfe-Kurs für Abenteurer
- Survival-Wissen zum Thema: Pflanzliche Notnahrung
- 2 Tage Survival Wochenende – das Grundwissen

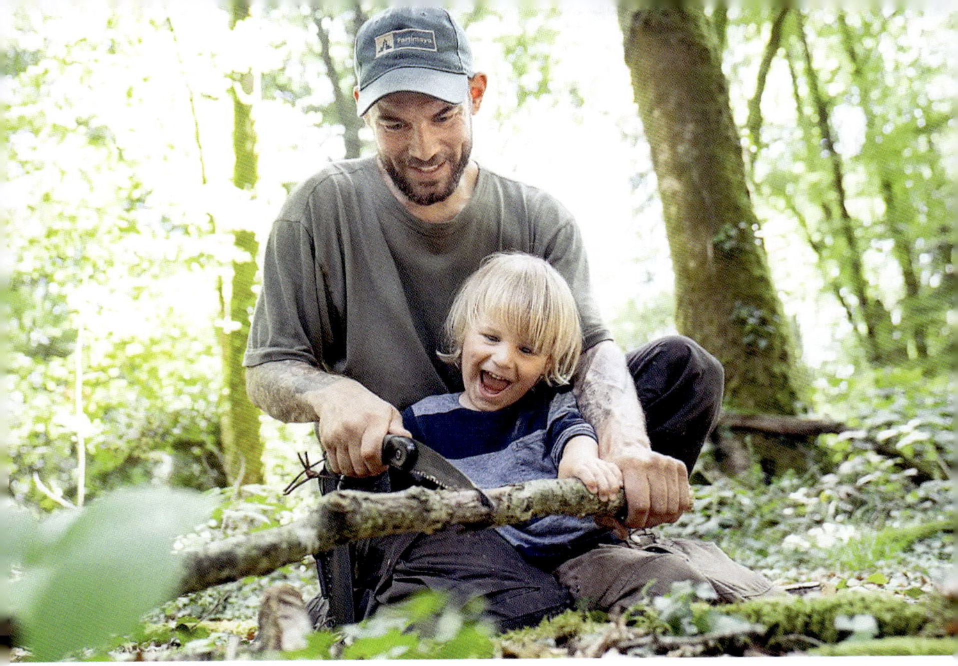

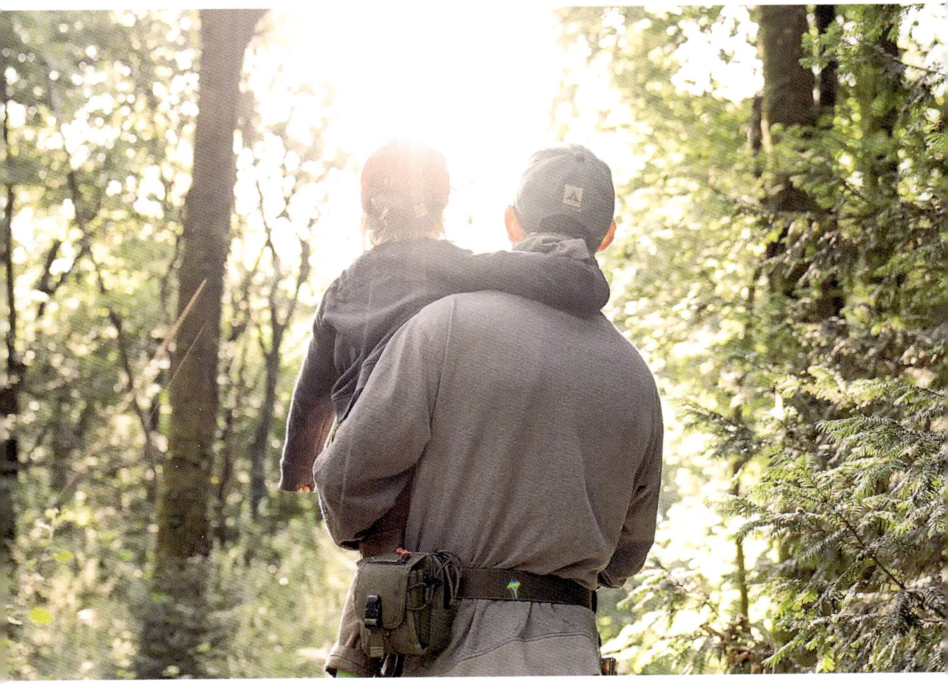

Ablauf und Inhalte der Kurse findet ihr auf:
www.wildnisschule-lupus.de

87
WEIHNACHTSBÄUME SELBER SCHLAGEN

DIE BESTEN ADRESSEN

Was ist schon das Weihnachtsfest ohne einen geschmückten Tannenbaum? Anstatt ihn fertig verpackt zu kaufen, könnt ihr dieses Jahr den Baumkauf zu einem spaßigen Familienausflug machen und ihn euch selbst schlagen. Im Berliner Umland gibt es zahlreiche Felder und Plantagen, auf denen ihr euch mit Axt und Säge auf die Jagd nach eurer ganz persönlichen Nordmanntanne, Schwarzkiefer oder Blaufichte machen könnt. Also nichts wie rein ins warme Auto, die Weihnachts-Playlist angemacht und auf geht's zum heiligen Tannenbaumkauf.

Die besten Adressen, bei denen ihr euch zusätzlich auf ein kleines Lagerfeuer mit Kinderpunsch oder ein deftiges Mittagessen freuen könnt, findet ihr hier:

1 / WERDERANER TANNENHOF IN WERDER

www.werderaner-tannenhof.com
Öffnungszeiten: täglich von 9 bis 19 Uhr
Adresse: Lehniner Chaussee 19, 14542 Werder

2 / WEIHNACHTSBAUMWALD IN MELLENSEE

www.weihnachtsbaum-selbst-schlagen.de
Öffnungszeiten: täglich von 8 bis 17 Uhr
Adresse: Mokeweg, 15838 Am Mellensee

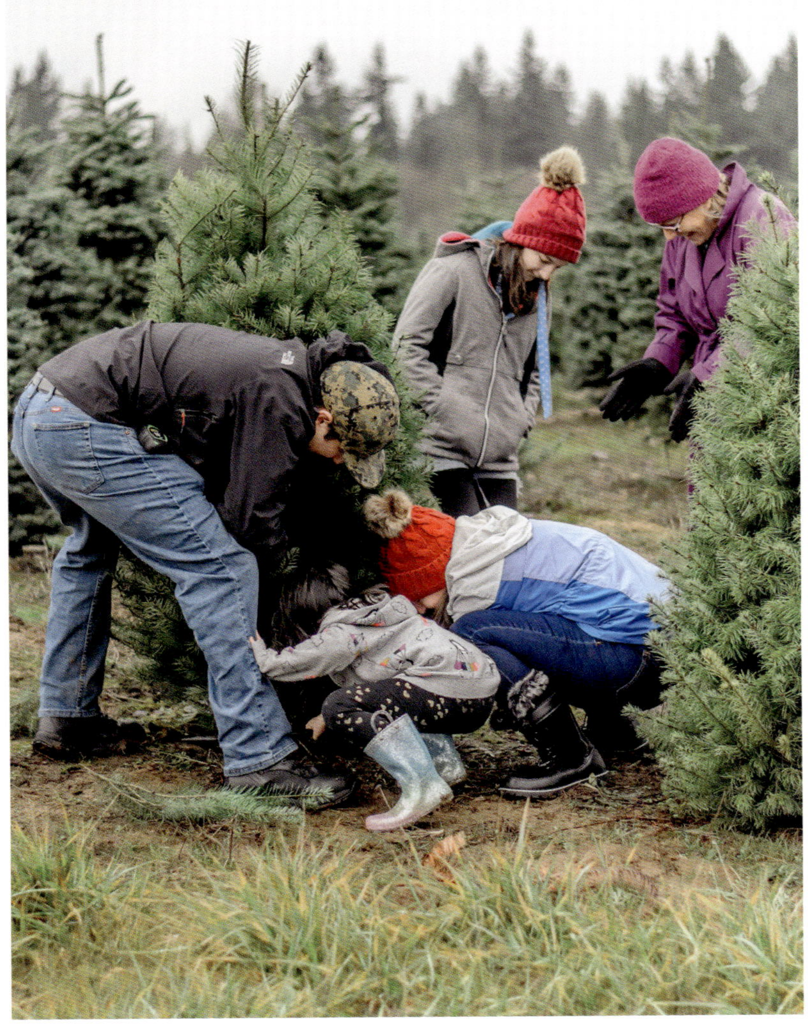

3 / GÄRTNEREI G. SCHUBERT IN GRÜNTAL

www.gärtnerei-gschubert.de
Öffnungszeiten: täglich von 9 Uhr bis 16 Uhr
Adresse: Mühlenbergweg 9, 16230 Sydower Fließ

4 / BEHRENDT'S HOF IN NACKEL

www.behrendt-hof.de
Öffnungszeiten: täglich ab 9 Uhr
Adresse: Segeletzer Straße 6, 16845 Nackel

88
FREILAUFENDE WEIDETIERE
WILDPFERDE-RUNDWEG HOBRECHTSFELDE

Auf Tuchfühlung mit (fast) wilden Pferden ohne einen Zaun, der Sicherheit bietet? Klingt nach einem Abenteuer! Startpunkt der drei Kilometer langen Tour ist der Kernspeicher auf dem Gut Hobrechtsfelde. Dort folgt man einem Wegweiser und gelangt Schritt für Schritt in ein über 800 Hektar großes Naturschutzgebiet. Anfangs führt der Wanderweg noch am Zaun der wilden Pferde entlang, doch irgendwann steht man vor einem Tor, auf dem steht: »Freilaufende Weidetiere! Betreten der Fläche gestattet!« Nun geht es querfeldein durch das Wohnzimmer von Fjordpferden und Koniks. Die robusten Wildpferde grasen ganzjährig auf der halboffenen Wiesenlandschaft, ohne Stall und mit nur geringer Zufütterung von außen. Sie meiden Körperkontakt zu Menschen, doch scheuen Menschen allgemein nicht. Ob und wie nah man den Wildpferden kommt, ist Glückssache, und – solange man sich an die Regeln hält (25 Meter Abstand und keinesfalls füttern) – eine ungefährliche, wenn auch respekteinflößende Erfahrung.

▸ Einkehrtipp: Wenn nach der aufregenden Tour der Magen knurrt, kann euch »James' Biergarten« helfen. Hier schlürft ihr Rhabarberschorle unter freiem Himmel und könnt euch die verlorene Energie mit hausgemachtem Kartoffelsalat zurückholen.

Nächstgelegene Haltestelle: Hobrechtsfelde (Bus 891)
Parkplätze: Am alten Speicher – 52.664879, 13.491916

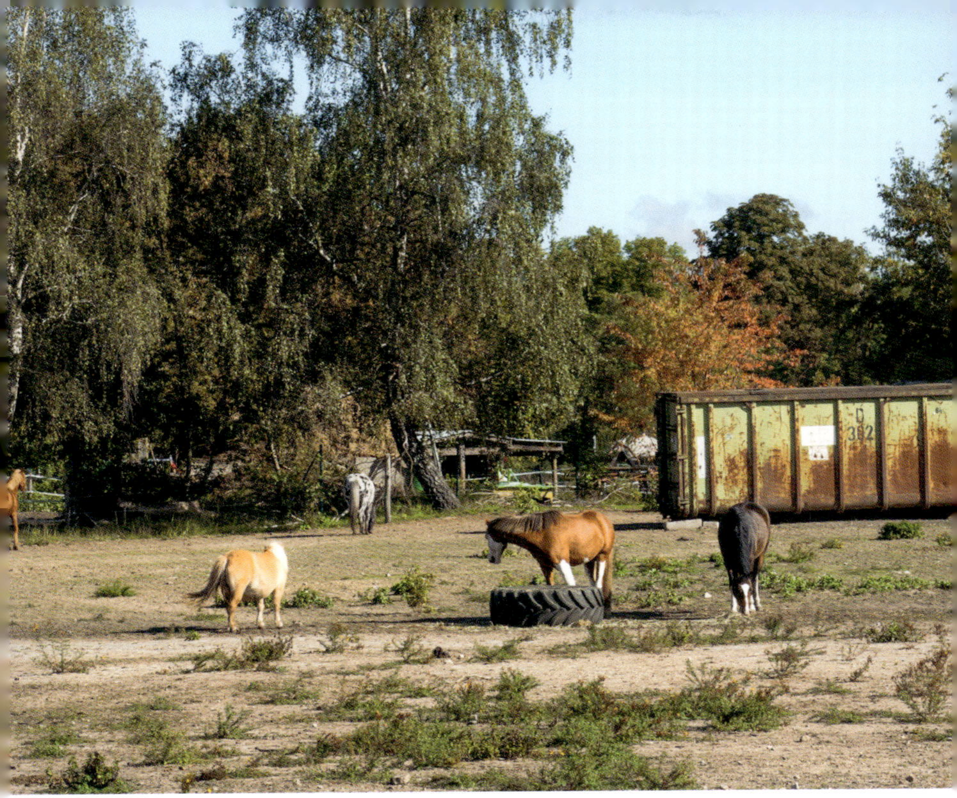

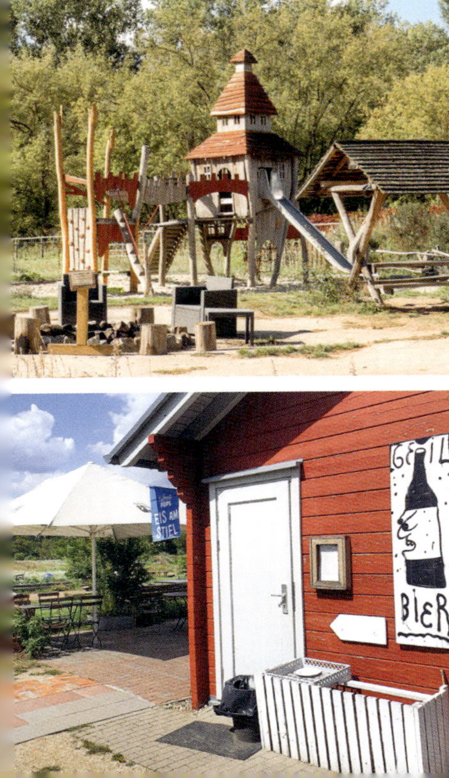
EIS AM
STIEL
GEIL
BIER

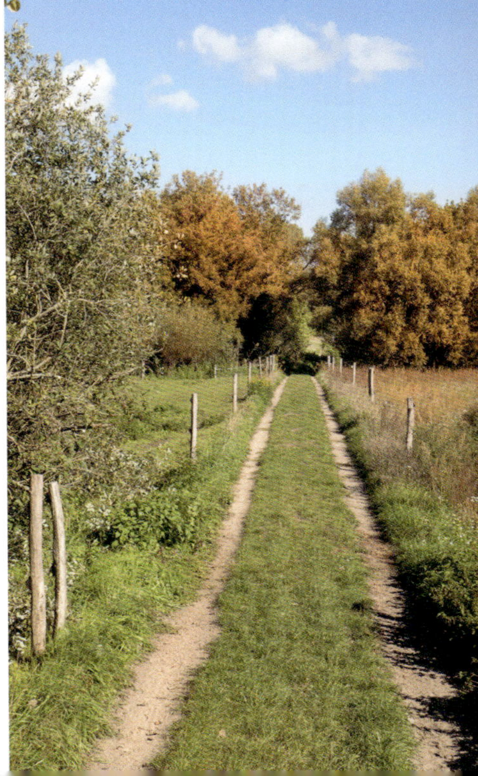

89

AUF SPURENSUCHE IM WOLFSREVIER

WOLFLAND TOURS

Fast 200 Jahre galten Wölfe in Deutschland als ausgestorben – genauer gesagt: ausgerottet. Der Mythos vom bösen Wolf, der den Bauern das Vieh wegschnappt und eine Gefahr für den Menschen ist, sorgte dafür, dass sie so lange gejagt wurden, bis es 1850 praktisch kein freilebendes Tier mehr gab. Im Jahr 2000 wurden erstmals wieder wildlebende Wölfe in Deutschland geboren, die sich in der Lausitz angesiedelt haben.

Bei einer geführten Exkursion mit den Experten von Wolfland Tours bekommt ihr die Möglichkeit, den Lebensraum der scheuen Raubtiere kennenzulernen, ihre Spuren im Lausitzer Sand zu finden und in die Methodik des Wolfsmonitoring einzusteigen. Ihr lernt alles über die Biologie der Tiere, was Spuren und Kot über Alter oder Herkunft verraten und wertet Aufnahmen der Wildkameras aus. Dabei wandert ihr in kleinen Gruppen durch renaturierte Tagebaue und auf sandigen Trassen ehemaliger Truppenübungsplätze und begegnet mit etwas Glück weiteren spannenden Tieren wie Rothirschen, Wildschweinrotten oder Kranichen.

Wer jedoch erwartet, nach spätestens einer halben Stunde dem ersten Wolf zu begegnen, der sollte lieber einen Tag im Zoo verbringen. Die Touren sind vielmehr ein einmaliger Blick hinter die Kulissen der brandenburgischen Wildnis fernab der Spazierwege und bringen euch zu Orten, die Privatpersonen normalerweise versperrt sind. Doch mit ein wenig Glück hört ihr die Wölfe heulen oder euch gelingt sogar die Sichtung eines Wolfes, eines ganzen Rudels, oder spielender Welpen – lasst euch überraschen.

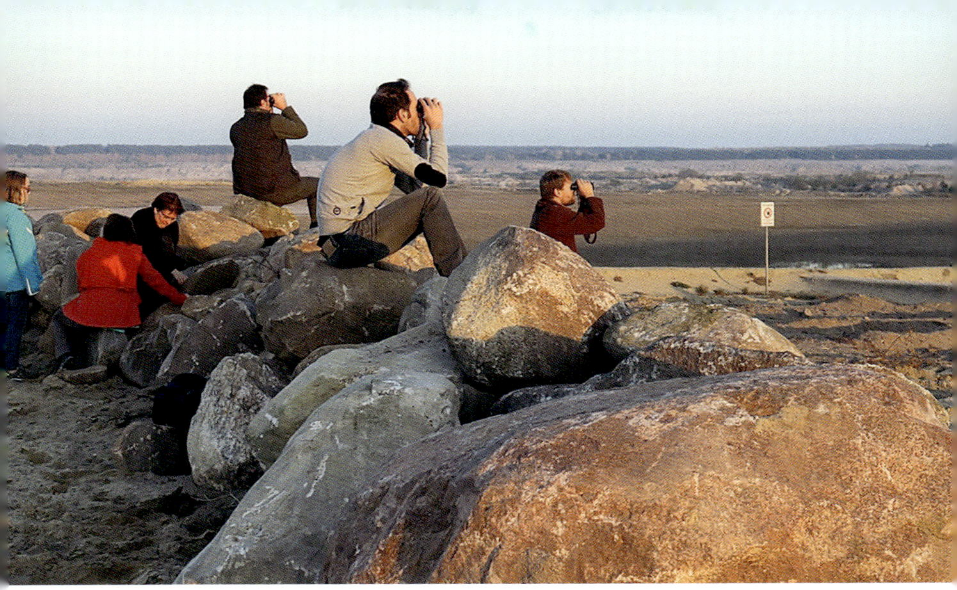

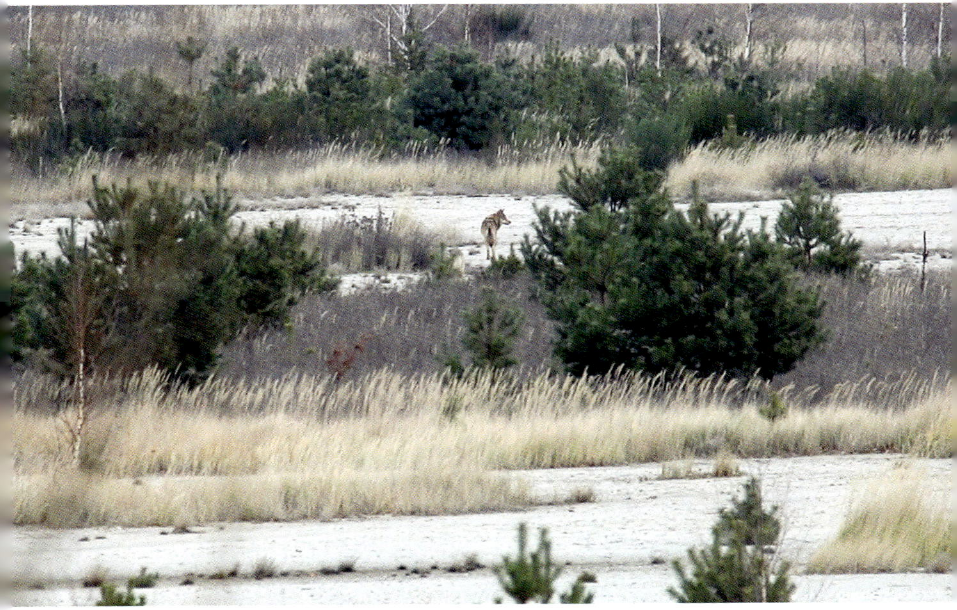

Wolfland Tours
Website: www.wolflandtours.de
Instagram: @wolflandtours

90

DER WICHTEL AUS DEM LÖCKNITZTAL

WUPATZ' LEHRPFAD

Man findet ihn am Wupatzsee, ganz egal ob bei Sonne oder Schnee: Der immerzu reimende Wupatz ist ein kleiner Waldwichtel, dessen Heimat die Wald- und Wasserlandschaft im Löcknitztal kurz hinter Köpenick ist. Auf einem 3,6 Kilometer langen Rundweg führt er seine Gäste durch eine malerische Naturwelt und ermuntert sie an 16 Mitmach-Stationen zum Balancieren, Musizieren und Rätseln. Hierbei lernt man eine Menge über die heimische Flora und Fauna und kann sogar etwas gewinnen – wenn man das verflixte Zahlenschloss knackt.
Abseits der spaßigen Aufgaben bietet der Waldpfad herrliche Blicke über den See und schickt einen über lange Holzbrücken, unter denen sich wahre Schlangennester befinden. Für ein stärkendes Picknick inmitten hoher Kiefern bietet sich ein großer Holztisch an Station 10 an – keine Sorge, ihr befindet euch dort in sicherer Entfernung zur Brücke mit dem Schlangennest.

▸ Gut aufgepasst? Dann könnt ihr am Ende der Tour problemlos diese drei Fragen beantworten:

Frage 1: Welches Insekt »melkt« andere Lebewesen?
Frage 2: Welcher Fisch im Wupatzsee hat eine geteilte Rückenflosse?
Frage 3: Welches Tier kann eine Million Mal so gut riechen wie der Mensch?

Nächstgelegene Haltestelle: Erkner Löcknitz Anlegestelle (Bus 419)
Parkplätze: Fangschleusenstraße – 52.420936, 13.763587

Frage 1: Ameise, Frage 2: Flussbarsch, Frage 3: Hund

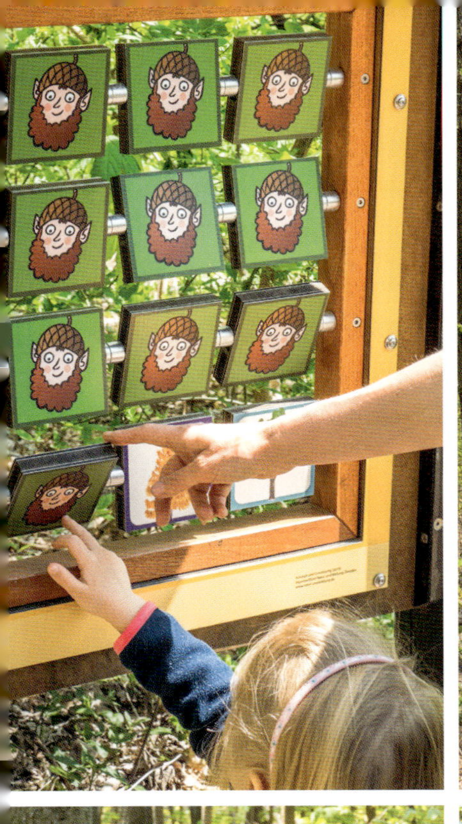

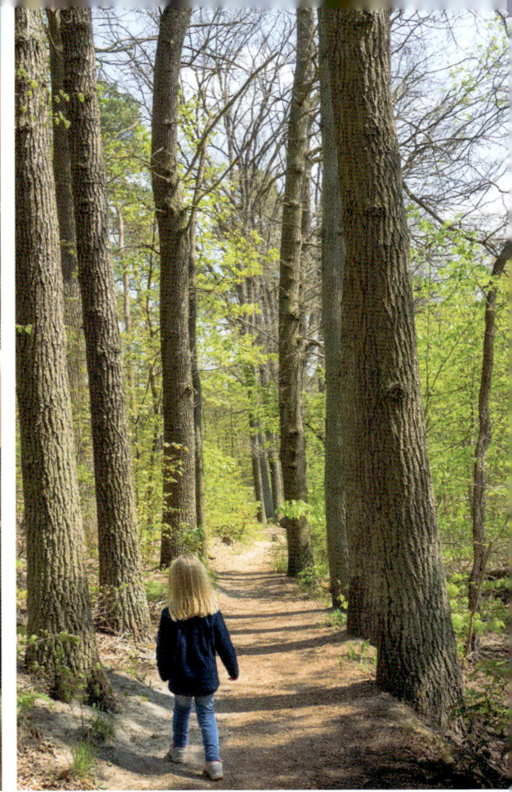

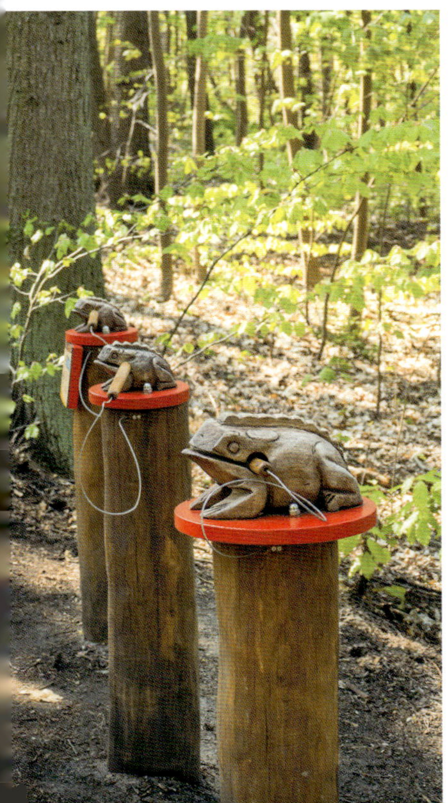

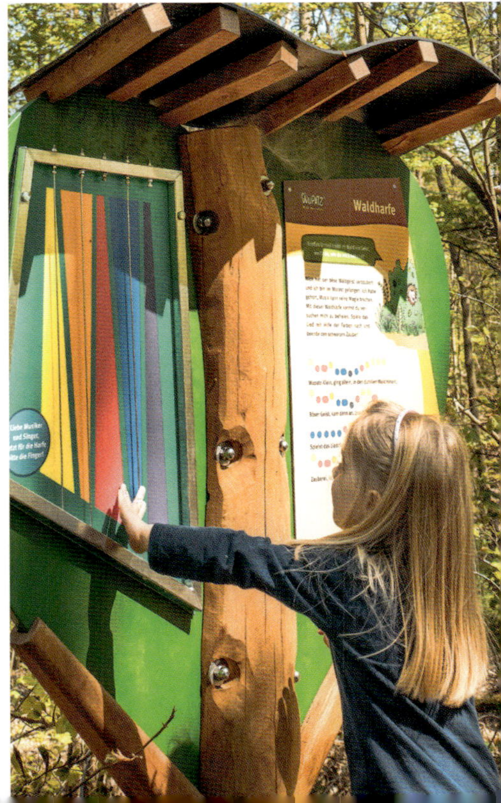
Waldharfe

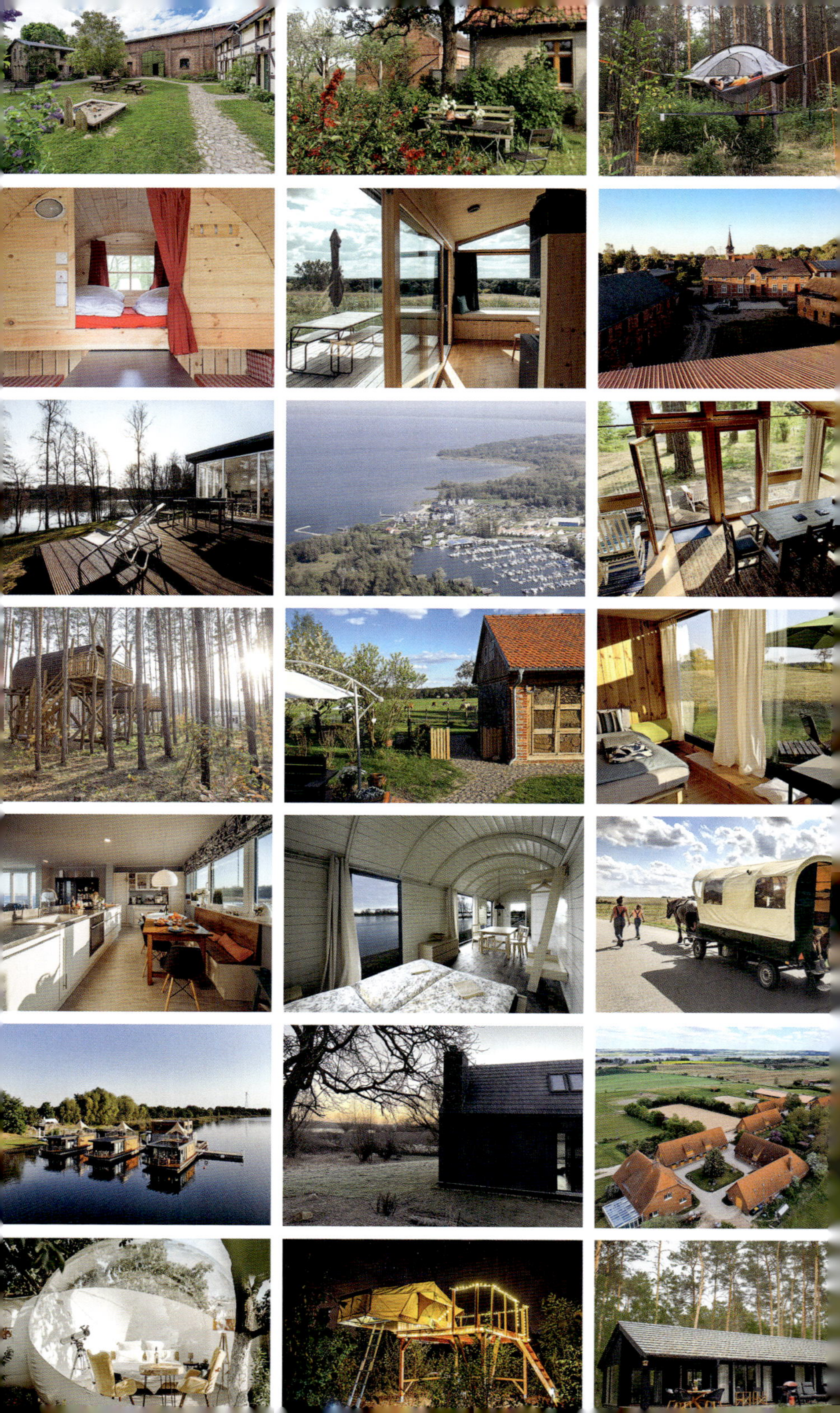

SCHNELL MAL WEG

URLAUBSZIELE IN UNTER ZWEI STUNDEN FAHRZEIT

Der Urlaub mit Kindern schafft Erinnerungen, die im besten Fall ein Leben lang im Gedächtnis bleiben. Fernab des organisierten Alltags lernt man sich in ungewohnten Situationen nochmal ganz neu kennen und wächst durch gemeinsame Entdeckungen noch stärker zusammen. Doch bevor es dazu kommt, gibt es ein Problem, vor dem sich viele Eltern graulen: Die lange Hin- und Rückfahrt! Ein achtstündiges Unterhaltungsprogramm auf engstem Raum, mit Kindern, denen lange Fahrten oft auf den Magen schlagen, ist eine echte Herausforderung.

KURZE FAHRT, VIEL ERHOLUNG

Warum muss es immer in weit entfernte Städte und Länder gehen, wenn das Gute doch so nah liegt? Wir Berliner sind umgeben vom gewässerreichsten und landschaftlich schönsten Bundesland. Brandenburg ist geprägt von rund 3000 Seen, urtümlichen Dörfern mit einer Handvoll Einwohnern und alten Buchenwäldern, in denen Elche und Luchse leben. Für die Hauptstädter ist das ländliche Umland ein schnell erreichter Urlaubsort mit jeder Menge Abenteuerpotenzial und zugleich einer wohltuenden Unaufgeregtheit.

Jeder der vorgestellten Urlaubstipps ist in weniger als zwei Stunden erreichbar, liegt gefühlt aber ganz weit weg. Hier werdet ihr vom Muhen der Kühe geweckt, könnt direkt nach dem Aufstehen von eurem Hausboot in den See springen, verbringt die Tage mit schlechter Internetverbindung unter freiem Himmel und sitzt abends zusammen am Lagerfeuer und gebt den Sternen Namen.

91

DAS BUBBLE-HAUS

ALPACOSI OASE

In der Alpacosi Oase wird der Urlaub zur Wohltat für Körper und Geist! Ihr übernachtet in außergewöhnlichen Bubble-Häusern, die freien Blick auf den Sternenhimmel und die weiten Felder der schönen Bergsdorfer Landschaft gewähren. Ihr genießt das Frühstück auf einer überdachten Außenterrasse, lest ein Buch in den hängenden Tipis und lauscht dem Zirpen der Grillen vor der wärmenden Feuerschale. Während des Aufenthalts gehört euch die florale Gartenoase ganz allein. Die Zutaten für euer Essen wachsen in Hochbeeten und gekocht wird in der Outdoor-Küche. Für die Portion Extra-Luxus stellen euch die Gastgeber sogar ein Frühstücks- oder Grillpaket zusammen, sodass ihr euch um nichts kümmern müsst. Für das Erkunden der Umgebung stehen Fahrräder bereit und wer seinen Geist verwöhnen möchte, bucht eine erholsame Klangmassage unter freiem Himmel.

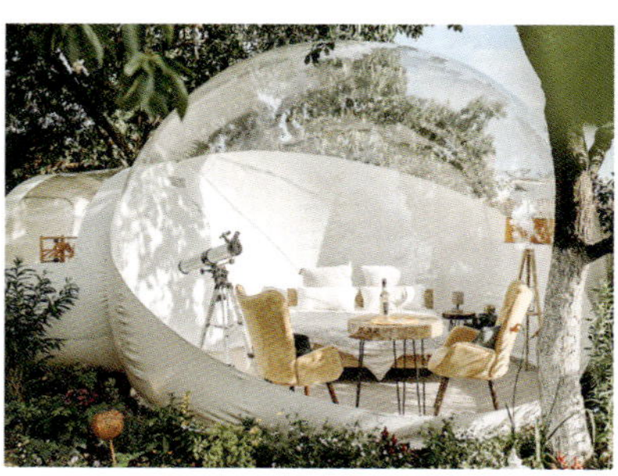

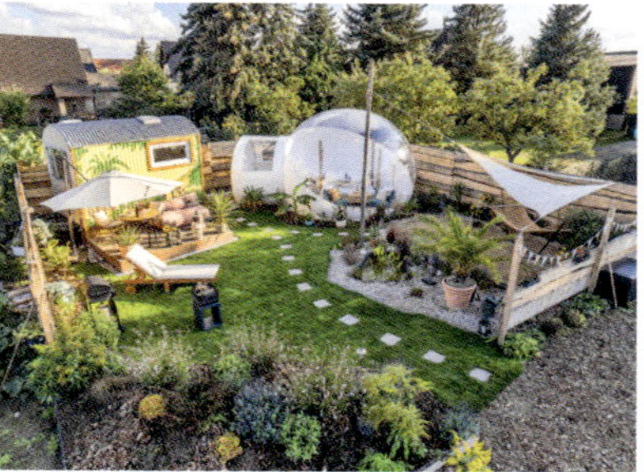

AUF EINEN BLICK: ALPACOSI OASE

Bergsdorfer Dorfstraße 7, 16792 Zehdenick | www.alpacosi-oase.de

Aktivitäten in der Nähe:

Durch das seenreiche Wanderparadies Moddersee – 1,5 km
Veranstaltungen auf Schloss & Gut Liebenberg besuchen – 3,5 km
Erfinderisch werden im Technikmuseum Ziegeleipark – 11 km
Adrenalinkicks im Kletterwald und Wildpark Schorfheide – 19 km

92

HIER STIMMT EINFACH ALLES!

ALTE SCHULE SENFTENHÜTTE

Die »Alte Schule« im 200-Seelen-Dorf Senftenhütte ist ein aufwändig restauriertes Schulgebäude von 1873, dessen historischer Charme mit modernen Design-Elementen ergänzt wurde und zu einer der Top-Adressen im Berliner Umland zählt. Die Fünf-Zimmer-Wohnung besticht durch viel Holz, warme Farbtöne und eine hochwertige Einrichtung. Freut euch auf ruhige Nächte inmitten einer unaufgeregten Dorfidylle und verträumte Stunden in der Leseecke mit Blick auf eine Kuhweide. Zur Wohnung gehört ein wunderschöner Garten mit einer Feuerstelle, einem Grill und genügend Platz zum Faulenzen und Toben. Das Highlight ist die alte Feldsteinscheune, in der sich zwei verschiedene Saunen und ein großes Kaminzimmer befinden. Das Zimmer könnte sofort als Filmkulisse herhalten! Hier könnt ihr die vielen Kerzen im majestätischen Kerzenständer anzünden und euch in das große Sofa fallen lassen.

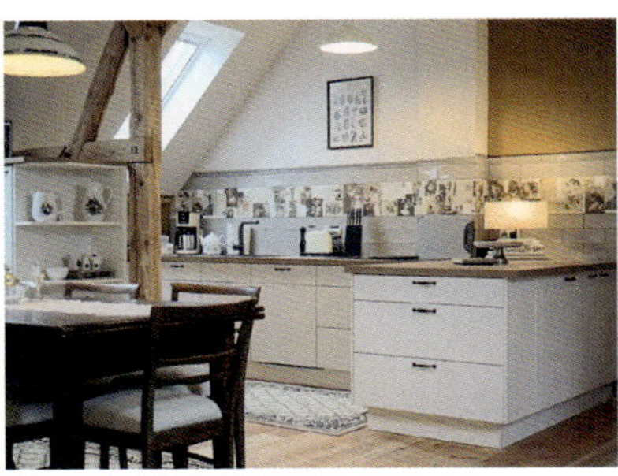

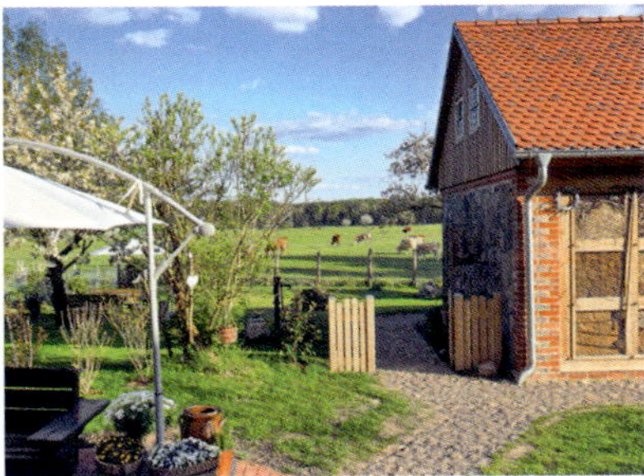

AUF EINEN BLICK: ALTE SCHULE SCHORFHEIDE

Ärmel 14, 16230 Chorin | www.ferienwohnung-zeesboot.de

Aktivitäten in der Nähe:

Mit den Alpakas vom Serwester Hof spazieren gehen – 4 km
Rundweg ab Altkünkendorf durch den Buchenwald Grumsin – 7 km
Eine lustige Partie Abenteuer-Minigolf bei Bungis Adventure – 7,5 km
Eisbecher in der Altstadt von Angermünde verputzen – 12 km

93

KLEINER RAUM, HOHER KOMFORT

AUSZEIT AM TOLLENSESEE

Der Urlaub bei »Auszeit« ist genau das Richtige für Familien mit Anspruch an Nachhaltigkeit und Design. Die Cabins liegen fußläufig zum Tollensesee, einem der größten Seen Mecklenburg-Vorpommerns und sind besser ausgestattet als die meisten Ferienhäuser. Euch erwarten eine große Glasfront mit herrlichem Blick auf das Naturschutzgebiet Nonnenhof, warme Holztöne im Innenraum, elektrische Dachfenster, hochwertige Möbel, Fußbodenheizung, Highspeed-Internet, Waschmaschine, Küche mit Geschirrspüler und Sonos Soundboxen – einige Cabins verfügen sogar über eine Sauna.

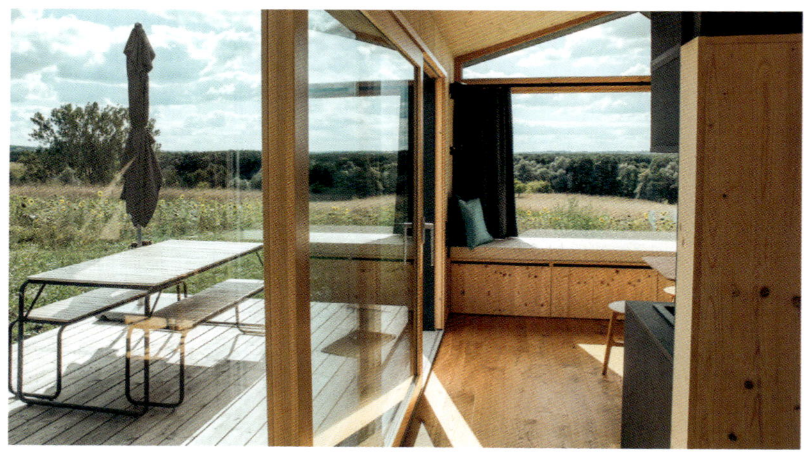

AUF EINEN BLICK: AUSZEIT AM TOLLENSESEE

Am Nonnenbachtal, 17094 Groß Nemerow | www.auszeit.io

Aktivitäten in der Nähe:

Schaudern im Museum für Magie und Hexerei – 7 km
Mit 40 km/h auf der Sommerrodelbahn Burg Stargard – 8 km
Durch die Kreisstadt Neubrandenburg schlendern – 10 km
Pony- und Pferdetouren auf dem Reiterhof Gohrs – 10 km

94

KINDHEITSTRÄUME WERDEN WAHR

BAUMHAUSHOTEL HAFENCAMP

Euer Kindheitstraum wird nun Realität! In den Baumhaushotels am Senftenberger See übernachtet ihr fünf Meter über dem Waldboden und genießt beim Abendessen auf der Terrasse den Ausblick auf das Wasser. Die Baumhäuser sind genau das richtige für kleine Familien, die sich auch im Urlaub einen aktiven Alltag wünschen. Auf dem Gelände des Hafencamps gibt es einen Tretroller- und Kanuverleih, jede Menge Sportangebote sowie mehrere Sandstrände in der Umgebung und gut ausgebaute Radwege, auf denen ihr das Lausitzer Seenland erkunden könnt.

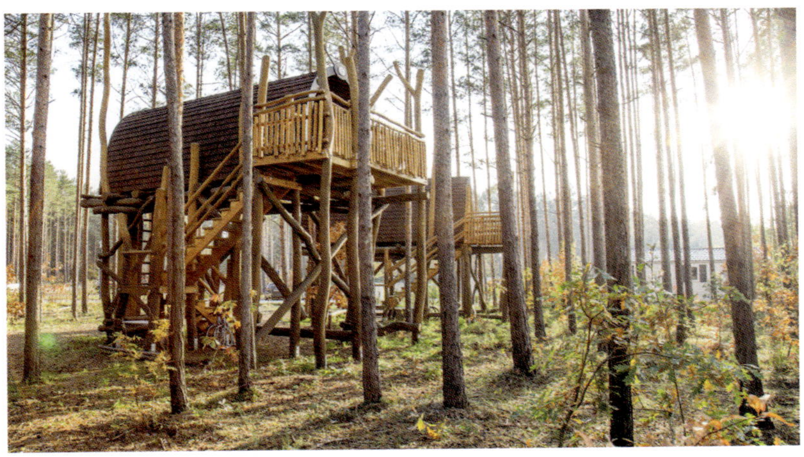

AUF EINEN BLICK: BAUMHAUSHOTEL HAFENCAMP

Straße zur Südsee 2, 01968 Senftenberg | www.senftenberger-see.de

Aktivitäten in der Nähe:

Eine Fahrt mit der Kleinbahn »Seeschlange« durch die Region – 700 m
Konzerte und Familienstücke im Amphitheater Senftenberg – 1,5 km
Mit der Reederei M. Löwa über den Senftenberger See – 3 km
Im Boot von Grill&Chill auf dem Geierswalder See – 5 km

95

URLAUB BEIM BIOBAUERN

BEHRINGHOF

Auf dem Biohof der Familie Behring seid ihr umgeben von Streuobstwiesen, atmet frische Landluft und wohnt in einer von vier Ferienwohnungen oder einem großen Ferienhaus. Ganz gleich, wofür ihr euch entscheidet, jedes Domizil ist ländlich-modern gestaltet und kinderfreundlich eingerichtet. Für große Kinderaugen sorgt der Hof, auf dem es einen Spielplatz samt Tischtennisplatte sowie tierische Bewohner zu erleben gibt. Ihr wohnt mit handzahmen Hängebauchschweinen und Kaninchen Tür an Tür und könnt den Lämmern auf den umliegenden Schafweiden ganz nah kommen.

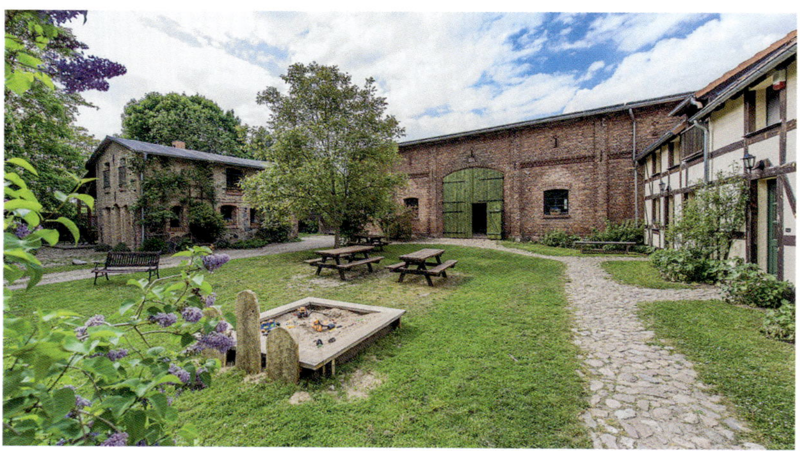

AUF EINEN BLICK: BEHRINGHOF

Berliner Straße 23b, 16259 Höhenland | www.behringhof.de

Aktivitäten in der Nähe:

Zapf dir was an der Milchtankstelle Becky Stein – 2 km
Im Bogenparcours Torgelow Bogenschießen lernen – 7,5 km
Westernfeeling auf dem Reiterhof Flower Horse Ranch – 7,5 km
Lehrreiche Touren im Wildkatzenzentrum Felidae erleben – 11 km

96

KUNST UND KUCHEN

BIOHOF IHLOW

Ferienwohnungen mit Klavier und Schwedenofen, ein Tiny-House auf Rädern mitten im Naturpark, ein großes Rundzelt für vier Personen oder Campen im eigenen Bus mit sonnenbeheizter Gartendusche: Der Biohof Ihlow in der Märkischen Schweiz hat für jeden Geschmack das richtige Domizil im Angebot. Auf dem naturbelassenen Grundstück mit alten Obstbäumen und großem Trampolin führt die Betreiberin ein Hofcafé samt kleinem Bioladen, in dem ihr frisch gebackene Kuchen und herzhafte Speisen serviert bekommt. Die studierte Musikerin bietet zudem Klavierunterricht für ihre Gäste an.

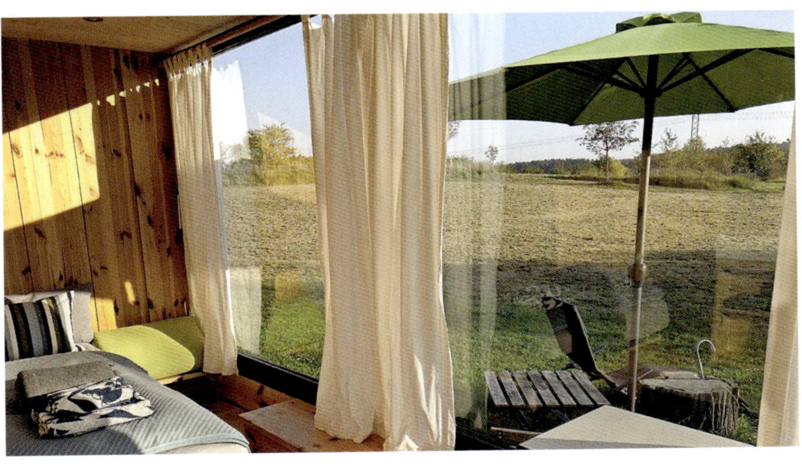

AUF EINEN BLICK: BIOHOF IHLOW

Ihlower Ring 14, 15377 Oberbarnim | www.biohof-ihlow.de

Aktivitäten in der Nähe:

Durch das Maislabyrinth in Prädikow irren – 3,5 km
Wanderlust im Naturpark Märkische Schweiz stillen – 4 km
Sommertage im Strandbad Buckow am Schermützelsee – 5 km
Aufregende Huskyschlittentouren bei Stonecreek Tours – 8 km

97

SCHWIMMENDES FERIENHAUS

DIE MÖWEN

Die »Möwen« sind schwimmende Ferienhäuser auf dem Gräbendorfer See und bieten euch einen naturnahen, doch luxuriösen Urlaub. Auf eurer klimatisierten Wasservilla genießt ihr lauschige Abende vor dem Kamin oder grillt auf der Terrasse. Ein Sprung in den See vor dem Frühstück, faule Nachmittage auf dem Sonnendeck oder ruhige Nächte unter dem Sternenhimmel – an Bord der Möwen ist alles möglich. Gleich vor der Haustür findet ihr einen Sandstrand sowie eine Tauchschule, bei der ihr Schnuppertauchkurse buchen und Stand-Up-Paddles leihen könnt.

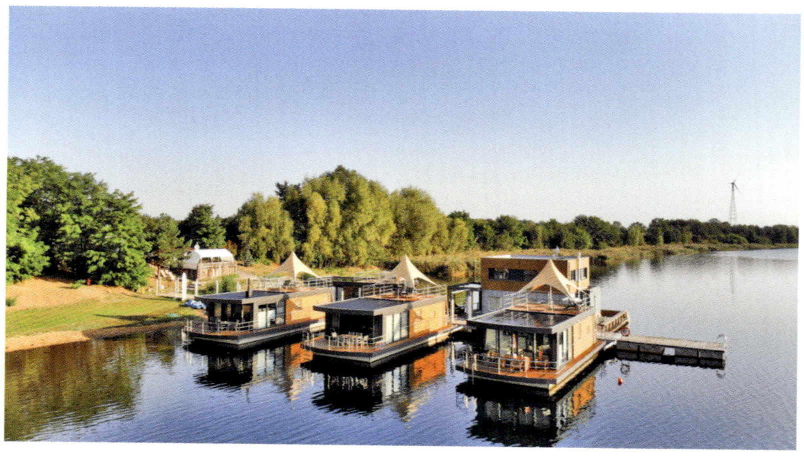

AUF EINEN BLICK: DIE MÖWEN

Am IBA Steg 1, 03226 Vetschau | www.die-moewen.de

Aktivitäten in der Nähe:

Auf den kostenfreien Aussichtsturm Calauer Schweiz klettern – 8 km
Durch den Spreewald mit Spreewald-Buggys cruisen – 9 km
Die Slawenburg Raddusch schickt euch ins 9. Jahrhundert – 11 km
Durch die Cottbuser Altstadt flanieren – 17 km

98

DEIN HAUS AM SEE

HAUS KRONSEEBLICK

Das Haus Kronseeblick befindet sich auf einem 750 Quadratmeter großen Grundstück am Waldrand, mitten im Naturpark Uckermärkische Seen und direkt am Großen Kronsee. Alleine der ständige Blick auf die ruhige Wasseroberfläche beim Essen auf der Terrasse ist die Reise wert. Das Haus am See ist mit einem Kaminofen, einer Sauna und Rainshower-Duschen ausgestattet. Luxus inmitten der abgelegenen Natur. Aktive Familien können sich über Waldpfade sowie Radwege unweit der Haustür freuen.

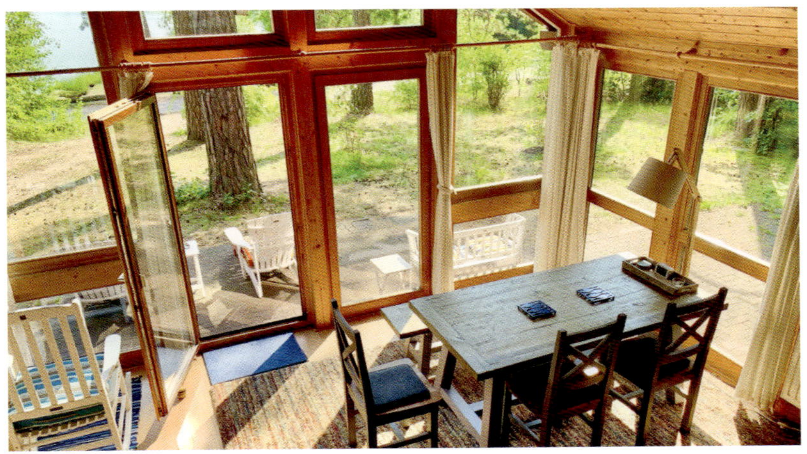

AUF EINEN BLICK: HAUS KRONSEEBLICK

Dorfstraße 1c, 17279 Lychen | www.kronseeblick.de

Aktivitäten in der Nähe:

Das Abendessen in der Fischerei Krempig selbst angeln – 3 km
Eine Kutschfahrt mit Mulis Rensch durch Lychen – 5 km
Pure Natur im Müritz-Nationalpark erleben – 7 km
Im historischen Kahn Concordia bei Live-Musik ausspannen – 12 km

99

UNBESCHWERTE ZEITEN

HAUSBOOT »KLEINE FÄHRE«

Fest verankert auf der Goitzsche bietet das hochwertig ausgestattete Hausboot »Kleine Fähre« alles, was das Herz einer urlaubsreifen Familie mit Anspruch begehrt. Das drei Etagen große Wasserdomizil hat eine Gesamtfläche von 192 Quadratmeter und bietet Platz für sieben Personen. Freut euch auf entspannte Stunden auf der riesigen Sonnen-Dachterrasse, gemütliche Abende vor dem Kamin, ein Luxusbad mit Dusche und Badewanne, den offenen Wohnbereich mit Lounge-Couch, direkten Zugang ins Wasser durch eine Badeleiter und eine große Auswahl an Filmen und Spielen.

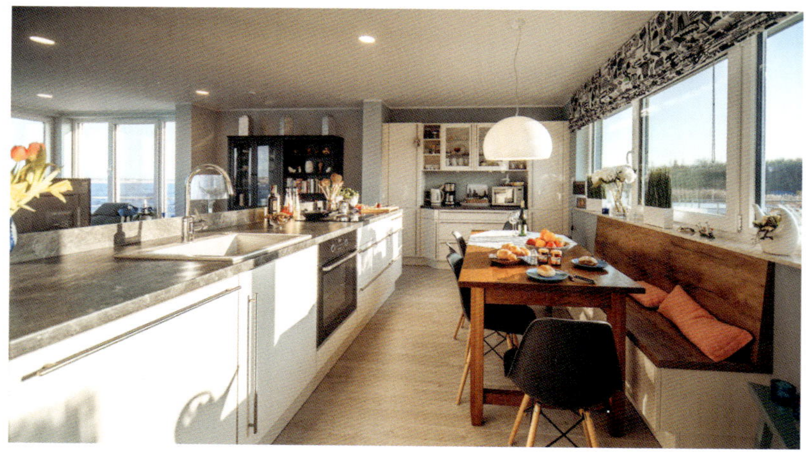

AUF EINEN BLICK: HAUSBOOT KLEINE FÄHRE

Seeblick 5, 06749 Bitterfeld-Wolfen | www.kleine-faehre.de

Aktivitäten in der Nähe:

Den Ausblick auf dem Pegelturm am Goitzschesee genießen – 2,5 km
Den Ausgang im Irrgarten-Altjessnitz suchen – 8 km
Radtouren durch den Naturpark Dübener Heide – 15 km
Leipzig und ihre historische Altstadt erkunden – 25 km

100

ANNO 1821

HOF ROSENSTEIN

Der Hof Rosenstein stammt aus dem Jahr 1821 und ist nach langer ökologischer Restauration bereit, seinen Gästen einen entschleunigenden Urlaub zu bescheren. Die vier Apartments verfügen alle über eine hochmoderne Ausstattung, haben aber dennoch einen rustikalen Charme und sind gespickt mit originalen Details vergangener Zeiten. Ihr befindet euch in einem Dörfchen mit kaum mehr als 40 Einwohnern und seid umgeben von dichten Wäldern und wilden Moorgebieten, die ihr bei langen Spaziergängen oder Radtouren erkunden könnt.

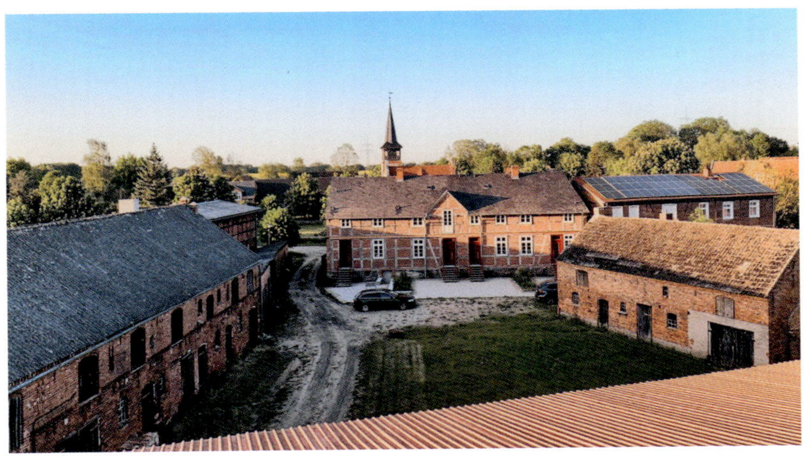

AUF EINEN BLICK: HOF ROSENSTEIN

Alte Dorfstraße 21, 16928 Groß Pankow | www.hof-rosenstein.de

Aktivitäten in der Nähe:

Die hübsche Altstadt in Pritzwalk erkunden – 9 km

Kahnfahrten an der Neuen Mühle Perleberg – 15 km

Die Badelandschaft der Kristalltherme Bad Wilsnack – 22 km

Entdecken und speisen in der Wasserburg Plattenburg – 23 km

101

URLAUB IM NATURHÄUSCHEN

HOLLERHOF ODERBRUCH

Auf dem Hollerhof, einem Loosehof aus dem 19. Jahrhundert, erwarten euch »Hollerbusch« und »Apfelbaum«, zwei Ferienunterkünfte mit einem traumhaften Blick auf Rehe und Kraniche. Genießt den bezaubernden Bauerngarten, den Sternenhimmel und den Ruf der Nachtigall in völliger Idylle. Das malerische Oderbruch ist geprägt von weitem Land, einem hohen Himmel und vor allem von viel Ruhe. Lasst euch von der Landschaft verzaubern und von den Sehenswürdigkeiten überraschen. Die Fahrradwege entlang sanft geschwungener Felder laden zum Radeln ein – Fahrräder können auf dem Hof ausgeliehen werden.

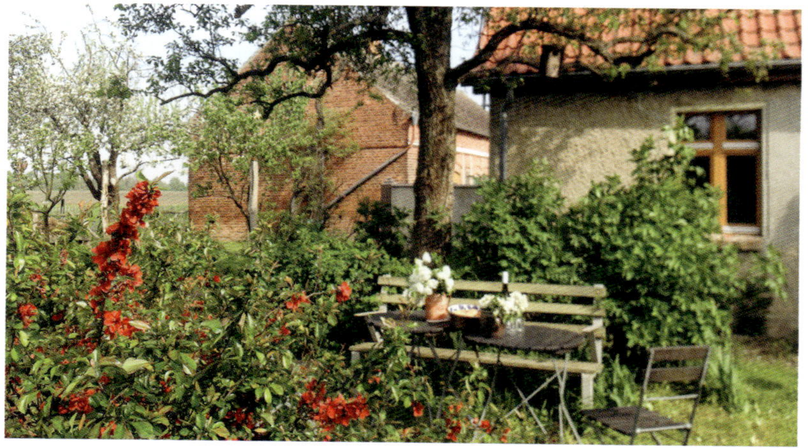

AUF EINEN BLICK: HOLLERHOF-ODERBRUCH

Loose 7, 15306 Gusow-Platkow | www.hollerhof-oderbruch.de

Aktivitäten in der Nähe:

Das kinderfreundliche Strandbad Oderbruch – 4 km
Regional shoppen auf dem Milchschafhof Pimpinelle – 5 km
Konzerte im Schloss Neuhardenberg besuchen – 7 km
Schnäppchen auf dem Küstriner Basar in Polen ergattern – 20 km

102

LUXUS ODER ABENTEUER?

KULTURHAFEN GROSS NEUENDORF

Hier gibt es niemanden, der die Aussicht stört, nur das blaue Wasser der Oder und die wilde Natur Polens. Allein schon wegen des Ausblicks lohnt sich der Urlaub im Kulturhafen Groß Neuendorf! Hier habt ihr die Wahl zwischen einer vierstöckigen Ferienwohnung in einem historischen Verladeturm mit offenem Kamin, Balkon mit Flussblick und Loft-Küche oder dem spartanisch eingerichteten Bahnwaggon für vier Personen, direkt am Oderufer, allerdings ohne Wasseranschluss und Heizung. Wo euch das größere Familienabenteuer erwartet, ist klar, oder?

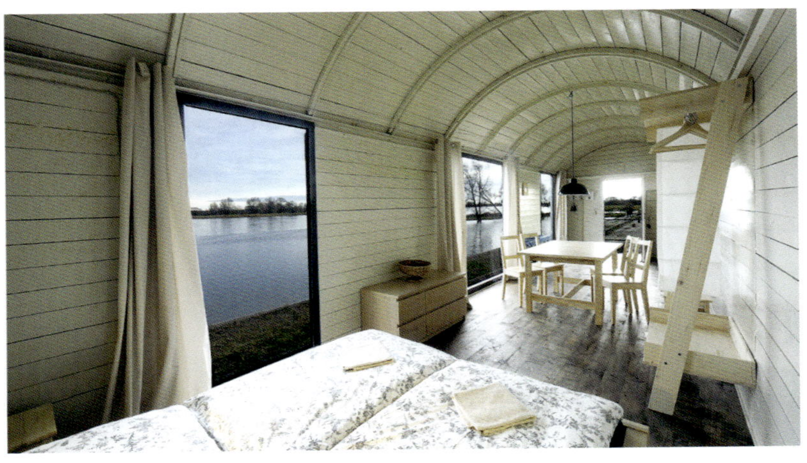

AUF EINEN BLICK: KULTURHAFEN GROSS NEUENDORF

Hafenstraße 1a, 15324 Letschin | www.verladeturm.de

Aktivitäten in der Nähe:

Auf Zeitreise im Landwirtschaftsmuseum Groß Neuendorf – 100 Meter
Fahrradverleih und E-Bikes auf dem Erlenhof – 2,5 km
Polens wilde Natur im Landschaftspark Cedyński – 11 km
Ziegen streicheln und lecker essen auf dem Ziegenhof Zollbrücke – 15 km

103

GETEILTES GLÜCK

LAKEHOUSE.BERLIN

Das Lakehouse am Kleinen Werbellinsee ist das Herzensprojekt zweier Brüder aus Berlin, die sich selbst eine Zufluchtsstätte geschaffen haben, um dem Stadtalltag zu entfliehen. Doch warum sollte man etwas so Schönes nur für sich alleine haben, wenn man es eh nicht permanent nutzt, dachten sie und teilten fortan ihr Paradies am See. Das stilvoll eingerichtete Ferienhaus samt Spielplatz und großem Garten hat schon vielen Städtern einen erholsamen Urlaub beschert und vielleicht seid ihr ja die Nächsten?!

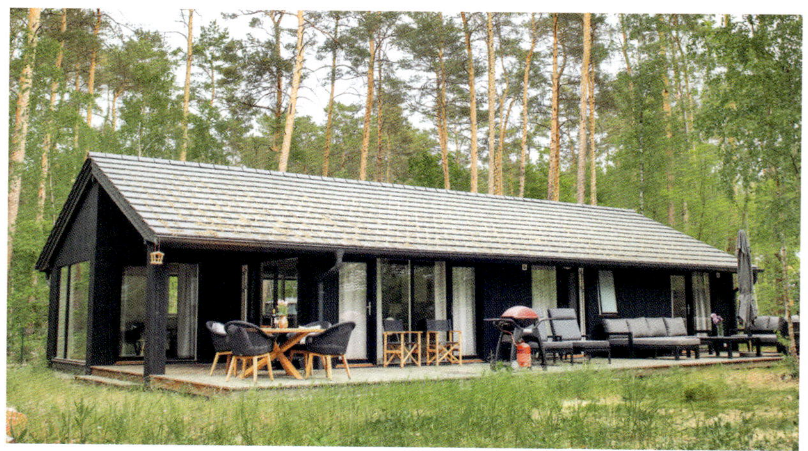

AUF EINEN BLICK: LAKEHOUSE.BERLIN

Rotkehlchenweg 8, 16835 Lindow | www.lakehouse.berlin

Aktivitäten in der Nähe:

Mit den Pferden vom Reiterhof Deter über die Felder – 3,5 km
Die historische Fontanestadt Neuruppin besuchen – 9 km
In den Kanus vom Kanuverleih Altfriesack die Seen erkunden – 10 km
Eine Tour durch das berühmte Schloss Rheinsberg – 19 km

104

LUST AUF EIN ABENTEUER?

LIESJE TRECKING

Eine mehrtägige Planwagen-Tour von Liesje Trecking gehört sicherlich zu den außergewöhnlichsten Arten in Brandenburg Urlaub zu machen. Nach einer ausführlichen Einweisung und dem Kennenlernen der Pferde plant ihr gemeinsam mit dem erfahrenen Team eine auf euch zugeschnittene Reiseroute. Danach bekommt ihr einen Planwagen und ein Pferd anvertraut und reist im gemütlichen Tempo durch die wunderschöne Uckermark. Sobald ihr den Stellplatz für die Nacht erreicht habt, spannt ihr euer Pferd aus, versorgt es mit Futter und Wasser und könnt anschließend die Umgebung erkunden, in einen See springen oder Zeit mit dem Pferd verbringen. Und falls es mal regnet, macht ihr es euch einfach auf der Couch gemütlich und kocht euch was in der Planwagenküche.

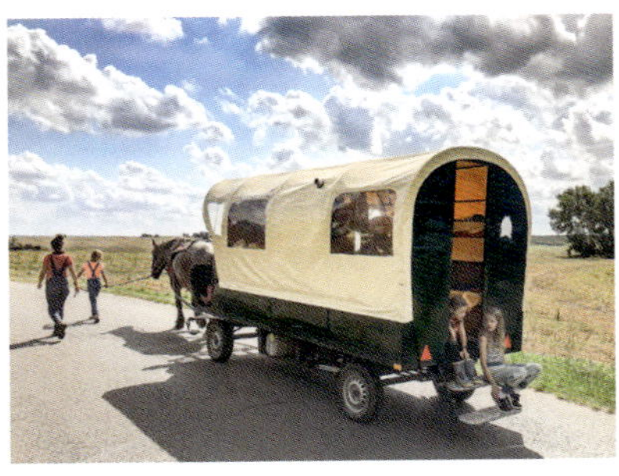

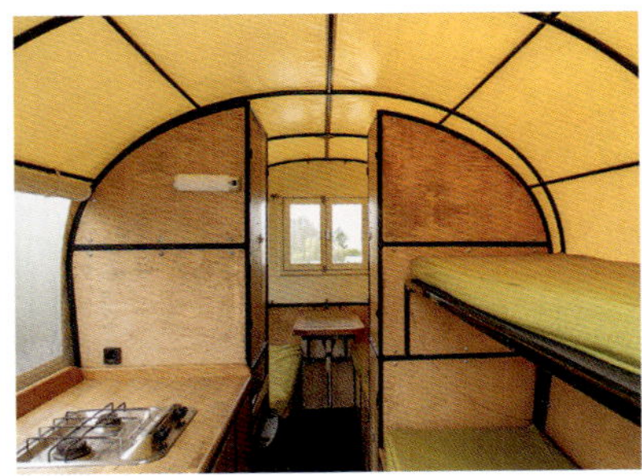

AUF EINEN BLICK: LIESJE TRECKING

Ort Friedenfelde, 17268 Gerswalde | www.liesje-trecking.de

Aktivitäten in der Nähe:

Straußen auf dem Straußenhof Berkenlatten ganz nah kommen – 2 km
Wandern im Naturparadies Biosphärenreservat Schorfheide-Chorin – 10 km
Spielerisch lernen im Naturerlebniszentrum Blumberger Mühle – 19 km
Mit der Reederei Wiedenhöft über den glasklaren Werbellinsee – 19 km

105

WIE AM MEER

MÜRITZ GARTENDECK 531

Urlaub in der Ferienwohnung »Gartendeck 531« an der Müritz, Deutschlands größtem Binnensee, fühlt sich an wie ein Urlaub am Meer. Von der überdachten Terrasse oder dem Strandkorb aus schaut ihr direkt auf das nur 100 Meter entfernte Wasser und lauscht dem Wind in den Bäumen. Die Wohnung bietet Platz für fünf Personen und hat einige Überraschungen im Angebot. So findet ihr zum Beispiel eine Sauna im Badezimmer, einen Kaminofen im Wohnzimmer und werdet an kalten Tagen von einer Fußbodenheizung gewärmt.

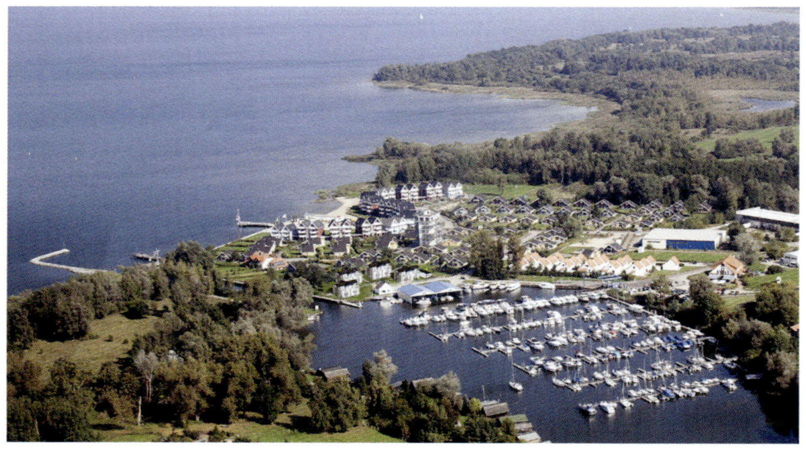

AUF EINEN BLICK: MÜRITZ »GARTENDECK 531«

Am Hafendorf, 17248 Rechlin | www.mueritz-gartendeck.de

Aktivitäten in der Nähe:

Paddeln, wandern und Radeln im Müritz-Nationalpark – 10 km
Sandstrand, Traumschloss und Möwen in Klink – 14 km
Ein Gefühl von Küstenurlaub am Stadthafen in Waren – 16 km
»Kiek in un wunner di« im Museum für Kuriositäten und Raritäten – 22 km

106

FASSZINIERENDES ERLEBNIS

NATURCAMPINGPLATZ SPRINGSEE

Aufwachen, Tür öffnen und keine fünf Sekunden später steht ihr mit den Füßen im klaren Wasser. Die Schlaffässer auf dem Naturcampingplatz am Springsee bieten Platz für vier Personen und einen naturnahen Abenteuerurlaub mit Seeblick. Wer es komfortabler mag, kann sich ein hölzernes Ferienhaus oder einen Bungalow mieten. Naturfreaks kommen in zwei Meter hohen Baumzelten auf ihre Kosten. Neben der Erholung bekommen Gäste auf dem 21 Hektar großen Gelände ein breites Freizeitangebot auf und am Wasser geboten.

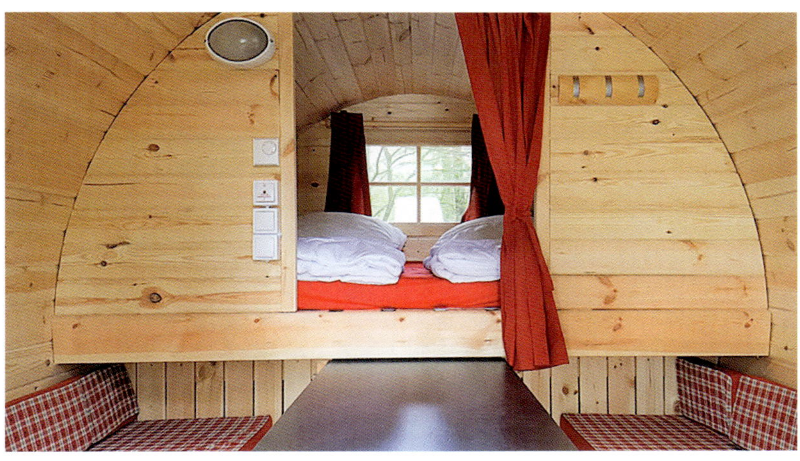

AUF EINEN BLICK: NATURCAMPINGPLATZ SPRINGSEE

Am Springsee 1, 15859 Storkow | www.springsee.de

Aktivitäten in der Nähe:

Wakeboard, Wasserski und SUP am Scharmützelsee – 4 km
Tierische Begegnungen im Waldabenteuerpark Scharmuntzelland – 6 km
Ein erlebnisreicher Ausflug im MitMachPark-Irrlandia – 11 km
Das historische Beeskow an der Spree erkunden – 17 km

107

URLAUB AUF DEM REITERHOF

PFERDEHOF RUHNAU

Eingebettet zwischen Seen und Weiden, mitten im Biosphärenreservat Schorfheide-Chorin, liegt in ruhiger Alleinlage der Pferdehof Ruhnau. Von der auf einem Hügel errichteten Anlage schaut man auf Natur bis zum Horizont und genießt dabei die Vorzüge eines 4-Sterne-Appartements. Auf dem Hof geht es tierisch zur Sache: Über 30 Pferde und Ponys, Hühner, Schafe, Ziegen und Minischweine leben dort und freuen sich auf eine Streicheleinheit.

Familien mit Liebe zum Reitsport werden voll und ganz auf ihre Kosten kommen. Das qualifizierte Team bietet seinen Gästen Reitunterricht an, ganz gleich ob sattelfest oder blutiger Anfänger. Für Kinder ab vier Jahren gibt es sogar eine Zwergenreitschule. In der wasserreichen Umgebung könnt ihr stundenlange Ausritte erleben, herrlich wandern, in einsamen Seen baden oder die umliegenden Dörfchen erkunden.

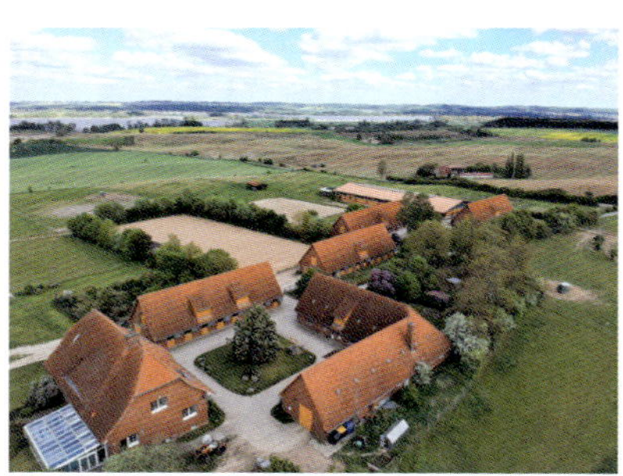

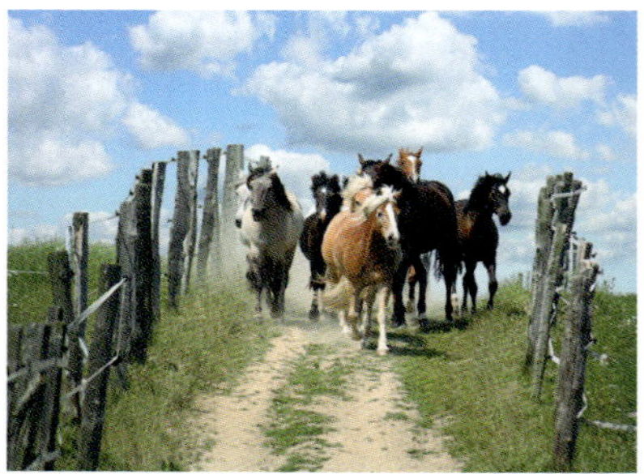

AUF EINEN BLICK: PFERDEHOF RUHNAU

Potzlow-Abbau, 17291 Oberuckersee | www.pferdehof-ruhnau.de

Aktivitäten in der Nähe:

Angeln, rudern und frischer Fisch in der Seenfischerei Trellert – 5 km
Barfuß-Erlebnispark auf dem Straußenhof Berkenlatten – 8 km
Wassertrampolin und Strandkörbe im Seebad Prenzlau – 11 km
Schlösser und Burgen im Boitzenburger Land – 14 km

108

GESTILLTE LANDLUST

SCHEUNENHAUS AM SEE

Mit viel Liebe zum Detail und Wert für natürliche Materialien erfüllte sich ein Berliner Designer-Paar einen lang ersehnten Wunsch, den sie mit anderen Städtern teilen möchten: das Haus auf dem Land. Umgeben von der uckermärkischen Dorfidylle entstand ein Refugium mit hochwertiger Einrichtung und einem 5000 Quadratmeter großen Naturgarten. Anstelle eines Fernsehers könnt ihr euch auf eine Tischtennisplatte und sternenklare Nächte auf der Terrasse freuen oder ihr verbringt kalte Winterabende vor dem knisternden Kamin.

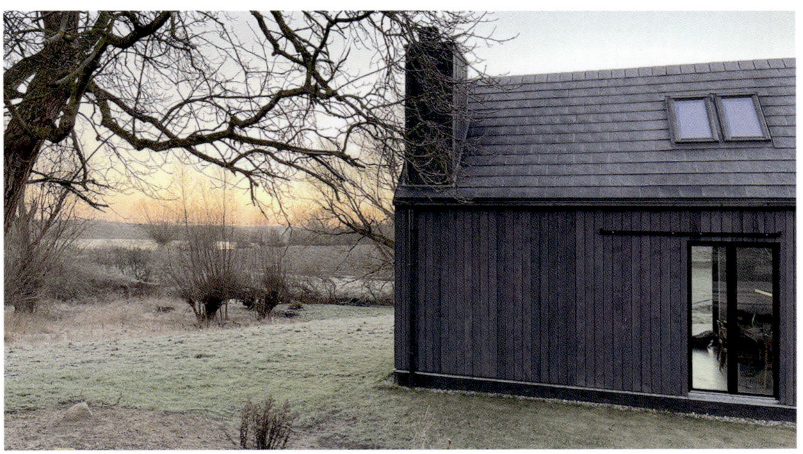

AUF EINEN BLICK: SCHEUNENHAUS AM SEE

Seeweg 3, 17291 Uckerfelde | www.scheunenhausamsee.de

Aktivitäten in der Nähe:

Die leckersten Frühstückseier bei Ucker-Ei kaufen – 6 km
In den Strandkörben vom Seebad Prenzlau dösen – 7 km
Mit den Kajaks von Camp Solaris über den Unteruckersee paddeln – 8 km
Kutsch- und Kremserfahrten bei Schott Strehlow – 8 km

109

2600 QUADRATMETER LUXUS

SCHLAUBEHAUS

Mehr geht nicht! Tischtennis im Dunkeln bei Flutlicht, ein Fußballtor, die freie Nutzbarkeit eines Ruderboots und Stand-Up-Boards, ein 150 Meter langer Privatstrand und ein Ferienhaus, das mit Spielekonsolen, einem Teleskop, Klimaanlage, Kamin und Sauna ausgestattet ist. Das »Schlaubehaus« im Naturpark Schlaubetal verspricht mit seiner erstklassigen Ausstattung und der bezaubernden Lage zwischen Wasser und Pferdekoppeln einen luxuriösen Urlaub, bei dem auch naturverbundene Familien voll auf ihre Kosten kommen werden.

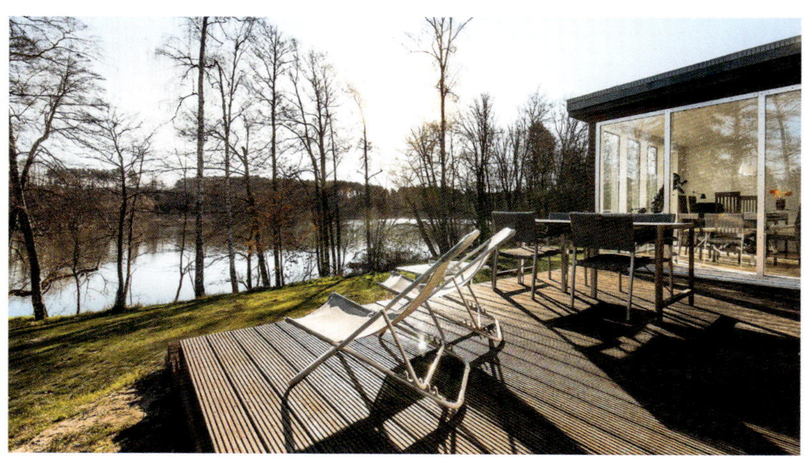

AUF EINEN BLICK: SCHLAUBEHAUS

Mahlweg 5, 15848 Friedland | www.schlaubehaus.de

Aktivitäten in der Nähe:

Eine Bustour durch den Naturpark Schlaubetal mit einem Ranger – 2 km
Floßtouren mit Huckleberry Tours ab Eisenhüttenstadt – 15 km
Tagesfahrten nach Groß Lindow mit dem Treidelkahn – 17 km
Der Klassiker: eine Kahnfahrt durch den Spreewald – 35 km

110

SCHWEBENDE ZELTE

WALDPARADIES BORKHEIDE

Frei nach dem Motto »Einfach mal hängen lassen« können in den Hanging Tents im Waldparadies Borkheide bis zu drei Personen über dem Waldboden schlafen. Die Zelte sind mit Schutzgazen und einem Regenverdeck ausgestattet, sodass eure Nächte trocken und ohne Insektenstiche bleiben. Auf dem Waldgrundstück gibt es Duschen, Toiletten, eine Spielwiese sowie eine gut eingerichtete Küche. Wer auswärts essen möchte, schnappt sich einfach eines der E-Räder und düst zu einem nahegelegenen Gasthaus.

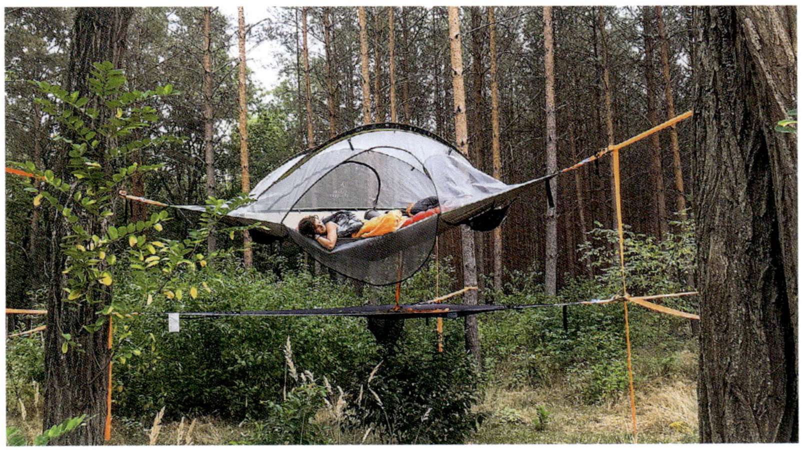

AUF EINEN BLICK: WALDPARADIES BORKHEIDE

Rotkehlchenweg 8, 16835 Lindow | www.waldparadies-borkheide.de

Aktivitäten in der Nähe:

Wasserrutschen testen im Naturbad Borkheide – 950 Meter
Natur spüren im Barfußpark Beelitz-Heilstätten – 5 km
Staunend über den Baumkronenpfad schlendern – 5 km
Höhenluft schnuppern im Kletterwald Climb Up – 6,5 km

111

WILD UND FREI

WILDE HEIMAT NATURCAMPING

Aufgepasst, ihr naturverrückten Familien! Egal ob in einer fest installierten Zeltlodge oder dem eigenen Zelt, in einem Zirkuswagen oder eurem Caravan, auf dem Naturcampingplatz »Wilde Heimat« findet jeder einen Platz. Seid ihr gerne in netter Gesellschaft oder lieber im Survival-Modus ganz für euch alleine? Für jede Art des Campings gibt es einen eigenen Bereich sowie Freiraum zum Erkunden und Entspannen. Euch erwarten, na klar, moderne Sanitäranlagen und Feuerstellen, aber auch eine Sommerküche samt Grilllokomotive, kostenfreie Kettcars, ein Naturkeller zum Kühlen von Lebensmitteln und sogar eine hauseigene Floßvermietung, um die umliegende Seenlandschaft zu erkunden. Und wenn es euch mal zu wild wird, findet ihr gleich um die Ecke in der Wasserstadt Fürstenberg/Havel nette Restaurants und Geschäfte.

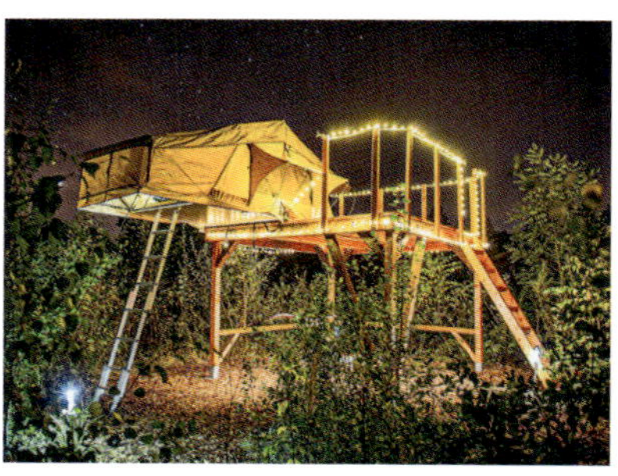

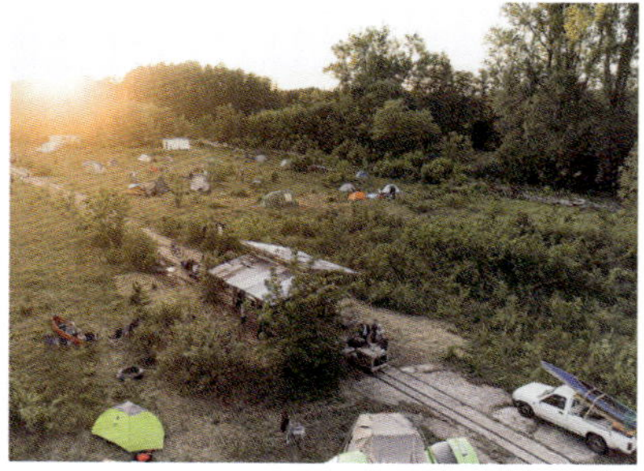

AUF EINEN BLICK: WILDE HEIMAT NATURCAMPING

Zehdenicker Straße 34d, 16798 Fürstenberg/Havel | www.wilde-heimat.de

Aktivitäten in der Nähe:

Die Wasserstadt Fürstenberg/Havel erkunden – 1,5 km
Einkehren und wohlfühlen auf Gut Boltenhof – 9 km
Uckermärkische Seen mit der MS Möwe erkunden – 9,5 km
Lecker essen in der Ziegenkäserei Capriolenhof – 10 km

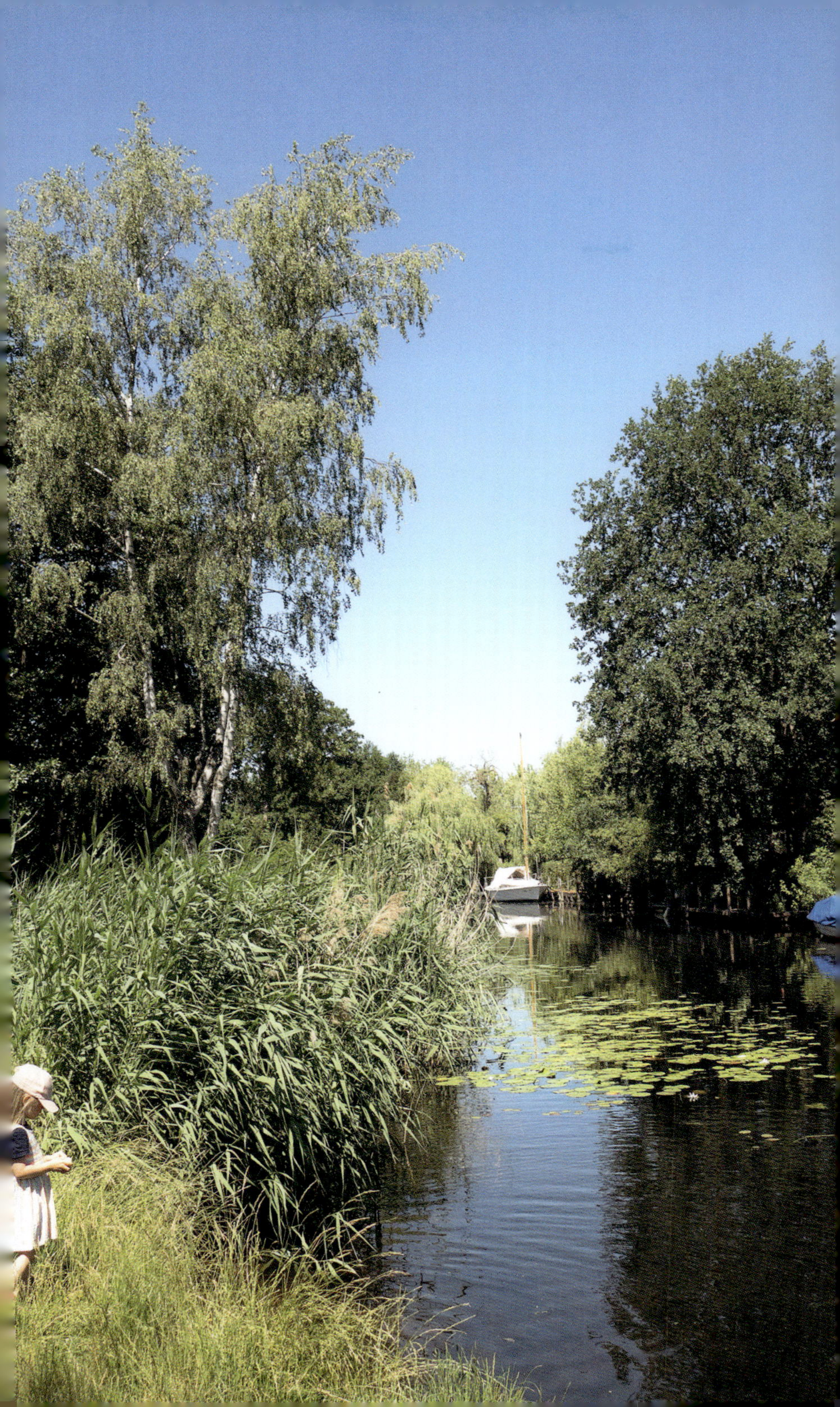

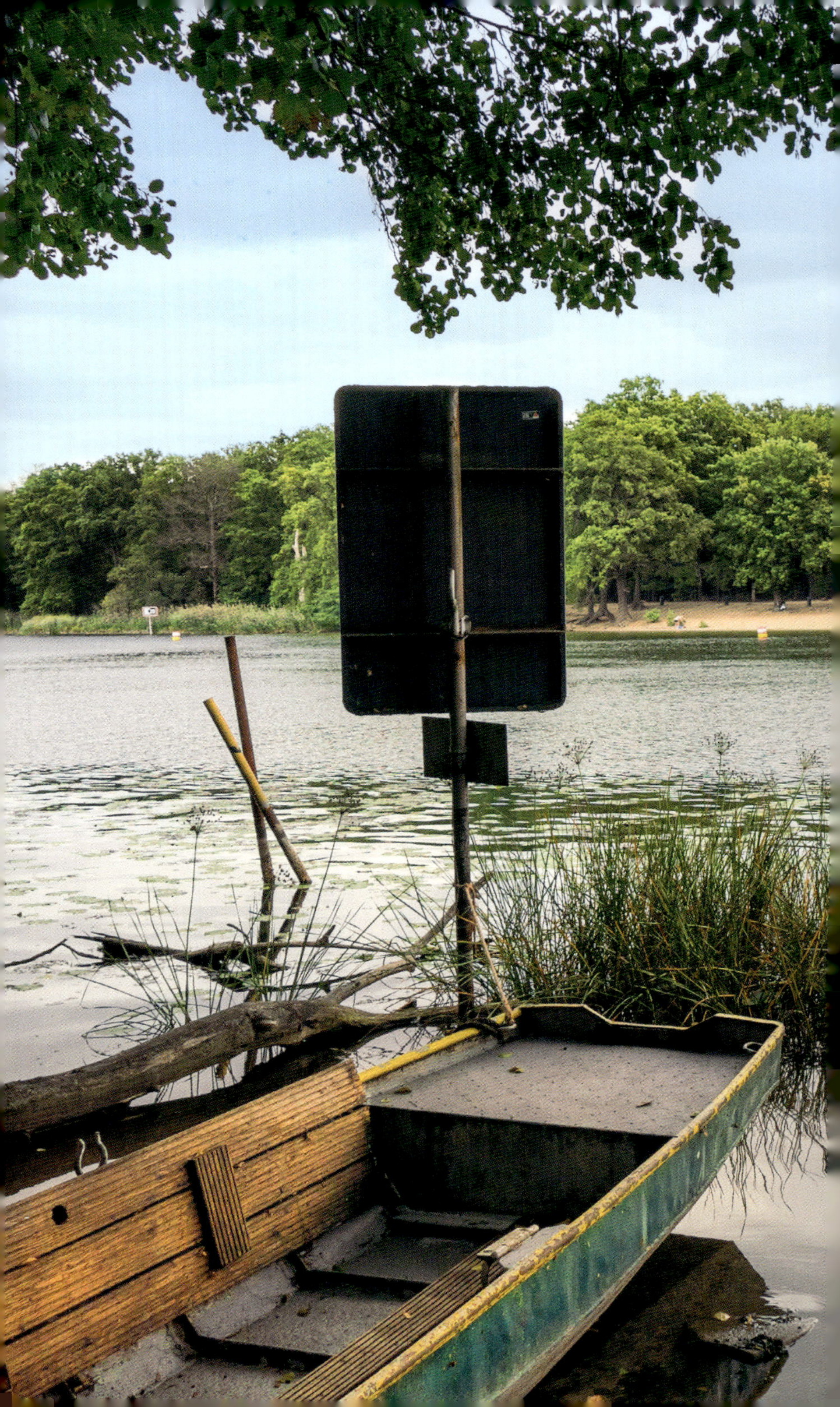

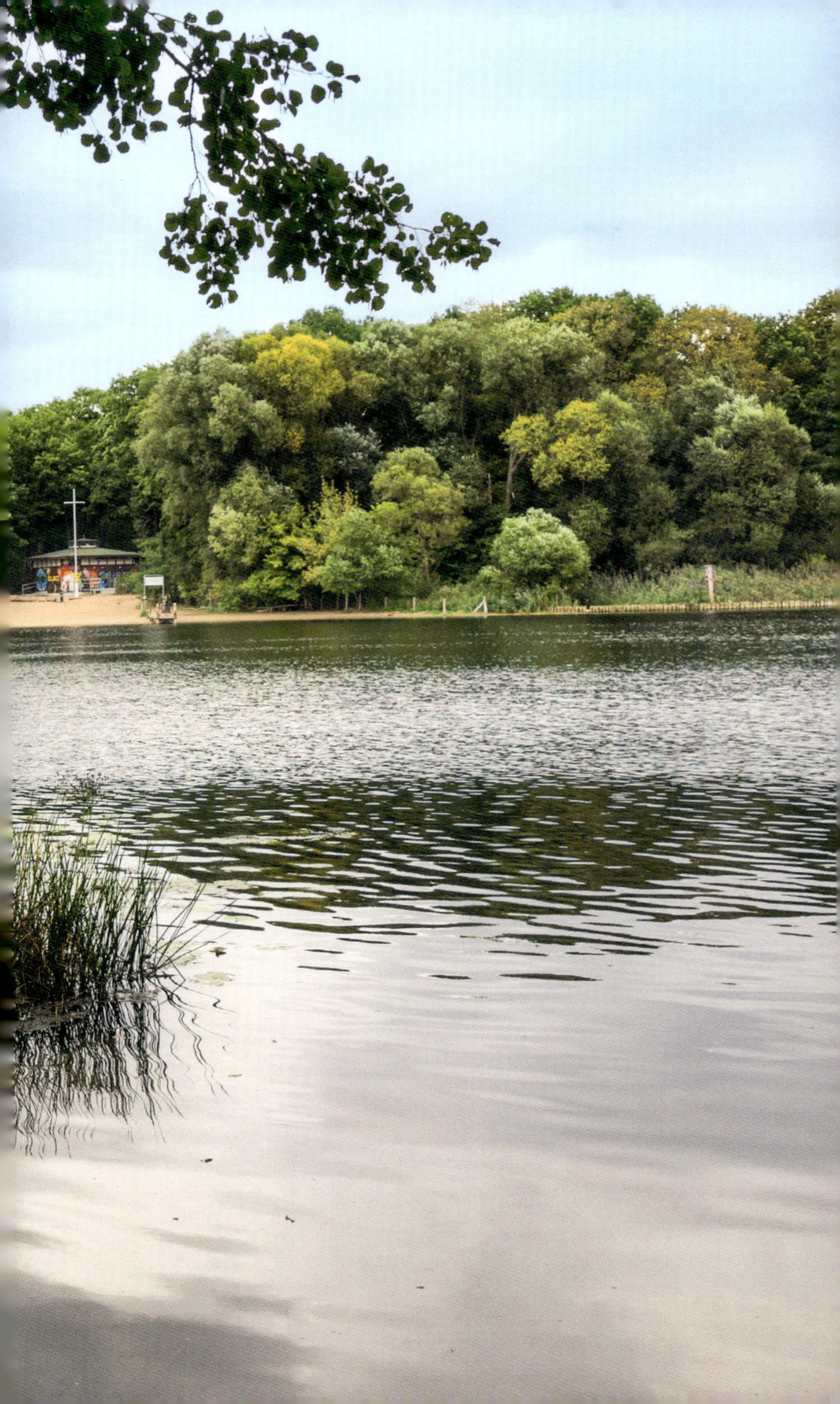

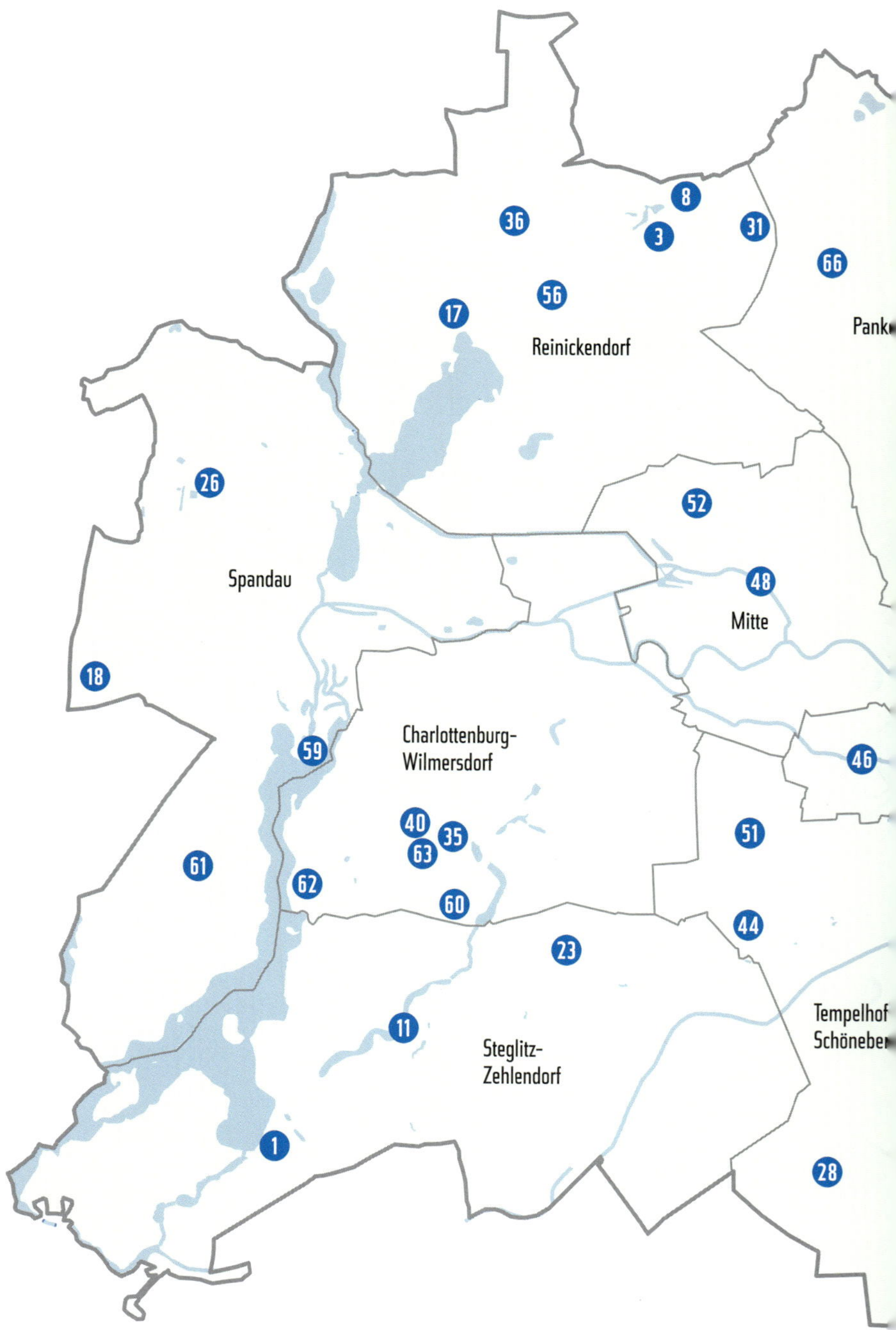

8
36
3
31
66
56
17
Reinickendorf
26
52
Spandau
48
Mitte
18
Charlottenburg-
Wilmersdorf
59
46
40
35
63
51
61
62
60
44
23
Tempelhof
11
Steglitz-
Zehlendorf
1
28

Einige Aktivitäten sind im gesamten Stadtgebiet möglich und deshalb nicht auf der Karte vermerkt.

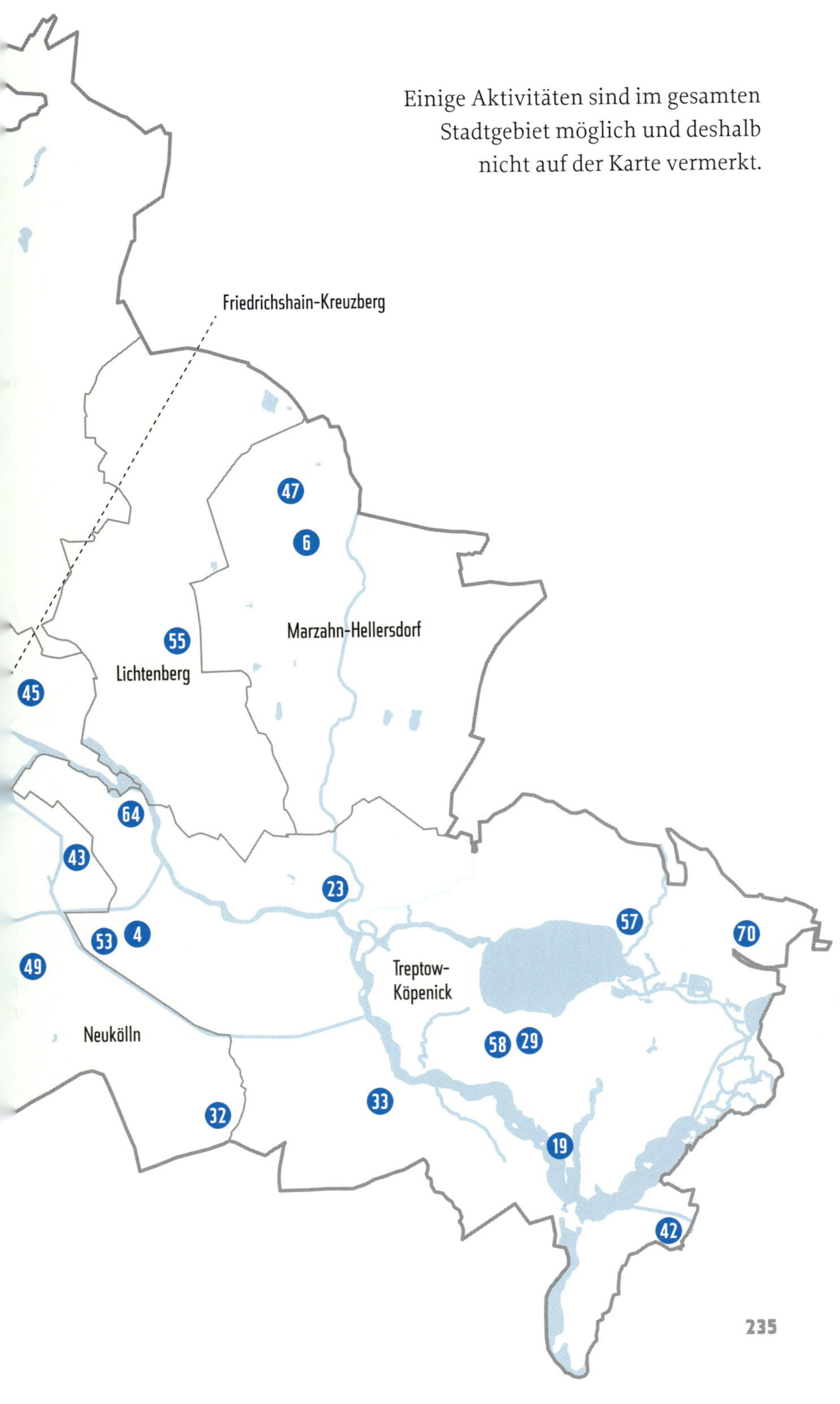

ABBILDUNGSNACHWEIS

Alle Fotos stammen von Gary Schunack bis auf die folgenden: AdobeStock: 2, 16/17, 27, 29 (u.), 95, 153 (alle); Alena & Felix Fotografie: 210 (alle); Alte Schule Schorfheide: 211 (alle); Argow, Stefanie @Hiddentracks: 62; Biohof Ihlow: 215; Blum-Rerat, C.: 205 (o.); Café Eule am Gleisdreieck: 97 (u.); Die Möwen: 216; Dr. Limburg Immobilien GmbH & Co.KG: 224; Gneiße, Uta/Hollerhof Oderbruch: 220; GreenKayak: 37 (o.); Golfclub Prenden: 169 (alle); Haus Kronseeblick: 217; Hausboot Kleine Fähre: 218; Heidesee Esel: 185 (alle); Hof Rosenstein: 219; Kaasche, S. (205 (u.); Kulturhafen Groß Neuendorf: 221; Lakehouse. Berlin: 222; Lange, Theresa: 212 (alle); Leufen, Verena @Hiddentracks: 63; Liesje Trecking: 223; Maethner, Phillip/Scharmützelbob: 191 (alle); Naturcampingplatz am Springsee: 225; Oberförster Klaus: 189 (o.); Papajewski, Marco: 42, 43 (alle); Pferdehof Ruhnau: 226 (alle); Scheunenhaus am See: 227; Schlaubehaus: 228; Schmidt, Julia/www.juni-fotografen.de: 157 (alle); Stapel, Torsten: 214; Stiftung Naturschutz Berlin: 73 (alle); Henkenjohann, Jürgen: 97 (o.); Wald-Jagd-Naturerlebnis e. V.: 181 (alle); Waldparadies Borkheide: 229; Wilde Heimat Naturcamping: 230; Wildnisschule Lupus: 199 (alle); Zweckverband Lausitzer Seenland Brandenburg, Foto: Harry Müller: 213

ÜBER DEN AUTOR

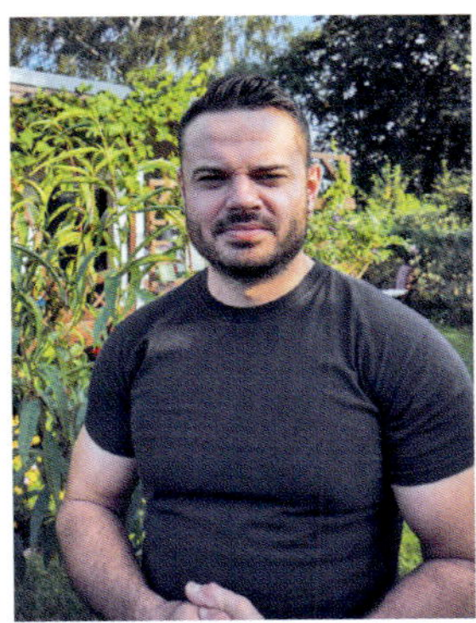

Gary Schunack ist bei einem Berliner Förster aufgewachsen, was ihm bereits in jungen Jahren einen intensiven Blick auf die Stadtnatur verschaffte. Seine Hobbys wie Angeln, Radfahren und Wandern brachten ihn später an Orte, die den meisten verborgen bleiben. Gary Schunack lebt mit seiner Familie im Herzen Kreuzbergs. Im BeBra Verlag erschienen von ihm bereits die Bücher »Wild Berlin«, »Ahoi Berlin« und »Idyllisches Berlin«.

ENTDECKEN SIE BRANDENBURG!

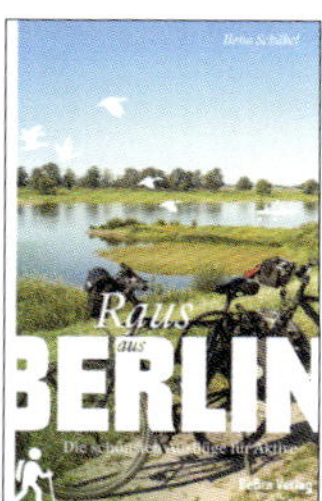

Ilona Schäkel
Raus aus Berlin
Die schönsten Ausflüge für Aktive
ISBN 978-3-89809-241-8

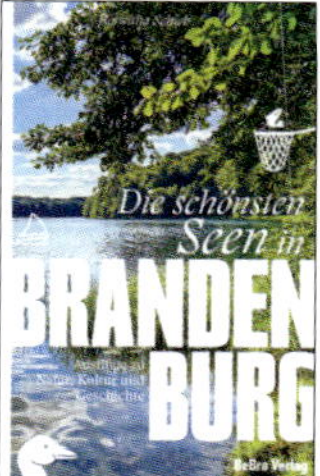

Roswitha Schieb
Die schönsten Seen in Brandenburg
Ausflüge zu Natur, Kultur und Geschichte
ISBN 978-3-89809-240-1

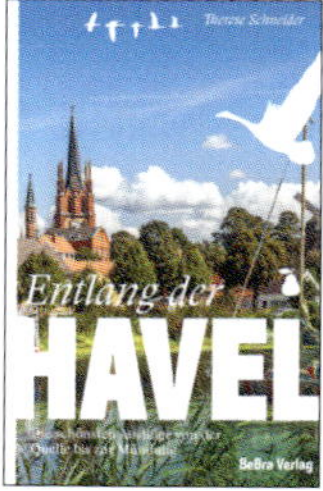

Therese Schneider
Entlang der Havel
Die schönsten Ausflüge von der Quelle bis zur Mündung
ISBN 978-3-89809-242-5

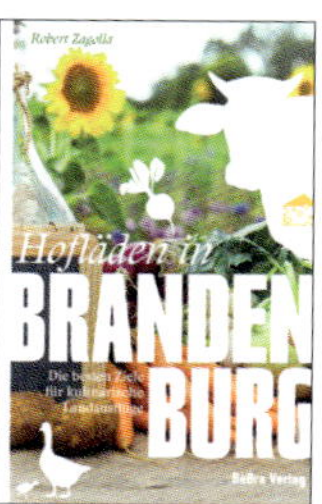

Robert Zagolla
Hofläden in Brandenburg
Die besten Ziele für kulinarische Landausflüge
ISBN 978-3-86124-758-6

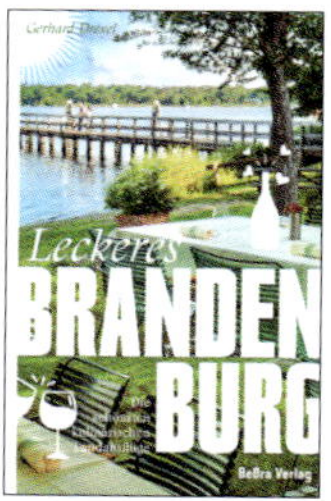

Gerhard Drexel
Leckeres Brandenburg
Die schönsten kulinarischen Landausflüge
ISBN 978-3-89809-219-7

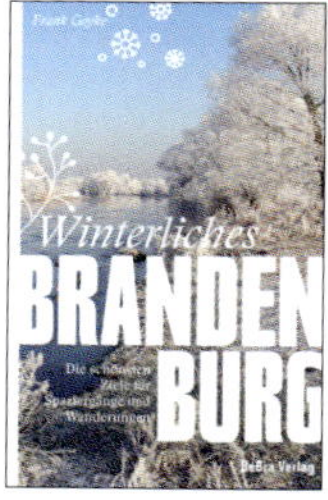

Frank Goyke
Winterliches Brandenburg
Die schönsten Ziele für Spaziergänge und Wanderungen
ISBN 978-3-86124-757-9

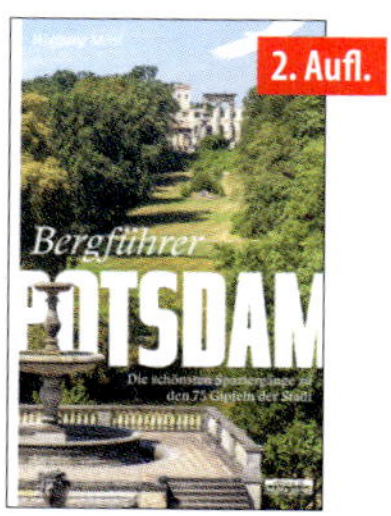

Wolfgang Mörtl
Bergführer Potsdam
Die schönsten Spaziergänge zu den 75 Gipfeln der Stadt
ISBN 978-3-86124-745-6

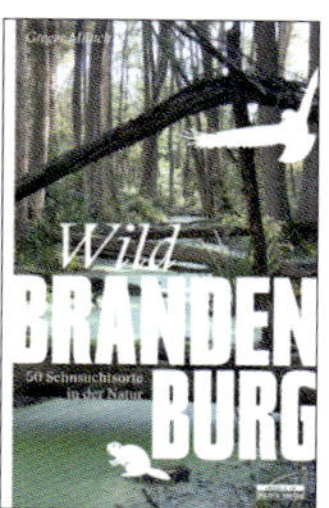

Gregor Münch
Wild Brandenburg
50 Sehnsuchtsorte in der Natur
ISBN 978-3-86124-755-5

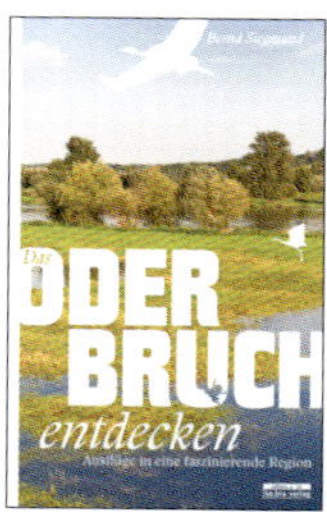

Bernd Siegmund
Das Oderbruch entdecken
Ausflüge in eine faszinierende Region
ISBN 978-3-86124-747-0

DIE BESTEN AUSFLUGSIDEEN FÜR BERLIN

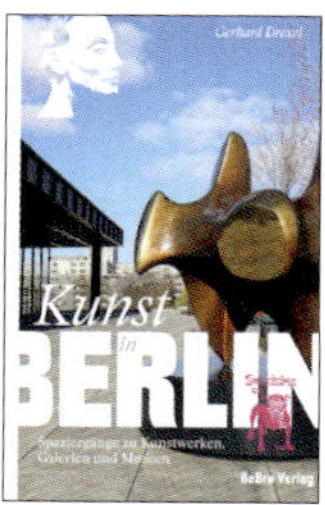

Gerhard Drexel
Kunst in Berlin
Spaziergänge zu Kunstwerken,
Galerien und Museen
ISBN 978-3-8148-0283-1

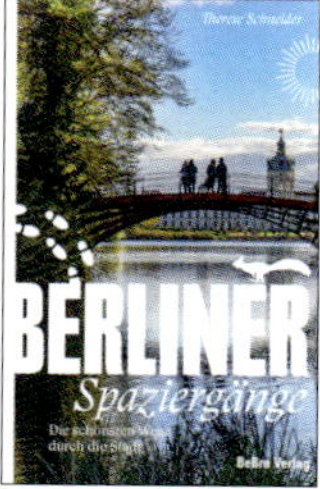

Therese Schneider
Berliner Spaziergänge
Die schönsten Wege durch die Stadt
ISBN 978-3-8148-0284-8

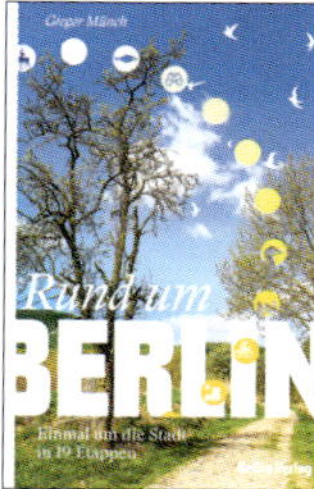

Gregor Münch
Rund um Berlin
Einmal um die Stadt in 19 Etappen
ISBN 978-3-8148-0298-5

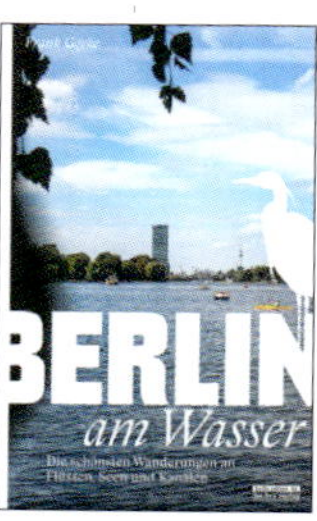

Frank Goyke
Berlin am Wasser
Die schönsten Wanderungen an
Flüssen, Seen und Kanälen
ISBN 978-3-8148-0253-4

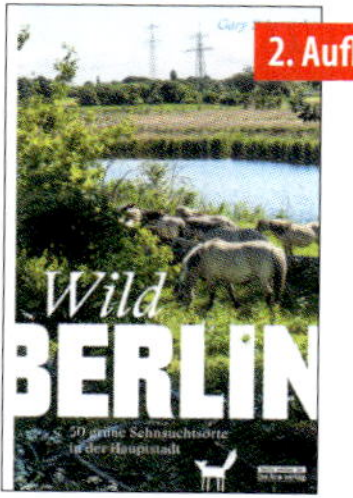

Gary Schunack
Wildberlin
50 grüne Sehnsuchtsorte
in der Hauptstadt
ISBN 978-3-8148-0254-1

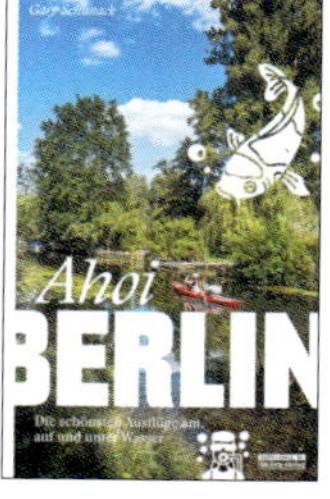

Gary Schunack
Ahoi, Berlin
Die schönsten Ausflüge am,
auf und unter Wasser
ISBN 978-3-8148-0255-8

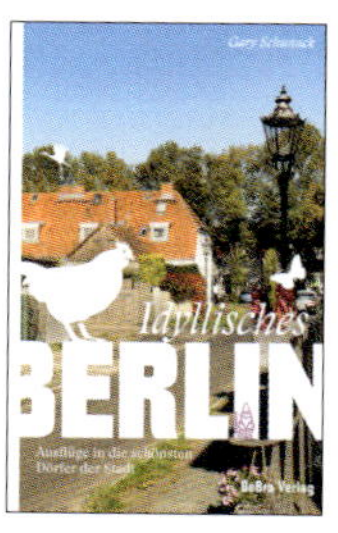

Gary Schunack
Idyllisches Berlin
Ausflüge in die schönsten Dörfer
der Stadt
ISBN 978-3-8148-0257-2

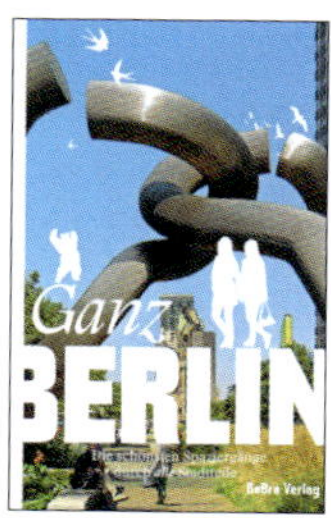

Ganz Berlin
Die schönsten Spaziergänge
durch alle Stadtteile
ISBN 978-3-8148-0276-3

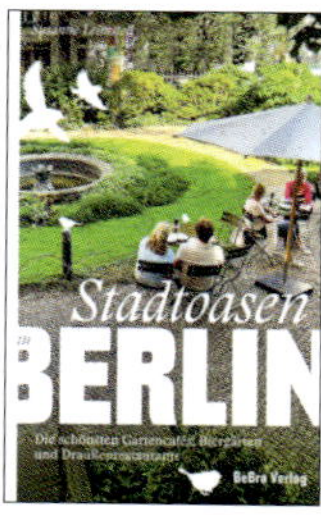

Susanne Leimstoll
Stadtoasen in Berlin
Die schönsten Gartencafés,
Biergärten und Draußenrestaurants
ISBN 978-3-8148-0268-8